Hormaeche

70 ELIZABETH STR.
JONDON SW1 W9PJ

HELENA MATHEOPOULOS

JUAN CARLOS I
el Rey de nuestro tiempo

Título original: *Juan Carlos I; A King For Today*
Traducción: *Ana Poljak*
Copyright © 1996 by *Helena Matheopoulos*
      © 1996 by *Javier Vergara Editor, S.A.*
        C/ Fernando III, nº1 • 1ºE
        28670 Villaviciosa de Odón (Madrid)

ISBN: 84-7417-156-3
Depósito Legal: M-36.458-1996

Foto contraportada cortesía de Juan Chaves (fotógrafo de la revista Hola)

Diseño cubierta y pre-impresión: UNCIAL (531 27 94)
Impresión: Gráficas Palermo, S. L.

HELENA MATHEOPOULOS

JUAN CARLOS I
el Rey de nuestro tiempo

Javier Vergara Editor

**Buenos Aires / Madrid
México / Santiago de Chile
Bogotá / Caracas / Montevideo**

A la memoria de Nico Metaxas,
más que un primo, un amigo irreemplazable.

Agradecimientos

Cuando tuve la idea de escribir este libro –con ocasión de la visita histórica de S. S. M. M. los Reyes de España a Gran Bretaña en 1986–, era difícil imaginar la ayuda que recibiría de tantísima gente. Efectivamente, una de las grandes satisfacciones obtenidas, aparte del honor de ser recibida por Sus Majestades los Reyes, ha sido la oportunidad de hacer tantos amigos españoles, experimentar el calor humano y el vigor de la amistad española, además de llegar a conocer y amar España hasta el punto de considerarla mi tercera casa, junto con Grecia y Gran Bretaña.

Este libro nunca se hubiera hecho realidad sin la generosa ayuda y la confianza de dos personas claves, mis queridos amigos la baronesa de Mandat-Grancey y don José Joaquín Puig de la Bellacasa, embajador de España en aquellos momentos en la Corte de St. James, quienes me alentaron desde el primer momento. Ellos me ayudaron a abrir puertas, me dirigieron directa o indirectamente a la mayoría de las personas cuya contribución fue vital para la realización de este libro. A ellos les debo todo mi agradecimiento.

A los Reyes de España debo especial y honrosa gratitud por haberme concedido su tiempo con tanta amabilidad. Mi reconocimiento, también, a S. A. R. la condesa de Barcelona, que me recibió en su residencia de Villa Giralda. A Sus Altezas Reales las infantas Doña Pilar, duquesa de Badajoz, y doña Margarita, duquesa de Soria, que tuvieron la deferencia de recibirme en sus casas, y a Sus Altezas Reales las princesas Marisol de Baviera y Béatriz de Orléans por su ayuda entusiasta y afectuosa, que correspondo sin reservas.

A mi amiga doña Isabel Maier Raimondi por haber corregido con tal afecto la traducción española.

También estoy agradecida a:

El duque de Suárez, el duque de Primo de Rivera, el duque y la duquesa de Parcent, don Jaime Carvajal Urquijo, Marqués de Isasi, Teniente General del Ejército del Aire Emilio García

Conde, General. de División del E. T. Gonzalo Rodríguez de Austria, H. E. Felipe de la Morena y Calvet, Sir Alan Urwick, don César Olaso, don Manuel Prado de Colón y Carvajal, don José Mario Armero, don Fernando Gutiérrez, entonces Jefe de Prensa de la Casa Real, don Jesús Rodríguez de Navie, don Juan Luis Cebrián, don Ramón y doña Mercedes Rodamilans, don Juan Rodríguez Aranda, doña Mercedes Milá, doña Pilar Cernuda, doña Lourdes Morgades, doña Mercedes Suárez Guánez, doña Rosario García Hormaechea, don Arne Jessen, doña Carmen Rubio, doña Marta Moreno, doña Camilla Jessel, doña Maruchi Rubio Escauriaza, doña Isabel Gortázar, don Angel Carascosa, don Javier Zunzunegui, don Manuel Annarbe, doña Mercedes Solano, don Gaudencio Fernández, doña Nuria Espert, don John y doña Nikki Macedo, don Pedro Esquinza, Mr. Kenneth Rose, Mr. Marinos Geroulanos, Mr. Petros Nomicos, Mr. Aleco Papamarcou.

Helena Matheopoulos

PROLOGO

Cuando el rey Juan Carlos llegó al trono de España, muchos hicieron bromas acerca de que aquello sería el reinado de «Juan el Breve». Después de cuarenta años de franquismo, la brecha que había separado a los españoles en la Guerra Civil existía aún, y parecía muy poco probable que se estableciera y perdurase una monarquía constitucional auténticamente popular y eficaz. Nadie envidiaba al Rey, que, a sus treinta y siete años de edad, era consciente de estar sentado sobre una bomba de relojería, lista para estallar en cuanto él diera un solo paso en falso. Tampoco había nadie preparado para la cadena de sorpresas que sobrevendrían: al cabo de tres años, «el Rey de Franco» (como era llamado por sus detractores), desplegando la que después se vería como característica suma de intuición certera, pragmatismo y amplitud de visión, desmanteló todo el aparato estatal franquista y lo reemplazó por una monarquía democrática: sin duda, la única vez en la historia en que un rey recorta, él mismo, por su propia voluntad, los poderes absolutos que había heredado.

La siguiente sorpresa se produjo en 1981, cuando, en una muestra de valentía personal y presencia de ánimo, el soberano salvó la joven democracia española al repudiar y controlar el intento de golpe de estado del 23 de febrero. En ese proceso, se ganó la admiración de todos y el afecto inequívoco de su pueblo. «Desde entonces, el Rey es Dios» declaró a *The Times* el director de un conocido periódico español. Incluso los republicanos más intransigentes se proclamaron «juancarlistas», aunque fuesen antimonárquicos por convicción. Esta era una prueba del éxito del Rey al conseguir el objetivo por él mismo confesado, el de ser el «rey de todos los españoles», es decir, independizar la monarquía de cualquier facción aislada, demostrando su deseo y capacidad para relacionarse y cooperar con cualquier gobierno que se eligiera democráticamente: un símbolo de unidad nacional capaz de aglutinar a una nación dividida.

Al alcanzar este fin, el Rey ha hecho un servicio no sólo a su país, sino también a la monarquía como institución. En primer lugar, porque ha demostrado su importancia y eficacia a finales del siglo XX, época en la que las monarquías parecen más destinadas a extinguirse que a instaurarse. En segundo lugar, porque, a la vez que transformaba la estructura política e institucional de España, creó una monarquía nueva, muy personal y, en muchos sentidos, revolucionaria, imbuida de un espíritu de futuro, muy adecuado a nuestros tiempos y a su propia personalidad: «Desde el principio procuré no cambiar mi carácter. He tratado de que el hecho de ser rey no afectara a mi personalidad. Es decir, puede gustarte o no, pero ¿por qué tendría que cambiar por ser rey? En ese caso no lo podría ser, ya no sería yo mismo. La Reina me ha ayudado mucho en esto, pues también ella sigue siendo muy sencilla y natural.»

En muchos aspectos, la monarquía española es una paradoja, tradicional y vanguardista a la vez: tradicional no sólo por las impecables credenciales dinásticas del Rey, sino también por su decisión de personalizarla y basarla en el contacto directo y constante con su pueblo, en «idas y venidas», visitas a las distintas comunidades autónomas y hasta cuatro mil audiencias personales por año: «Me gusta escuchar. Dejar que las personas se abran y hablen es la única forma de llegar a conocerlas». Este vital nexo orgánico, característico de tantas monarquías del pasado –los faraones egipcios, los emperadores bizantinos y algunos de los reyes medievales de Europa occidental–, se había mantenido por completo ausente en los herederos de aquellos monarcas y en los soberanos de hoy, por lo general envueltos en una cantidad de instituciones que, aunque necesarias, les hacen «enmudecer», por lo que el cambio de persona en el trono apenas si se refleja en alguna mudanza del colorido general de cada reinado. Así es como se ha despojado a la monarquía de una de sus funciones más vitales: la capacidad de «alimentar», dar energía y mantener sana la conciencia de la nación, sólo activa cuando existe una comunicación abierta, directa, entre el Rey y el Pueblo.

De forma consciente o por intuición, o por ambas cosas, el rey Juan Carlos parece comprender y experimentar esta parte de su misión con gran intensidad. Este conocimiento se refleja en la gran influencia ejercida en todos los aspectos de la vida española, ya sea política, espiritual, financiera o artística. Ha demostrado ser un catalizador visible y eficaz en la restauración del orgullo nacional, a través de un aumento del prestigio de su país en todo el mundo, al liberar e impulsar las energías del pueblo, durante decenios aplastadas por un conservadurismo retrógrado y los prejuicios pequeñoburgueses. Esto significa que su monarquía es mucho más que una simple garantía pasiva contra cosas siniestras: es una fuerza energética que inyectó a sus súbditos confianza en sí mismos.

Además de restaurar algunos de los mejores aspectos tradicionales de las funciones de un rey, don Juan Carlos también las ha investido de un grado de profesionalidad sin precedentes y de un carácter y ritmo contemporáneos, que reflejan en forma directa su muy poco convencional temperamento. Desde el primer momento, se negó a establecer una corte –los cortesanos a menudo constituyeron un obstáculo entre los monarcas y el pueblo, e incluso entre los monarcas y la verdad– y trabaja con un pequeño equipo de asesores de confianza.

La ausencia de una corte en el sentido tradicional de la palabra ha sido un importante motivo de disputa con la aristocracia (como grupo, son los menos entusiastas de la población ante el Rey y su tipo de monarquía) que, tras años de leales servicios a la familia real en el exilio, esperaba volver a ocupar sus puestos tradicionales, en su mayoría (como en Gran Bretaña) hereditarios. Pero el Rey y la Reina decidieron que la corte era anacrónica y cara, un lujo indeseable en más de un sentido. «No puede haber corte en la vida moderna», afirma la Reina, a quien, porque «viene de un país sin aristocracia» según un noble disconforme, se reprocha con fuerza su supuesta influencia sobre su marido en este tema. Sin embargo, como señalan muchos españoles inteligentes, entre ellos no pocos aristócratas jóvenes, «una monarquía al viejo estilo jamás habría encajado en la España de hoy. La tradición es importante, pero hay que adaptarse debidamente a los tiempos en que se vive».

El Rey tampoco quiso instalarse en el grandioso Palacio Real de tres mil habitaciones, situado en la Plaza de Oriente madrileña (por eso se le suele llamar Palacio de Oriente) y reservado actualmente para las ceremonias de Estado, como la presentación de credenciales de embajadores, recepciones y banquetes oficiales o acontecimientos semejantes. Prefirió permanecer en La Zarzuela, residencia a la que, en dos ampliaciones, se le han agregado nuevas dependencias para oficinas. No obstante, cuando lo requiere la ocasión, el Rey hace las cosas con mucho estilo, como lo demostró durante su brillante visita de Estado a Gran Bretaña en 1986. En la recepción que ofreció a la Reina y al duque de Edimburgo en la Embajada Española, toda la platería, la porcelana y la mantelería se enviaron desde el Palacio Real vía Santander, y uno de los más famosos decoradores de Madrid, Duarte Pinto Coelho, fue encargado de crear una atmósfera mágica en el pabellón erigido en el jardín. El resultado fue un ambiente imponente pero muy cálido, desprovisto de toda huella de pomposidad.

Esta falta de pompa y distancia se extiende a los contactos habituales del Rey, que son tan directos e informales como resulte posible. Muchas veces llama por teléfono y se anuncia con un simple «soy el Rey» que, según se dice, provoca respuestas incrédulas del tipo «y yo, Napoleón Bonaparte». En años pasados, a veces se escapaba de la vigilancia de sus guardaespaldas para ponerse el casco y volar por las calles de Madrid o de Palma –donde la familia pasa sus vacaciones de verano y de Pascua en el palacio de Marivent, una amplia villa comprada por el Gobierno insular a un magnate griego y entregada al Rey para su uso– en su potente motocicleta Harley Davidson, o para mezclarse con la gente, lo que cierta vez le costó un reloj de oro, birlado por un ratero. Es fácil figurarse que, con esa actitud tan independiente, don Juan Carlos se deleite con las escasas y breves oportunidades de sentirse libre: «La falta de libertad es muy dura para él, porque la disfrutó en su juventud, en tanto que la Reina no la tuvo nunca», dice Jaime de Carvajal y Urquijo, marqués de Isasi y uno de los más antiguos amigos del Rey. Con la elección de este estilo humano, sin pretensiones, que le ofrece, según él dice, «una forma de expresarme a mí mismo», el Rey ha recibido, con buen humor, la reprimenda ocasional de alguno de sus pares por su comportamiento tan informal y campechano: «¿Sabes? En otras monarquías, los primos, entre ellos, me llaman "el rey revolucionario" y me acusan diciendo "siempre hace las cosas de otro modo" [se ríe]. En fin, es lo que dicen... » También tiene claro que ha despertado algún resquemor en ciertos sectores de la sociedad, que por eso le han puesto el mote de "el rey comunista": «Sé que a algunas personas de generaciones anteriores les resulta difícil comprenderme –señalaba el Rey hace unos años–. Hay ocasiones en que es necesario observar el protocolo, pero el resto del tiempo, prefiero ser accesible y abierto y tener al menos una oportunidad de establecer un contacto real con la gente. No puedo ni quiero cambiar este aspecto de mi carácter.» Sin embargo, la dignidad innata del Rey y su presencia misma consiguen que, a pesar de su cordialidad, pocos se vean tentados a traspasar los límites y tomarse demasiadas familiaridades con él. Si alguien lo hace, el Rey tiene una forma sutil e inequívoca de indicar cuándo se debe dar marcha atrás. Además, ya son proverbiales su sentido del humor y sus respuestas cándidas.

Este soplo de aire fresco, aportado a una institución que la mayoría de los españoles consideraba anticuada, hace de don Juan Carlos uno de los reyes más populares de hoy en día. Su popularidad es especialmente grande entre los jóvenes de todas las nacionalidades, para quienes encarna un monarca de la «nueva era» que, por su personalidad, aspecto físico y aura esencialmente regia, ha devuelto a la monarquía algo de su magia, perdida ya hace mucho. «¿El rey Juan Carlos?», decía un argentino residente en Madrid y de tendencias republicanas, «es distinto de todos los demás reyes. Siempre me lo imagino asociado con el rey Arturo, Carlomagno, Lohengrin, todos esos personajes legendarios, semimísticos, semimíticos». Lo que quería decir es que en la condición real de don Juan Carlos hay una dimensión carismática, inspiradora, que se puede revelar tan importante como su éxito político e igualmente operativa en la transformación de España.

La familia real española es una unidad nuclear constituida únicamente por el Rey, la Reina y sus hijos (el príncipe Felipe y las infantas Elena y Cristina), ninguno de los cuales tiene una asignación independiente de fondos oficiales. (Las hermanas del Rey no figuran en el presupuesto nacional y sus herederos no tienen títulos reales). El Rey recibe unos 850 millones de pesetas del Estado, con lo que debe pagar todos los gastos de la casa real.

Puede ser una sorpresa el descubrir que este monarca, hoy universalmente admirado y respetado, fue durante muchos años –en su infancia, adolescencia y primera juventud– definido una y otra vez como un tonto o como el títere de Franco, lo que le «irritaba por dentro», pero que también le enseñó a superar la hostilidad y a apartarse de ella y, gracias a eso, quitarle fuerza y difuminarla (como lo demuestra un notorio incidente en el Parlamento vasco, del que se habla en un capítulo de este libro). Esos rumores acerca de su presunta cortedad mental persistieron, a pesar de los resultados brillantes conseguidos en sus exámenes, públicos por otra parte, al acabar el bachillerato, cuando tenía dieciséis años, y su excelente carrera en las tres academias militares. La única razón verosímil de que se le haya malinterpretado sistemáticamente podría ser su estricta obediencia a un consejo que le diera su padre cuando, a los diez años de edad, lo despidió antes de su partida hacia España, instándolo a no adoptar iniciativas personales sino a hacer lo que se le dijese.

Por tanto, no es errado decir que, como hombre y como rey, don Juan Carlos es una persona que se ha hecho a sí misma. Creció lejos de su hogar y sólo pasaba las vacaciones escolares con su familia (algo relativamente raro en Europa continental); estuvo al cuidado de Franco, que, no obstante, no le enseñó nada sobre los rudimentos del gobierno, porque comprendió que "Su Alteza tiene que hacer las cosas de otra manera". Con todo, tiene que haber sido, como mínimo, intranquilizadora la experiencia de convertirse en rey de una nación en que la monarquía había desaparecido durante cuarenta y cuatro años y, por tanto, no tenía mecanismos de operatividad a su disposición y, además, sabiendo que la mayoría de la gente estaba en su contra, pues, como un historiador señalaba por entonces, de haberse celebrado un referéndum en la época en que don Juan Carlos subió al trono, sólo habría contado con un 15 por ciento de los votos a su favor. Era, sin duda, un desafío que se habría convertido en una catástrofe para cualquiera que no fuese un gran rey en potencia. «Figúrese lo difícil que tiene que haber sido convertirse en rey de un país con nuestra historia, viniendo de donde él venía y sabiendo, como él sabía, que todos los republicanos le detestábamos, y entonces empezar a ganarnos a todos, uno por uno. Ahora somos nosotros los que más lo queremos» dice la actriz Nuria Espert.

Es cierto que, a pesar de las enormes dificultades con las que se tuvo que enfrentar al principio de su reinado, el Rey tenía dos ventajas considerables en ese momento. La primera, el hecho de que la antigua monarquía, con todo su peso muerto tanto en materia de relaciones con el pueblo como de ideas, había fenecido mucho tiempo atrás. Es decir que podía empezar de cero y crear algo verdaderamente nuevo, hecho a medida para el momento, el lugar y su propia personalidad. Y a pesar de la gran tensión nerviosa que esto le provocaba, la certeza de que todo dependía de él solo y debía salir bien también habrá sido un acicate, un estímulo. Un observador tiene siempre la sospecha de que el rey Juan Carlos, cuando está sometido a un desafío serio, rinde más que cuando no lo está. Tiene una alta producción de adrenalina y un umbral muy bajo de tedio. Si las cosas se ponen demasiado tranquilas o monótonas, a veces se puede advertir en sus ojos una mirada vidriosa, opaca, de franco aburrimiento.

La segunda ventaja fue su infancia poco convencional, en el exilio, con una vida tan normal como le era posible, lejos de los límites estrechos de un palacio real y de la atmósfera intimidatoria de una corte. Si sumamos esto a su espontaneidad natural y a los demás rasgos ya mencionados, le resultó fácil a don Juan Carlos evitar ese aire distante, típico del comportamiento de la mayor parte de la realeza, actual o pretérita, cuando se dirige a los *mortales*, que puede medirse desde lo imperceptible hasta una actitud de "non mi toccare", tan propia de las de figuras de cera. En esto, como en todo, el punto de referencia de don Juan Carlos ha sido su convicción de que «no hay ningún motivo para que un rey no pueda comportarse como un ser humano». Sin embargo, lo cierto es que, a diferencia del rey de España, la mayoría de los monarcas han recibido una educación que no les da facilidades para saber que es un ser humano normal.

Pronto comprendió el Rey que "los demás esperaban algo de mí" y esta idea desempeñó un papel esencial en su formación: sumada a su dedicación a su patria, insuflada en parte por su padre y en parte por su propio sentido del destino, habrá tenido que ayudarle, de algún modo, a superar su niñez solitaria, ingrata, de «representante de la familia en España». A la pregunta de cuál fue su reacción cuando don Juan acordó con Franco que él debía estudiar en España, responde: «El problema no fue si me iba a gustar o no hacerlo. El problema era que debía hacerlo. No tuve elección». Pero la estrecha relación de cariño y unión que don Juan Carlos mantiene con sus hijos, que siempre han tenido acceso continuo a él, porque «quise que supieran que yo estaba siempre a su disposición», sugiere el tipo de niñez que a él le hubiera gustado tener.

La suya, ha sido una vida llena de desafíos y pruebas, en la que nada fue sencillo, en la que todo hubo de ser ganado con esfuerzo y a menudo en circunstancias desagradables: nació en el exilio en una familia que, para el nivel de vida de la realeza, era pobre, creció lejos de su hogar, se convirtió en rey en circunstancias poco usuales y muy heterodoxas, en un país donde la monarquía había desaparecido hacía más de cuarenta años y ya no contaba sino con el apoyo de un 15 por ciento de la población. No obstante, consiguió convertir en ventajas las desventajas y, en el proceso, ganarse la admiración mundial. «De las docenas de hombres de Estado de todo el mundo que he conocido en los últimos cuarenta y cinco años, ninguno me ha impresionado más que el rey Juan Carlos», me escribió el ex presidente Nixon en una carta, fechada el 10 de abril de 1992. «La transición de un gobierno autoritario a la democracia es difícil, como lo están comprobando hoy en día muchos países. El rey Juan Carlos merece un reconocimiento enorme por haber hecho posible una transición pacífica en España.»

Cuando, en este viaje a través de la vida del rey de los españoles, se buscan las claves de su grandeza en el pasado, como debe hacerse, en cada momento crucial surge una misma idea: ni una sola vez, ni siquiera en su infancia, el príncipe, y más tarde el Rey, estuvo por debajo del desafío que le presentaban las circunstancias.

Primera parte: La preparacion

"En exil

Sans légitimité

Entre l'angoisse et l'enthousiasme

Le chemin se parcourt

De la tristesse à la grandeur."

Olivier de Lavernay

Capitulo I

Primera parte: La formación del Rey
Años de exilio

Nacimiento y primeros años en Italia

Ninguna fanfarria real saludó la llegada al mundo del futuro rey de España. Nació en el exilio, unos días antes de lo esperado, a la una y cuarto de la tarde del 5 de enero de 1938, en la Clínica Angloamericana de Roma. Su padre, don Juan de Borbón y Battenberg, tercer hijo del rey Alfonso XIII y de la reina Victoria Eugenia –hija del príncipe Enrique de Battenberg y de la princesa Beatriz, hija menor de la reina Victoria– aunque advertido del caso, no llegó a tiempo para asistir al parto, pues estaba en una cacería, en un coto situado al norte de la ciudad. Su madre, doña María de las Mercedes, también una Borbón –por ello el apellido oficial del Rey es «de Borbón y Borbón»–, hija del infante don Carlos de Borbón–Dos Sicilias, capitán general de Andalucía, y de la princesa francesa Marie Louise d'Orléans, fue asistida sólo por una dama de compañía.

Los padres de don Juan Carlos, que eran primos en tercer grado, se habían conocido en 1935, en Roma, con motivo de la boda de la infanta Beatriz y el príncipe Alessandro Torlonia, vástago de una de las más grandes y antiguas familias de la nobleza romana. Pocos meses después, en octubre de ese mismo año, don Juan y doña María se casaban. Se establecieron en Cannes, pero, poco después del nacimiento de su primera hija –la infanta Pilar, hoy duquesa de Badajoz–, se iniciaba la Guerra Civil española, el 30 de julio de 1936, y el Gobierno francés hizo saber a don Juan que su presencia en suelo francés era políticamente indeseable[1]. Por tanto, don Juan decidió mudarse con su familia a Roma, donde su padre, el rey Alfonso, estaba instalado en el Grand Hotel.

El rey Alfonso XIII se trasladó a Roma en 1931, después de abandonar España, tras ser vencido por la República en un plebiscito y con la esperanza de que su partida evitara el derramamiento de sangre española en una lucha fratricida. No obstante, no había abdicado y se mantenía muy al tanto de los problemas de su país, gracias a una corriente continua de visitantes que viajaban, ida y vuelta, entre España y Roma. Su hija, la infanta María Cristina, Condesa de Marome, reveló en sus memorias, publicadas por una revista española, que, desde el principio de la Guerra Civil, en 1936, el propio Franco mantenía al Rey al corriente de los hechos, enviándole un telegrama cada vez que los nacionales tomaban una nueva ciudad. Pero después de la caída de Madrid, en marzo de 1939, hecho que marcaba el fin de la guerra, el Rey esperó en vano. Nunca volvió a llegar un telegrama. «El gallego me ha traicionado», dijo el Rey al comprender que Franco no tenía intención de permitirle que volviera a España.

Como afirma la infanta María Cristina, esa certidumbre le destrozó el corazón. Perdió todo su amor por la vida y llegó a descuidar su salud. «Si le pedíamos que no fumara un puro, se fumaba dos. Cuando protestábamos, nos decía: "¿Queréis dejarme tranquilo de una vez? No quiero seguir viviendo. Si consigo acortar mi tiempo en esta tierra sin suicidarme –porque yo soy cristiano–, pues tanto mejor. ¿Cómo queréis que pase desde ahora lo que me queda de vida? Ya he cumplido con mi deber hacia mi familia, todos vosotros estáis casados y ahora me siento viejo y totalmente inútil". El pobrecillo nunca tuvo aficiones ni nada parecido, porque mientras estaba despierto no dejaba de pensar, ni un momento, en España, y lo único que sabía hacer era ser rey... De verdad, la situación de un rey sin país es, ciertamente, penosa.»

Pero no era ésa la primera píldora amarga que el rey Alfonso tenía que tragar. Su primogénito, don Alfonso, príncipe de Asturias –título que llevan todos los herederos del trono español, los únicos que tienen derecho a la denominación de «príncipe», mientras que los demás hijos e hijas de los monarcas españoles llevan el título de infante o infanta–, era hemofílico de nacimiento, pues heredó de su madre la enfermedad transmitida a varias familias reales europeas a través de la reina Victoria. El príncipe Alfonso renunció a sus derechos al trono en 1933, después de casarse con una plebeya cubana, Edelmira Sampedro, y murió cinco años más tarde en un accidente automovilístico. A la hemofilia del hijo mayor le seguiría otro golpe: su segundo hijo, el infante don Jaime, era sordomudo y el rey Alfonso insistió en que también él debía renunciar a sus derechos al trono para sí y para sus descendientes[2].

Tras las dos abdicaciones, el tercer hijo del rey Alfonso, don Juan, a sus veinte años recién cumplidos, se encontró de pronto con que era heredero del trono, un golpe duro que le resultó difícil aceptar. En primer término, aquello significaba decir adiós a su carrera naval, por la que tenía una verdadera vocación. En ese momento, servía en la Marina británica, en la que se había enrolado con el nombre de príncipe Juan de Borbón, después de un breve paso por la Armada española. Por aquellos días, estaba navegando en aguas indias a bordo del *HM Enterprise* y, al arribar a Colombo, encontró un telegrama de su padre que le anunciaba la noticia de la abdicación de sus hermanos y le pedía que volviera a Roma. Siendo el tercer varón, nunca había pensado que un día podría encontrarse en la situación de heredero al trono de España. El golpe fue tan grande, como reconoció años después, que tardó varios días en acusar recibo del telegrama paterno. Sin embargo, con el patriotismo y la abnegación que le eran característicos y que, hasta el fin de su vida, impregnarían todas sus decisiones con respecto a España, decidió obedecer los deseos de su padre y volver a Roma. Pero su pasión arrolladora por el mar perduró en él toda su vida e, incluso, la transmitió a su hijo, el príncipe Juan Carlos, cuyo nacimiento coincidió con el comienzo de la larga batalla de Teruel que, tras varios cambios de fortuna, terminaría en una victoria decisiva para los nacionales.

El príncipe Juan Carlos pasó los primeros cuatro años y medio de su vida en Roma. Vivían en un apartamento dúplex alquilado, en el 112 del Viale Parioli, en una propiedad del famoso barítono Tita Ruffo conocida como «Villa Ruffo». El bautizo se celebró el 26 de enero en la capilla de los Caballeros de Malta, en Via Condotti, en una ceremonia celebrada por el cardenal Pacelli, el futuro Papa Pío XII, pues el Papa Pío XI, deseoso de no ofender a los republicanos españoles, anticlericales furibundos, se abstuvo de celebrar personalmente la ceremonia.

Se impusieron al niño los nombres de Juan, por su padre, Carlos por su padrino y abuelo materno (de quien el infante don Jaime fue poderhabiente), Alfonso por el rey y Víctor como deferencia para con el rey de Italia, Vittorio Emmanuele. Pero, a pesar de esta larga lista de nombres, a la que se pospuso «y de Todos los Santos» por añadidura, pronto se le conoció como «Juanito», que hasta hoy sigue siendo su apelativo familiar.

Juanito era un niño rubio, guapo y cariñoso, «el más cariñoso de nuestros hijos», según don Juan, que pedía y obtenía continuas caricias. Sus primeros años pasaron entre juegos con su hermana mayor, sus cuatro primos Torlonia y los dos Borbones, Alfonso y Gonzalo, en el Palacio Torlonia, en Via Bocca di Leone, o en una de sus casas de campo, la Villa Pamphilli. En la ciudad, la distracción principal era su paseo diario, con su madre y su niñera suiza, Usca, en los cercanos jardines de Villa Borghese o, en verano, remar en las playas de Ostia o de Fregene, a veces en compañía del rey Alfonso, quien gustaba mucho de los niños y tenía debilidad por sus nietos. Según su padre, Juanito era un niño muy inquieto y nunca estaba tranquilo. «Nunca paraba. Su energía era de vértigo.» En esto coincide con algunos miembros del actual equipo del Rey, que a menudo se quedan pasmados ante la cantidad de cosas que don Juan Carlos logra hacer en cada jornada. «Todas las noches caía literalmente exhausto en la cama y, después de pedir a su madre tres besos en los labios, se quedaba dormido de inmediato, en el mismo momento en que ponía la cabeza sobre la almohada.» Es una verdadera bendición que este rasgo haya acompañado al Rey a lo largo de toda su vida: por preocupado que esté, por pesada que sea la carga del Estado, el Rey aún duerme como un leño y se despierta, cinco horas más tarde, totalmente descansado.

El 6 de marzo de 1939, la familia aumentó con la llegada de una hermana pequeña, la infanta Margarita (hoy duquesa de Soria), que nació ciega. Don Juan y doña María decidieron que no la enviarían a una escuela para ciegos y trataron de criarla en el hogar, con toda la normalidad posible y con la ayuda de una enfermera especializada. Juanito era muy cariñoso con la niña y trataba de explicarle cómo eran las cosas y el mundo circundante lo mejor que podía; también tuvo una relación muy estrecha con su hermano menor, don Alfonsito, nacido el 3 de octubre de 1941.

Aunque era la mayor de los cuatro, la infanta Pilar comprendió —«todos lo comprendimos»— que había algo especial en su hermano, que él tenía un destino distinto. «Se le educó con la idea de que algún día podría ser rey de España. Todos lo sabíamos y, siendo yo la mayor, a veces pensé que eso era muy injusto, sobre todo cuando llegaban de España unos preciosos uniformes militares para niños y yo de inmediato me pedía el de marino: me contestaban que eso no era para niñas y, además, que eran para mi hermano. En todo lo demás, no le daban un trato distinto al que nos daban a nosotros, excepto en que, por lo común, parecía que sus responsabilidades eran mayores. Pero la preparación para su futuro papel se hizo con suavidad, con gran cariño y comprensión. Se le explicó que su situación era una de esas cosas de la vida con las hay que cumplir. Creo que esto es importante, porque la formación de una persona es un proceso gradual: te educan para ser algo concreto y tu personalidad se configura del modo adecuado.» El propio Rey, cuando se le preguntó en qué momento tuvo conciencia de que era «especial» y de que su destino era distinto del de otros niños, incluidos sus hermanas y hermanos, respondió: «Sinceramente, no lo sé. Nunca lo pensé demasiado. Siempre supuse que mi padre sería el siguiente rey de España. Mi participación en el asunto me parecía muy lejana, en un futuro aún lejano».

La niñez de los grandes hombres es interesante sobre todo porque permite descubrir cuáles son sus rasgos innatos y cuáles los adquiridos. En el caso del rey Juan Carlos, muchas de sus cualidades, hoy proverbiales, parecen ser innatas. «Siempre escuchaba con gran atención y se enteraba de absolutamente todo», continúa la infanta Pilar. «En esto, podía ser un niño exasperante, porque parecía que nada escapaba a su ojo de águila. Por ejemplo, cuando no tenía más de ocho o nueve años, era capaz de advertir que una señora, al otro lado de una habitación, tenía una carrera en las medias y me decía: "Pilar, mira, allí". Siempre le gustaron la ropa y los uniformes y le encantaba tocar y acariciar las joyas de mi madre y de mi abuela. Y tenía tan buen gusto que a menudo mi madre lo llevaba con nosotras de compras, para que nos ayudara a elegir las telas y los colores, porque tenía, y aún tiene, un ojo excelente para las medidas y para saber qué le sentaba mejor a cada una. Mucho más tarde, hacia sus dieciocho años, fue a Estados Unidos de visita con la flota española y me trajo el más bonito y más favorecedor de los trajes de baño que he tenido en mi vida, y la mía no es una figura fácil.» Es divertido descubrir que el ya reconocido gusto del Rey por la ropa y su capacidad para elegir los colores –con frecuencia en combinaciones originales y poco comunes que en todos los casos «están bien» en él– era también innato.

La formación gradual de la conciencia de rey de Juanito empezó muy pronto, como lo demuestra el incidente de los uniformes militares españoles, aludido por la infanta Pilar. No tenía el niño más de cuatro años cuando desde España llegaron a Roma dos uniformes completos, para niño, de capitán de Infantería y oficial de la Marina, enviados por un grupo de damas monárquicas, con los que el pequeño estaba encantado. El uniforme de capitán de Infantería se completaba con botas de caña alta que, aunque eran de la talla adecuada para un niño de cuatro años, resultaban demasiado ajustadas para don Juanito: «como todos los Borbones», tenía pies bastante grandes para su edad, según cuenta la infanta Pilar, que, como sus primos Borbones, estaba verde de envidia.

El príncipe estaba tan guapo vestido de capitán, que sus padres decidieron hacerle unas fotografías. La sesión fue larga y con diversos decorados. Al final, Juanito corrió a su habitación arrastrando consigo a su madre. Cuando ella empezó a ayudarle a desvestirse, el niño se echó a llorar. «Pero ¿qué pasa?», preguntó doña María. «Las botas me están matando», respondió entre sollozos. «¿Y por qué no lo has dicho antes?» «Porque papá me ha dicho que yo no debo llorar delante de la gente. Por eso he venido aquí a llorar.»

«Sí, fue terrible», reconoció el Rey cuando le recordaron el incidente, junto a otra ocasión en que tuvieron que ponerle una dolorosa inyección de penicilina y no dejó oír ni un sonido. Sin duda ese grado de autocontrol es notable en un niño, aun cuando se trate de un príncipe. «Sí, es lo que configura tu carácter. Es como cuando estás cansado de ver a alguien o como cuando tienes que ir a una recepción o a una ceremonia y estás fatigado, pero debes poner buena cara. Mas no puedes fingir demasiado, porque se notaría. Para que los demás no lo sepan o no se den cuenta, tienes que fingir ante ti mismo. Entonces te olvidas y muestras un aire de naturalidad. Mucho de esto se lo debo a mi padre. Porque es el tipo de cosas que aprendes en casa, creo. Y se aprenden con naturalidad, por ósmosis, observando y absorbiendo. Y es algo que he tratado de transmitir a mis hijos», prosigue el Rey. «Quiero decir que nunca les he puesto la mano encima, ni un cachete ni nada por el estilo, ni siquiera cuando eran pequeñitos, a diferencia de lo que se dice, o se sabe, que hacen muchos padres. Siempre he pensado que lo más importante en la educación de los niños es dar ejemplo: tienes que dejar que vean cómo te comportas y cómo haces las cosas. Entonces, descubres que no necesitas decirles lo que deben hacer. Con sólo ver y observar, hacen las cosas espontáneamente porque, inconscientemente, tienden a imitarte.»

El Rey reconoce que, al crecer como él creció, como un niño normal y no en un palacio, tuvo la oportunidad de observar y llegar a conocer a las personas de un modo imposible en un entorno regio más formal, y esto, probablemente, explica su propia naturalidad y estilo para establecer un contacto inmediato casi con cualquier persona que ve. «Bueno, no creo que yo sea más espontáneo que otros. Me parece que tiene que ver con lo que tú has dicho: que estábamos habituados a una vida normal, la vida de un ciudadano corriente, porque estábamos fuera de nuestro país y no nos rodeaba la pompa de una corte. Quiero decir que aquí, en La Zarzuela, no tenemos una corte, pero siempre hay gente a nuestro alrededor.»

Don Juan, un hombre ilustrado y de amplias miras, muy adelantado a su tiempo, siempre creyó que «la educación de un príncipe debe ser lo más normal posible, pero con un fuerte acento en el deber, el patriotismo e insistencia en el aprendizaje de los idiomas extranjeros». Todos sus hijos señalan que no sólo era un liberal en teoría, sino también en la práctica, dentro de casa (lo cual no es siempre el caso en muchos hombres que se declaran liberales) y muy interesado en los detalles de la educación de sus niños. Según la infanta Margarita, era muy exigente respecto a ciertas cosas, como «lavarse antes de las comidas, sentarse derecho y no encorvado, ser puntual y escuchar a los demás sin interrumpir. Pero también nos dejaba seguir nuestras aficiones, que siempre se respetaron. Mi hermano y yo nos acordamos mucho de nuestra niñez, porque fue una época muy feliz, la más feliz de mi vida. Claro que para él lo habrá sido menos, porque tuvo que marcharse a un internado y desde entonces, para mí, se convirtió en "el hermano de las vacaciones".»

Inevitablemente, don Juan tenía que ser algo más exigente con su hijo mayor, porque debía prepararlo para sus futuras responsabilidades. Pero encontró la forma equilibrada, ni demasiado severa ni demasiado «fría». Hasta su muerte, siguió siendo, en palabras del Rey, «mi mejor amigo y siempre me dio excelentes consejos». En aquellos tiempos, una de las mayores preocupaciones de don Juan consistía en transmitir a sus hijos el amor ardiente que él mismo sentía por su país, esa tierra que los niños aún no conocían. «Todas las noches, antes de acostarnos, desplegaba la bandera española en el suelo y tocaba el himno nacional, la Marcha Real, que debíamos escuchar de pie y con la cabeza inclinada», recuerda la infanta Margarita. «El hecho de vivir, como vivíamos, en el exilio, hacía que la ceremonia tuviese un valor emotivo tremendo para nosotros. Porque, como habíamos nacido en el extranjero e íbamos a escuelas suizas, llegó un momento en que hablábamos en francés entre nosotros, pero nunca con nuestros padres. Siempre mantuvieron la tradición española e incluso nuestra abuela no nos habló en inglés hasta después de que nos mudásemos a Portugal, donde empezamos a hablar español con regularidad, por las constantes visitas de españoles que acudían a ver a mi padre.»

Fue la reina Victoria Eugenia, por cierto, con su insistencia en que don Juanito hablara español sin acento ninguno (porque no quería que él sufriera nada de lo que ella había tenido que soportar a causa de su acento inglés), la que le ayudó a pronunciar la "R" a la manera española y no guturalizada a la francesa. El primer día que lo consiguió, el príncipe estaba encantado y se divirtió muchísimo durante días *arrrrastrando* las "erres" de cada palabra de una manera exageradísima. La reina Victoria Eugenia, que aun separada del rey Alfonso siguió queriéndolo siempre mucho y estaba pendiente de él, ejerció una influencia formativa considerable en todos sus nietos, a los que llegó a conocer a fondo, uno por uno. Cada año invitaba a dos nietos de distintas ramas de la familia a quedarse con ella, para poder tratarlos a fondo pasando su tiempo con los pequeños y, como era una buena psicóloga, llegar a conocerlos de verdad. «Era una persona muy divertida, juvenil y amante de los entretenimientos, con un don excepcional para ganarse a los niños y a los jóvenes», recuerda la infanta Pilar. «Le encantaba todo lo que nos permitían hacer a los jóvenes, cosas que ella en su juventud jamás pudo hacer. Sus reuniones eran muy divertidas, porque ella misma se divertía muchísimo y, según su opinión, ésa era la mejor receta para el éxito de una reunión.»[3]

Los años de Suiza

Antes del estallido de la Segunda Guerra Mundial, la reina Victoria Eugenia se mudó a Lausana, donde primero se instaló en el *Beau Rivage* y después en el *Hotel Royal*, del que el Rey recuerda: «Era un poco como mi casa y ahora sigue teniendo para mí un encanto especial, con aquellos lujosos salones antiguos y aquellos camareros que conocimos cuando éramos pequeños». Cuando el Gobierno británico dispuso que desde Inglaterra se le enviaran algunas cosas personales, la Reina compró la villa *La Vieille Fontaine*, que sería su hogar hasta su muerte y el escenario de momentos de feliz recuerdo para don Juanito y sus demás nietos; para hacer esa compra, vendió las famosas esmeraldas que eran propiedad de la corona española a la conocida casa de joyeros Harry Winston. (Muchos años después, el difunto sha de Irán las adquiriría para la coronación de la emperatriz Farah Diba).

Don Juan y su familia permanecieron en Italia hasta que el rey Alfonso, a los cincuenta y cuatro años de edad, murió en 1941. Sus antecedentes y puntos de vista liberales lo inclinaban naturalmente por la causa de los aliados, y la Italia fascista no era un buen lugar para él. Don Juan, pues, decidió instalarse en Lausana, junto a su madre. La familia real española estaba muy lejos de ser rica, y la villa que alquiló, *Les Rocailles*, en Ouchy, a orillas del Lago de Ginebra, era modesta para ocupantes regios –sólo había dos sirvientes: una cocinera y un viejo mayordomo de gran confianza–, pero acogedora, porque doña María siempre tuvo «el don de convertir cada lugar al que nos mudábamos en un hogar. Mi madre me contó hace poco que cuando ella y mi padre por fin volvieron a España, hace unos quince años, era la decimonovena vez que se mudaba de casa», cuenta la infanta Pilar.

Varias familias de la nobleza española se turnaban para enviar a la familia real en el exilio, cada mes, una ayuda económica, y no hay indicios de hasta qué punto estas circunstancias humillantes produjeron algún efecto en el joven príncipe. Los niños se criaron con un sentido muy estricto del valor del dinero. Subir a un taxi era todo un lujo, y el príncipe, cierta vez, agradeció con efusión a un miembro del entorno de su padre el haberlo llevado a casa en uno. Los platos favoritos de los niños –en el caso de don Juanito, *schnitzel* y espaguetis– no se conseguían con facilidad en los años de posguerra y eran un deleite poco habitual. Pero doña María siempre se aseguraba de que los tuvieran para sus cumpleaños.

«En aquellos tiempos», explica la infanta Pilar, «la familia se mudaba de un país a otro y de una casa a otra muchas veces, pero mis padres se las ingeniaban para que pareciera divertido. Incluso cuando empezaron a caer bombas sobre Roma, consiguieron que pareciese una aventura, para que no nos asustásemos. Los cuatro jugábamos mucho juntos y en cierto sentido –sobre todo en los años que pasamos en Suiza– tuvimos un mundo propio y singular.» Una de las cosas que más les gustaban era que les leyesen, en especial cuentos de melancolía ilimitada para poder llorar todos juntos. Los libros predilectos de don Juanito, cuando fue creciendo, eran los relatos de Tarzán, "Los Tres Mosqueteros", las novelas de aventuras de Emilio Salgari (como "El sitio de Chipre", donde los turcos eran los sitiadores y los venecianos los defensores). «Cada vez que alguien venía, le pedíamos el último libro de Salgari». Cuando ya asistía a la escuela, don Juanito se convirtió en un lector voraz de la revista española *Chicos*.

Pero el ratón de biblioteca de la familia era la infanta Pilar, que lo sigue siendo hoy día y probablemente heredó de su padre la pasión por los libros. Unos pocos minutos en el despacho de don Juan en Villa Giralda de Puerta del Hierro bastaban para descubrir su curiosidad insaciable y la amplitud de sus intereses: las paredes estaban cubiertas de arriba abajo de libros evidentemente leídos y releídos, que abarcaban una gran diversidad de temas, desde historia y biografías hasta novelas en todos los idiomas, novelas policíacas, obras de geografía y de viajes y, por supuesto, de navegación.

Don Juanito no era un gran lector. La acción era lo suyo. «Era un chico muy normal, lleno de energía, nunca se estaba quieto y era muy travieso... todos lo éramos, éramos unos diablillos», recuerda riendo la infanta Margarita. «Pero también tenía un corazón de oro y siempre quería ayudar a los demás. Si le explicaban que con sus travesuras había molestado a alguien, se apenaba muchísimo y de inmediato procuraba enmendarlo.» La infanta Pilar agrega: «Sin embargo, también era un niño callado, bastante reservado, nunca fue muy hablador. En ese sentido, es mucho más extravertido ahora».

Esta observación señala con precisión una de las características más interesantes del Rey y, que cuando se le saluda por primera vez, te sorprende enseguida: el hecho de que tras su gran encanto, su afabilidad y su don para la comunicación se ocultan una discreción innata y una intensa protección de su «núcleo», que pocas veces sale a luz y a menudo queda oculto bajo su espontaneidad y cordialidad, igualmente innatas. Sin embargo, la gente muy sensible lo nota enseguida. Uno de los periodistas españoles más conocidos, que ha visto al Rey con regularidad a lo largo de los años, señalaba que «aunque el Rey es muy simpático, en apariencia abierto y a veces hasta indiscreto, es no obstante tímido. Pero en su función de rey oculta su timidez porque, por su naturaleza amable y amistosa, quiere que la gente se sienta cómoda y que la conversación fluya con naturalidad. Es decir que parece una persona extravertida cuando, en realidad, no lo es. El antiguo jefe de gobierno Adolfo Suárez observa que «el Rey tiene una personalidad mucho más interesante y compleja de lo que sugiere su actitud extravertida habitual». Los que lo conocen bien agregan que, aunque muchas veces se muestra taciturno, siempre se obliga a controlar este rasgo en su vida pública. Cuando hace algunos años el hijo de José Luis de Vilallonga, biógrafo del Rey, fue presentado al Rey por su padre, pasó con él una hora hablando de todo tipo de cosas. Al marcharse, comentó a su padre: «Dios mío, qué triste parece este hombre».

Hasta los ocho años, don Juanito fue a una escuela cercana, en Rolle, y vivió en casa de sus padres, donde una institutriz española, Mercedes Solano, daba a los cuatro niños lecciones adicionales en español. Para realzar el valor de esas clases, don Juan decidió que debería haber «exámenes» al fin de cada curso y que él mismo sería el examinador.

Pero llegaba a su fin, para el joven príncipe, el tiempo de la «niñez feliz, pasada en el calor de mi familia». Tras su octavo cumpleaños, el año de 1946 era el momento de pensar en una educación más seria. Don Juan hizo algunas averiguaciones, pero no pudo encontrar, en Lausana, un colegio en el que se sumara un ambiente de seriedad y sencillez, adecuado para la formación de un futuro rey. En vista de lo cual, y sumando el hecho de que pronto trasladaría a su familia a Portugal para seguir los acontecimientos de España más de cerca, la solución evidente para don Juanito era un internado. Don Juan también confió a Mercedes Solano que consideraba una buena idea «apartar al niño de las faldas de las mujeres». La infanta Pilar explica que «lo que realmente pensaba es que Juanito era demasiado tierno y que podía ser una buena idea que se apartara de su madre y se endureciera un poco. Pero era demasiado pequeño, pobrecillo. Lo de ir a la escuela por primera vez fue una experiencia muy dura para él».

El instituto elegido fue Villa St. Jean, en la cercana Friburgo, dirigido por frailes marianistas y similar al Collège Stanislas, en el que había estudiado el rey Alfonso en París. Era un colegio moderadamente estricto, pero su formación, comparada con los rigores del sistema de educación privada británica de esos tiempos, resultaba positivamente benigna. Los alumnos se levantaban a la siete y cuarto. El desayuno –pan, mantequilla y mermelada más algo caliente para beber– se servía a las ocho y las clases empezaban media hora después, con un recreo antes del almuerzo. En aquellos años frugales de la posguerra, la comida consistía en salchichas, sopa y patatas preparadas de todos los modos posibles y carne sólo dos veces a la semana. Al parecer, el único niño que no se quejaba de la calidad de la comida era el príncipe. Desde el punto de vista académico, se trataba de una escuela moderadamente dura, que preparaba a sus alumnos para el Baccaleauréat (bachillerato) francés. Integraban el plan de estudios lengua e historia francesas, algo de historia mundial, matemáticas, ciencias naturales y geografía.

El príncipe llegó con sus padres a Villa St Jean en enero de 1946, tras las vacaciones navideñas, y, cuando el director le preguntó cómo quería que lo llamasen, contestó que «mis amigos me llaman Juanito». Don Juan y doña María se quedaron con su hijo hasta verlo instalado en el dormitorio, que iba a compartir con otros chicos —aunque su cama estaba separada de las demás por una cortina blanca, a pesar de que don Juan había pedido que se tratara al príncipe exactamente como a todos—, y se marcharon después de que se durmió. La separación fue dura para Juanito y para doña María, que, comentaba uno de los frailes, «era evidente que estaba conmovida». El lazo entre el Rey y su madre era, y sigue siendo, muy fuerte, basado no sólo en el afecto mutuo sino también en una comprensión total, casi telepática, que les permite comunicarse y saber lo que el otro está pensando sin necesidad de poner en palabras sus pensamientos. Después de ese primer día en Villa St Jean, don Juan y doña María volvieron a su casa, tras pasar la noche en Friburgo, y se encontraron con que su fiel mayordomo les anunciaba que había una llamada de Juanito. Doña María, instintivamente, corrió al teléfono, pero don Juan puso una mano sobre las suyas y le impidió marcar el número del colegio. «¿Para qué vas a llamar? Los dos os pondréis a llorar y eso le hará más difícil el adaptarse. Espera unos días, a que tenga la oportunidad de endurecerse un poco.» «Y aunque estaba muy alterada y le llamé tirano, tuve que admitir que llevaba razón», recuerda la condesa de Barcelona.

Quince días más tarde, don Juan consideró que era el momento de visitar a Juanito y ver cómo estaba. Al llegar, lo vieron patinando alegremente entre la nieve, en el patio de la escuela con sus compañeros de clase. Saludó a sus padres con afecto pero sin efusiones. Don Juan estaba encantado. Pero el fraile que antes citamos advirtió que doña María estaba algo desencantada. Cuando dejó de jugar, el príncipe acudió al despacho del director para hablar con sus padres. De pronto, saltó al cuello de su madre y le cubrió la cara de besos. «Por qué no me has besado antes, Juanito?», preguntó doña María, sorprendida. «Porque nos estaban mirando los otros niños», respondió él, en un despliegue de esa reserva innata ya mencionada.

Su don para el contacto humano, también congénito, hacía de él un niño sociable y pronto tuvo amigos. Más difícil le resultó adaptarse a la disciplina escolar; hacía todo lo posible para evitarla, remoloneaba con los libros e incluso llegó a dar un puntapié a un profesor que intentaba apartarlo de sus juegos y llevarlo al salón de clase. Como el invierno 1946-1947 fue particularmente duro, tomó la costumbre de dormir con los calcetines puestos y de lavarse lo menos posible. La infanta Pilar recuerda que, en uno de los primeros fines de semana que pasó en casa de sus padres, «¡mi madre y yo tuvimos que lavarlo tres veces, en tres aguas, para que quedara limpio!» Después de la marcha de sus padres a Portugal, don Juanito quedó al cuidado de la reina Victoria Eugenia, con la que pasaba casi todos los fines de semana, a menos que sus travesuras lo retuvieran castigado en la escuela, y ella se ocupaba de que «me "frotaran debidamente"».

En lo académico, estaba por encima del nivel medio, pero no era brillante. Hacía todo lo que podía por sentido del deber, porque no quería dejar en mala posición a sus padres y para lo que pensaba que él representaba para España, pero no porque sintiese un verdadero entusiasmo por estudiar. Lo que más le gustaba y en lo que destacaba eran los juegos y los deportes. Entonces como ahora, la actividad física lo restauraba, le permitía liberar energías y aplacar su inquietud. Después de los juegos y cuando los demás alumnos habían terminado sus clases, el príncipe debía acudir al seminario adjunto a la escuela, donde cuatro novicios españoles se preparaban para el sacerdocio; allí le daban lecciones de lengua e historia de España. A todos les impresionaba su patriotismo, ya muy desarrollado, y su vivo interés por todo lo español. Un día tuvo una violenta pelea con un chico francés que había hablado mal de España. Pronto trabó amistad con un verdulero mallorquín que, al saber que el Príncipe de Asturias estudiaba en el colegio de la localidad, empezó a reservarle los mejores pomelos. Era menos cortés en las visitas eventuales de señoras monárquicas de mediana edad o ancianas que lo trataban como si fuera un icono y, cosa que lo llenaba de confusión, se empeñaban en besarle la mano. Sin embargo, a causa de que su padre insistía en que debía habituarse lo más pronto posible a esas «audiencias», las soportó lo mejor que pudo.

Aquellas visitas estaban bajo la supervisión de Eugenio Vegas, un monárquico de siempre, ardiente y dedicado, que, a petición de don Juan, se había instalado en Friburgo para estar cerca del príncipe. Vegas era abogado, pero sacrificó su carrera para convertirse en un colaborador de la causa monárquica (era el director del periódico *Acción española*, lo que no lo convirtió en persona grata al régimen de Franco) y se unió a don Juan en calidad de secretario político en Lausana. Ya había empezado a dar lecciones de español a don Juanito, al que tomó un enorme afecto. El niño disfrutaba al oír los relatos de hazañas militares y las canciones de legionarios, y cuando Vegas enfermó y tuvo que ser operado en Zurich, le escribió emotivas cartas con su letra infantil[4].

Don Juan Carlos tiene recuerdos afectuosos de Eugenio Vegas. «Era un hombre maravilloso, muy, muy gentil, y fue como un padre para mí. Me enseñó mucho sobre el amor a mi país, a sus gentes y, más aún, a sus Fuerzas Armadas, además de enseñarme a hablar más y mejor el español.» Cuando sus padres se trasladaron a Portugal, se hizo más estrecho el nexo entre el príncipe y Vegas, a quien don Juanito insistía en dar un beso de buenas noches. En vano aquel hombre austero intentaba señalarle que, en su opinión, no era adecuado que los hombres se besaran. «Pero está bien que bese a papá, ¿no?» «Pues claro que sí.» «Bien, como tú estás aquí en lugar de papá, seguro que puedo besarte», respondió don Juanito, con una chispa triunfal en los ojos. Cada vez que Vegas debía marcharse, sus deberes quedaban a cargo del joven marqués de Barboles (hoy duque de Parcent), que estudiaba en Suiza, pero sacrificaba su tiempo libre para cuidar al niño y embarcarlo, los fines de semana, con rumbo a la casa de la reina Victoria Eugenia.

El traslado a Portugal

Poco después de instalar a Juanito en Villa St Jean, don Juan y doña María partieron hacia Estoril. Mientras buscaban una residencia adecuada para la familia, dejaron a sus otros tres hijos con la reina Victoria Eugenia, en Lausana, donde volvieron varias veces para verlos y visitar a don Juanito en el colegio. Para la Pascua de 1946, los cuatro niños se unieron a sus padres en Estoril, en una villa cedida por los marqueses de Pelayo. Por razones dinásticas, que su abuela le explicó y que «supongo que entendía de un modo muy peculiar y acepté como una de esas normas que las familias reales han de cumplir», él y su hermano pequeño, don Alfonsito, tuvieron que viajar en aviones separados. Juanito lo hizo vía Londres, donde junto a la reina Victoria Eugenia pasó unos días en el Claridges (por el que el Rey aún siente gran afecto y en el que sigue hospedándose cuando va a Londres), donde se convirtió en todo un problema subiendo y bajando sin cesar en el ascensor cuando ella no estaba. Al respecto, don Juan Carlos recuerda que fue una de las pocas ocasiones en que su abuela se mostró enfadada de verdad con él. Sin embargo, le compró un magnífico regalo de Pascua: una gran cometa, que llevó consigo en el avión, sobre las rodillas, plegada como un paraguas.

El niño estaba entusiasmado con la idea de ver a su familia y de tener su primera experiencia de vuelo, que encontró «inolvidable». Mientras el avión avanzaba hacia el sur, en su cabeza bullía el gusto de dejar atrás la escuela y todas las pesadas obligaciones del estudio (en especial las matemáticas, que en esos tiempos odiaba cordialmente) y la expectativa de volver a ver a sus padres, a los que «había echado mucho de menos, porque sin ellos me sentía abandonado, como un huérfano», además de la impaciencia por el momento en que, nada más llegar, abriría el paquete que tenía sobre las rodillas y echaría a volar la cometa regalada por su abuela.

En una entrevista concedida a la revista *Tiempo*, el Rey dijo que daría cualquier cosa por volver a vivir aquellos momentos, «la edad de oro de mi vida», y experimentar una vez más la sensación mágica de volar una cometa por primera vez. «Pero creo que todos sienten lo mismo al recordar el paraíso perdido que es la infancia. Por eso siempre he pensado que para todos es esencial el conservar un elemento infantil en nuestro interior. Estoy convencido de que los que consiguen conservar la ingenuidad y la mentalidad confiada de un niño y los que, a pesar de los años, aún están dispuestos a creer en milagros tienen más posibilidades de experimentar eso que llamamos felicidad.»

El príncipe se dirigió de inmediato a Estoril, un tranquilo barrio costero de Lisboa, con kilómetros de calles pavimentadas sin un solo coche a la vista, ideal para paseos en bicicleta, docenas de calas apartadas y una playa de arena fina, donde aprendería a nadar. Este poblado, antigua aldea de pescadores, era tranquilo pero nada aburrido en esa época; se envanecía de un campo de golf estupendo, donde don Juan jugó durante años, y de un club de equitación, donde doña María y los niños disfrutaron de muchos momentos felices. A causa de la neutralidad de Portugal durante la guerra, Estoril fue el lugar de refugio o de exilio de muchas familias reales europeas: el rey Humberto estaba allí con sus tres hijos, el conde de París con los once suyos, la reina de Bulgaria con el pequeño rey Simeón y su hermana. Aquellas presencias fueron la causa de que ese lugar tan tranquilo adquiriese un aire sofisticado, cosmopolita. A todo ello se sumaron las constantes idas y venidas de los monárquicos españoles, las que aseguraban que don Juan «no se sintiera jamás olvidado ni abandonado», con lo que no había espacio para el tedio. Allí y entonces nacieron amistades duraderas: por ejemplo, el rey Simeón sigue siendo hoy en día uno de los mejores amigos del Rey.

Tras pasar meses en casas alquiladas o prestadas, la familia se mudó a la Villa Giralda, el primer hogar de verdad para don Juan desde que dejara el Palacio Real de Madrid en 1931. Tan sólo en Estoril, habían vivido ya en tres casas distintas, prestadas por miembros de la nobleza portuguesa o española. Pero apenas entraron en la nueva villa, doña María se mostró decidida a bautizarla La Giralda, en recuerdo del campanario morisco emblemático de Sevilla, la ciudad de su infancia. Así Villa Giralda se convirtió en un símbolo para toda una generación de monárquicos españoles, un centro donde, en palabras de don Juan, «mantuvimos una idea clara de lo que significaba la monarquía y de lo que representaba para España», un lugar al que cualquier español que se opusiera a la dictadura, y que pudiera permitírselo, acudía a ver a don Juan. Además, muchos políticos españoles importantes, como José María Gil Robles y Pedro Sainz Rodríguez, también habían elegido Estoril como lugar de exilio.

Los hijos del segundo se hicieron buenos amigos del príncipe y de los infantes; en sus memorias, Sainz Rodríguez describe a don Juanito como la personificación del encanto y físicamente tan apuesto que era difícil caminar con él por la calle sin llamar la atención. «También había en él una generosidad innata, una finura y una gentileza que le surgían del corazón e iban más allá de la mera cortesía. Por ejemplo, cuando jugábamos al ping-pong, siempre tenía el cuidado de dejarme ganar, a pesar de mis protestas o de que él fuera mucho mejor que yo.» O cierta vez, en que un mendigo se acercó a la verja de Villa Giralda para pedir limosna, don Juanito de inmediato acudió a su institutriz suiza, Annie, a pedirle algo de dinero. Ella le dio una moneda de dos escudos, que a él le pareció demasiado poco. «No, no, es bastante para una limosna», protestó Annie. «¡Puede que sea bastante para los demás, pero no para mí!», replicó él. Sainz Rodríguez comenta en sus memorias: «Confieso que me encantó esa percepción instintiva de su posición privilegiada como una obligación de ser más generoso». (Curiosamente, muchos años más tarde –ya se dirá la fecha y el lugar–, Juanito, para entonces príncipe de España, definiría su idea de su posición regia en términos muy similares...).

Sainz Rodríguez también advirtió con rapidez y comentó la tendencia introspectiva del príncipe. Un día llevó a todos los niños a merendar en una cala cercana, para que pudieran saborear al aire libre su bebida favorita, el chocolate español –una de las cosas más deliciosas que se puedan imaginar: espeso, denso, casi una *mousse* líquida de chocolate– que su cocinera preparaba como nadie. Después de sacar termos y pastas, advirtió que faltaba don Juanito. Lo buscó por todas partes y por fin lo encontró sentado en una piedra, la cabeza entre las manos y «los ojos fijos en el horizonte lejano, con una mirada a la vez nostálgica y serena que me pareció extraña en un niño tan pequeño. Pero en aquella mirada ya estaba presente un matiz de melancolía que nunca me supe explicar».

Por esas mismas fechas, agosto de 1948, se produjo un acontecimiento histórico que tendría repercusiones de largo alcance para la vida del príncipe, su futuro y el futuro de España: se preparó una entrevista entre don Juan y Franco, después de meses de negociaciones, presiones y contrapresiones de diversos grupos monárquicos enfrentados; en términos generales, entre los que estaban en Estoril, como Vegas, Gil Robles y Sainz Rodríguez, que propugnaban una ruptura total con el régimen franquista, y los que estaban en España, como el duque de

Sotomayor, quien pronto pasaría a ser jefe de la casa de don Juan, y un enigmático político, Julio Danvila, quien, comprendiendo que la única posibilidad de una restauración monárquica pasaba por el Régimen, favoreció un diálogo continuado.

La entrevista se llevó a cabo en alta mar, frente al golfo de Vizcaya, en el Azor, al que don Juan llegó en el yate "Saltillo", que un monárquico bilbaíno, Pedro Galíndez, siempre ponía a su disposición. Los dos analizaron el presente y el futuro a fondo, con gran aburrimiento de don Juan ante las continuas referencias de Franco a la batalla del Ebro. (Es interesante señalar que don Juan Carlos disfrutaría, años después, de la afición del Caudillo a relatarle sus hazañas militares, según cuenta un asistente, con evidente placer). En resumen, Franco confirmó que, aunque él pensaba seguir en el poder hasta que su salud y sus fuerzas se lo permitieran, consideraba que la monarquía era el régimen más adecuado para España, que seguía denominándose Reino. Por tanto, el Generalísimo estimaba importante que el príncipe Juan Carlos recibiera una educación española y conociera su país, para que nunca lo acusaran de ser «un príncipe extranjero».

Don Juan admitió que Franco tenía razón y dijo que estaba dispuesto a considerar la idea, siempre que él y sólo él controlara cada etapa de la educación de su hijo, eligiendo los colegios, los profesores y las personas responsables del bienestar del niño en España. Era aquélla una decisión dolorosa para un demócrata confeso como don Juan, a quien no se le permitía pisar suelo español, aun cuando Franco insinuara, como premio añadido, que ese trato podría implicar automáticamente una reducción de las restricciones impuestas a los monárquicos en España. Pero ¿qué alternativa había? Era indiscutible que, en el caso de una futura restauración, un príncipe educado en España tendría más posibilidades de ganarse el afecto de sus súbditos. Con pena en el corazón, don Juan decidió aceptar la oferta de Franco.

No obstante, para darse tiempo para organizar satisfactoriamente la instalación del príncipe en España y quizá también para evitar el mostrarse demasiado ansioso, envió a Juanito otra vez a Friburgo para el comienzo del curso escolar 1948-1949, acompañado, una vez más, por su querido Eugenio Vegas. El niño no había vuelto a los marianistas desde el curso de 1946. Los acontecimientos que se produjeron por entonces en España hicieron que don Juan y sus consejeros pensaran, por un breve lapso de tiempo, que era posible una restauración monárquica, por lo que la familia se mantuvo unida; en tanto, el príncipe había asistido a colegios de Lisboa y recibía clases en casa, pero se iba haciendo mayor y necesitaba estudios más serios. A su regreso a Friburgo, se mostró contento de volver junto a sus compañeros de clase. Pero un mes después de iniciado el curso, Eugenio Vegas recibió un telegrama de don Juan: debía llevar al príncipe a Estoril de inmediato.

Antes de saborear la alegría de ver su tierra por primera vez, Juanito tendría que experimentar la tristeza de una nueva separación: en esta ocasión, de su querido Eugenio Vegas, a quien, según Sotomayor, Danvila y otros monárquicos cercanos al Régimen, Franco consideraría inaceptable como preceptor del príncipe. A regañadientes, don Juan cedió. Vegas recuerda con emoción profunda sus sentimientos al dejar a su pupilo, a quien él también profesaba un cariño entrañable. Para no desmoronarse y angustiar al niño, le dio las buenas noches sin decirle que debía partir. Entonces dejó una nota para que don Juanito la leyera por la mañana, en la que le explicaba que otros habían decidido que su presencia a su lado era indeseable y que, con la máxima tristeza, le decía adiós. En una foto de Eugenio Vegas que siempre llevaba consigo, el príncipe escribió: «Debo rezar un padrenuestro, una salve y un avemaría por mi querido Eugenio».

Acababa de aprender la dura lección de que un rey, e incluso un aprendiz de rey, no se puede dar el lujo de poner sus amistades por encima de los asuntos de Estado.

NOTAS AL CAPITULO I

1) Poco después del comienzo de la Guerra Civil, don Juan y dos primos suyos habían tratado de cruzar la frontera e incorporarse a la lucha. Pero Franco ordenó que los pusieran otra vez en la frontera. Como justificación de la orden, el General adujo que la vida de don Juan era demasiado importante para quedar expuesta a semejantes peligros.

2) Muchos años después, esto sería un motivo de serias disputas, cuando el primogénito de don Jaime, Alfonso de Borbón y Dampierre, intentara que se desestimase la renuncia de su padre, de modo que la sucesión al trono le correspondiera a él y no al príncipe Juan Carlos.

3) Según todos los testimonios, la reina Victoria Eugenia también tenía mucha energía y carácter. En las memorias antes citadas, su hija la infanta María Cristina mencionaba un incidente que la retrata con vivacidad y también muestra una gran similitud de espíritu con su nieto, el Rey. «En los días en que nos trasladamos de Italia a Suiza, tuvo que someterse a una operación bastante importante. Por supuesto, mi hermana Beatriz [la princesa Torlonia] y yo la acompañábamos. El día en que iban a operarla, mientras nosotras lo preparábamos todo, ella fue con su dama de compañía a oír misa en la iglesia de Le Sacre Coeur en Ginebra. Tardó siglos en regresar. Esperamos y esperamos, y cuando por fin apareció, las dos exclamamos: "Por el amor de Dios, mamá, ¿dónde has estado? Nos tenías intranquilas." "He ido a comprarme un sombrero", respondió con calma. "Pero bueno, mamá, ¿para qué quieres un sombrero justo antes de una operación?", le dijimos, desconcertadas. "Pues, porque si todo va bien, quiero estar elegante cuando salga de la clínica. Y si muero, a vosotras os quedará un bonito sombrero nuevo.»

4) Algunas de esas cartas se conservan y se publicaron en el cálido relato que escribió Antonio Pérez-Mateos, titulado "La infancia desconocida de un rey".

CAPÍTULO II

Segunda parte: La formación del Rey
"El representante de la familia en España"

Las Jarillas

El 9 de noviembre de 1948, unos dos meses antes de su undécimo cumpleaños, el príncipe Juan Carlos subía al tren nocturno de Lisboa, el «Lusitania Express», en dirección a Madrid. Antes de decirle adiós, su padre, muy emocionado, le aseguró que estaría «bien, entre amigos y atendido». Sus compañeros de viaje eran el duque de Sotomayor y Julio Danvila, los arquitectos de la política conciliatoria. El príncipe durmió profundamente toda la noche. A la mañana siguiente despertó en suelo español, en la vasta y seca llanura de la provincia de Extremadura, devorado por una mezcla de curiosidad, temor y excitación. «Me sentía muy impresionado al llegar a mi país por primera vez. Había estado en Italia, Suiza, Inglaterra y Portugal, conocía varios países, pero no el mío. Sentí una conmoción profunda, porque llegar a tu propio país por primera vez, aunque seas sólo un niño, es muy emocionante.» En especial para alguien como el príncipe Juan Carlos, que llegaba de un hogar en el que España era el centro de todas las cosas y donde, «desde que di mis primeros pasos», fue el tema de mayor interés, conversación y debate. En ese momento él era el único de la familia que por fin iba a ver su tierra. Tan pronto como don Juan le comunicó su decisión, explicándole que «no quería que yo no conociera España desde la juventud», las hermanas y el hermano se mostraron muy excitados. «Todos pensábamos que tenía una suerte maravillosa. Lo que no impidió que lloráramos un poco cuando lo vimos partir y que lo echáramos mucho de menos », dice la infanta Pilar.

El tren se detuvo en la pequeña estación de Villaverde, a las afueras de Madrid, porque, deseoso de evitar demostraciones pro-monárquicas, el Régimen había decidido que el príncipe no llegase a la estación central. Sólo un pequeño grupo de personas estaba allí para darle la bienvenida a suelo español. Mientras caminaba por el andén, llevando una maleta pequeña llena de sus objetos personales favoritos, los pensamientos predominantes en su cabeza eran: curiosidad por conocer a sus nuevos compañeros de estudios y ver qué actitud tendrían con él, pena al estar otra vez separado de sus padres y, por encima de todo, una sensación que no podía explicar pero que, con la perspectiva del tiempo, define como una «llamada telúrica, una exaltación casi místico-religioso-patriótica por estar en el país que yo y todos los miembros de mi familia amábamos y que todos los anteriores integrantes de la dinastía también amaron y sirvieron a lo largo de la historia».

Antes de ir al colegio especialmente instalado para él en las afueras de Madrid, el príncipe tuvo que cumplir con su primer compromiso público: un solemne acto de consagración, o más bien de nueva consagración, del monumento del Sagrado Corazón, en el convento de los carmelitas del Cerro de los Angeles, cercano a la carretera de Toledo, que es el centro geográfico de España. El rey Alfonso XIII lo había consagrado en 1919, pero los republicanos lo habían destruido durante la Guerra Civil. Tal como estaba, era un símbolo vivo de las dos Españas, roja y azul, todavía hondamente divididas. Esa división abismal se había mostrado, una vez más, pocos días antes de la llegada del príncipe, cuando el joven estudiante monárquico Carlos Méndez, arrestado por distribuir octavillas, murió en prisión en circunstancias no aclaradas y atribuidas al «excesivo celo» de sus carceleros. Este hecho brutal había enardecido a los círculos monárquicos y, como resultado, el príncipe no fue presentado de inmediato al Generalísimo, tal como en el primer momento planearan Sotomayor y Danvila.

Después de la ceremonia, llevaron a don Juanito en coche hasta Las Jarillas, una bonita casa de campo, situada en una parcela de unas 40 hectáreas de bosque y tierras de labranza, perteneciente a la familia Urquijo. Su propietario, Alfonso de Urquijo, en cuanto supo que don Juan buscaba un lugar adecuado y tranquilo para establecer la escuela que preparaba para el príncipe, había ofrecido la casa. Esta finca encantadora, en los montes de El Pardo, a diecinueve kilómetros de Madrid, estaba lo bastante cerca de la capital como para permitir un acceso fácil a los profesores y otros visitantes autorizados pero, al mismo tiempo, lo bastante aislada como para asegurar una privacidad completa. Durante las veinticuatro horas del día, custodiaban el lugar oficiales de la Guardia Civil, con los que don Juanito no tardó en hacer amistad.

Llegó a Las Jarillas acompañado de su tía Alicia, princesa de Borbón-Dos Sicilias, y se encontró con todos los profesores y condiscípulos formados en la entrada para saludarlo, lo que, escribiría a su madre, «me produjo mucha timidez y apuro». A los niños les habían ordenado que se inclinaran y saludasen con un «encantado, Alteza». Cumplido el requisito, el príncipe los dispensó de formalidades, pidió que lo llamaran don Juanito y sugirió que empezaran a jugar de inmediato. Esto impresionó mucho a sus nuevos compañeros. «Ya en esta etapa inicial, tenía esa facilidad natural para el contacto humano que sigue siendo una de sus mayores cualidades. Era muy accesible y expansivo y pronto nos hicimos todos amigos de él, como también lo fueron el jardinero y su hijo y el matrimonio que cuidaba de la casa», dice Jaime Carvajal, hijo del conde de Fontanar y uno de los ocho niños elegidos por don Juan, entre familias conocidas de él, para asistir a esa escuela tan particular. Don Juan había puesto especial atención en el hecho de que todos provinieran de distintas comarcas del país para que el príncipe, que pasaría unos fines de semana en la casa de uno u otro, pudiera familiarizarse con las diferencias regionales de España. Los otros niños eran: el primo del príncipe, el príncipe Carlos de Borbón-Dos Sicilias; Alonso Alvarez de Toledo, hoy marqués de Valdueza; Fernando Falcó, hoy marqués de Cubas, hijo del duque de Montellano; Agustín Carvajal, Juan José Macaya, Alfredo Gómez Torres y José Luis Leal, más tarde ministro del Gobierno de Adolfo Suárez. El príncipe, en una carta a sus padres, escribía que todos los chicos eran «muy simpáticos».

El elegido para dirigir el colegio era un pedagogo de gran valía llamado José Garrido[1]: un hombre moderado, liberal, de ideas avanzadas en materia de educación, la que concebía como un proceso continuo que no se limitaba a las «clases» ni a los «cursos». Creía que debía educar a sus discípulos, a los que se dedicaba por entero, en todos los instantes del día —durante sus juegos, los paseos por el bosque o cuando salían de la escuela—, pero sin que ellos se diesen cuenta. No era un hombre autoritario y prefería el camino más agradable y eficaz de la persuasión. En lugar de decir: «Ahora tienes que acostarte y apagar la luz», iba a los cuartos de los niños y advertía: «Cuando estés acostado, vendré a apagarte la luz». Esta actitud benévola le granjeaba el cariño de sus alumnos y generó un ambiente feliz y tranquilo en la escuela.

El segundo de Garrido fue el padre Ignacio de Zulueta, que también se encargaba de la educación religiosa de los niños. Por su temperamento, era la antítesis misma de Garrido: un jesuita a la antigua usanza, ultraconservador, con criterios más bien rígidos y a veces peculiares con respecto a la mayoría de las cosas[2]. Era un arquitecto que había tomado los hábitos bastante tarde y decía misa con auténtico fervor y convicción. Aunque sin duda era el «severo» en Las Jarillas, también a su modo no tardó en encariñarse con Juanito, cuya timidez advirtió muy pronto: «Don Juanito era de naturaleza reservada y a menudo me pedía que lo acompañara —"Venga conmigo, padre, por favor"—, cuando tenía que enfrentarse con muchas personas o con un grupo de extraños».

Otros profesores residentes eran Juan Rodríguez Aranda, un joven poeta y abogado al que Garrido contrató para que diera clases de literatura e historia del arte, y Heliodoro Ruiz, encargado de la educación física. A este pequeño grupo docente se agregaban algunos distinguidos profesores del Colegio San Isidro de Madrid, donde tradicionalmente todos los miembros de la familia real española se habían examinado, en público, al final de cada curso, una suerte que también esperaba al príncipe y a sus condiscípulos.

Las comidas estaban bajo la supervisión personal de Garrido, (que enseguida advertía si alguno de los niños no tenía apetito e inquiría si se encontraba bien) y normalmente se componía de platos sencillos de carne y verduras o lentejas. Después del almuerzo, había un largo recreo destinado a jugar en el amplio parque que rodeaba la finca. Por la tarde, clases de gimnasia seguidas de más lecciones. Después de la cena –en general, sopa y pescado– disponían de un buen rato para leer, escuchar música o ver una película, proyectada con la máquina que unos amigos de sus padres habían regalado al príncipe. Tanto los compañeros como los profesores recuerdan que don Juanito fue siempre muy generoso con los regalos que recibía, ya fuesen dulces, juguetes o aparatos, y siempre estaba dispuesto a compartirlos con los demás niños. Por ejemplo, cuando supo que la madre de la camarera que se ocupaba de Las Jarillas jamás había ido al cine, se empeñó en invitarla a una de esas proyecciones.

En gran medida, que el príncipe se sintiera feliz desde un principio en Las Jarillas se debió al ambiente tranquilo que creó Garrido y al afecto que pronto nació entre los dos. El profesor advirtió con presteza la honda necesidad que tenía el niño de ternura y caricias. Desde el primer día estableció la costumbre de hacerle la señal de la cruz en la frente por la mañana y al darle las buenas noches, tras la conversación en la que estudiaban las actividades del día siguiente. Si se trataba de un jueves, día fijado para las «audiencias» del príncipe –«no eran audiencias de verdad, sino visitas de un par de personas que querían saludarme», recuerda el Rey–, le explicaba quiénes irían a verlo. Esas audiencias, escribía el príncipe a sus padres, eran «un aburrimiento total». Sin embargo, con la ayuda y guía de Garrido, las afrontaba con un tacto inusual en un niño tan pequeño. Una tarde, por ejemplo, cuando se preparaba para salir a cabalgar, llegó una visita. «¡Qué aburrimiento!», exclamó; no obstante, recibió a la señora en cuestión y escuchó atentamente, según era, y es, su costumbre, lo que ella le decía. Hacia la mitad de la conversación, se oyó la bocina de un coche. «¡Oh, no, otro más, no!», pensó Juanito. La señora advirtió algo y señaló que tal vez Su Alteza Real quisiera que ella se marchara. «No, no, es sólo que he pensado que es una pena que tengamos que interrumpir esta charla cuando empezábamos a sentirnos a gusto», respondió el príncipe.

Quienes querían visitarlo debían obtener antes un permiso del duque de Sotomayor, y José Garrido se encargaba de equilibrar las visitas de un interminable conjunto de señoras, como la de la anécdota, y de personajes más interesantes, como el general Millán Astray, fundador de la famosa Legión. Tan pronto como se anunció su visita, los muchachos sintieron curiosidad y excitación ante su llegada. Todos quedaron muy impresionados ante aquel famoso héroe y veterano, que había perdido un ojo y un brazo en la batalla y que hizo ante el príncipe el saludo militar. Otros visitantes llevaban regalos como pistolas, guantes de boxeo, balones y cosas semejantes, en tanto que algunos amigos de sus padres obsequiaron a don Juanito con un caballo y un magnífico coche eléctrico, alimentado con baterías.

Garrido describió al príncipe como «un niño que fácilmente despertaba cariño y al que parecía que no se le podía hablar sino de deberes y responsabilidades. Había llegado en un estado de honda confusión, como era de esperar: ponía pie en suelo español por primera vez, tenía diez años y estaba muy afectado por el hecho de tener que vivir separado de sus padres». Pero la única vez que Garrido vio lágrimas en los ojos de «ese niño que jamás lloraba» fue cuando poco después de su llegada ambos leían una carta de don Juan, en la que explicaba cómo debía comportarse el príncipe, ahora que era «el representante de la familia en España». Pero en general don Juanito conseguía tragarse sus preocupaciones «que eran muchas» y resolver sus problemas por sí mismo... quizá porque ya experimentaba esa especial clase de soledad, o más bien de singularidad, que es parte esencial de la condición de rey.

Otro recuerdo de Garrido sugiere que el pequeño ya percibía algo muy cercano a ese sentimiento, aunque era capaz de ocultarlo. Un día, en uno de sus habituales largos paseos por el campo, en Las Jarillas, los dos se sentaron en una piedra para admirar el espectáculo de una magnífica puesta de sol. «El príncipe recordó el capítulo "Paisaje grana" de uno de sus libros favoritos, "Platero y yo" –un libro que muchas veces me ha llenado los ojos de lágrimas porque muchos de sus pasajes me traen el recuerdo del carácter de Juanito– y me hizo mirar la puesta de sol. Después recitó de memoria todo el texto y, señalando el poniente, dijo lleno de añoranza: "Allí detrás (es decir, al oeste, en Portugal) está mamá"» Doña María aún recuerda las cartas desgarradoras de don Juanito que la «hacían llorar sin consuelo sobre el hombro de mi mejor amiga, porque tienes que tener a alguien a quien puedas confiarte».

Un mes después de su llegada a España –porque la muerte del estudiante monárquico ya mencionada impidió que se hicie-

ra en aquel mismo momento, como se había planeado original-
mente– el príncipe hizo una visita muy importante: Sotomayor
y Danvila le llevaron al palacio de El Pardo para conocer al
Generalísimo Franco, de quien se decía que siempre lamentó no
haber tenido un hijo varón, y que llegaría a tomar mucho cariño
al príncipe. Saludó al niño con cordialidad, se interesó por sus
estudios, entretenimientos e intereses y le preguntó si recordaba
los nombres de los reyes visigodos de España. Don Juanito, un
amante de la historia, los nombró uno a uno; entonces, Franco le
dijo que era un admirador de su padre y de su abuelo y le mostró el palacio, sala por sala, y no dejó de señalarle la habitación
nupcial de la reina Victoria Eugenia, que se mantenía intacta.
Antes de despedirlo, regaló al niño una escopeta nueva y lo invitó a cazar faisanes en Aranjuez antes de Navidad, para que pudiese llevar el mejor a sus padres. El príncipe tenía gran curiosidad
por conocer a ese hombre, tema de tantas discusiones en su
casa, pero en el coche, durante el viaje de regreso a Las Jarillas,
su único comentario fue: «Pues, este señor parece muy simpático y su mujer también, aunque algo menos».

Franco, que era un excelente tirador, debió de apreciar la
pasión del príncipe por la caza, (adquirida en esta época y con-
servada hasta el presente, ya que con frecuencia pasa los fines
de semana, en invierno, cazando en España y en el extranjero).
«Los días mejores y los más divertidos son los días en que vamos
a cazar», declaraba en una composición titulada «Mi escuela»,
que tuvo que escribir en las vacaciones de Navidad. En las sie-
rras que rodean Las Jarillas abundaba la caza y eso posibilitaba
buenas partidas. Los regalos que pidió a los Reyes Magos fueron: un tipo especial de escopeta de «aire comprimido», una pistola con balín, un cuchillo de monte (para limpiar la caza) y
unos auriculares. También le gustaban los partidos de fútbol que
organizaba Heliodoro Ruiz con las escuelas vecinas –para que
el príncipe pudiera conocer a chicos de todas las condiciones
sociales– y su primera corrida de toros.

A la vez que estudiaba y se divertía, don Juanito observaba
el mundo circundante y se formaba sus primeras impresiones
sobre su país. A fines del decenio de 1940, España era un mundo rígido, en todo diferente de la nación en que iba a convertirse más tarde, sobre todo gracias al por entonces niño de diez años,

que de un modo tan consciente procuraba colmar las expectativas que la gente tenía puestas en él. Por fortuna, no sabía cuánta sería su importancia para el futuro del país. «Me hubiera quedado de piedra, al imaginar que el peso del destino de España estaba sobre los frágiles hombros de un niño.»

Aparte del régimen autoritario, ultraconservador, que aún funcionaba dentro de un clima opresor y vindicativo de posguerra civil (en fecha tan tardía como la de 1951, un diplomático británico fue testigo de una concentración franquista en Bilbao que poco tenía que envidiar a las que Hitler celebraba en Nuremberg: «hubo una multitud histérica, controlada, saludos fascistas, disputas con los curiosos no partidistas, de todo»), el país también pasaba por momentos económicos duros. Un porcentaje amplio de la población padecía de pobreza aguda. El nivel de ingresos nacional era bajísimo y apenas si alcanzaba al mínimo de subsistencia y, como afirma Philippe Nourry en su libro, estaba por debajo del de 1936, cuando empezó la Guerra Civil; en esa situación seguiría hasta 1951. La producción industrial tampoco atravesaba mejores circunstancias, pues se mantenía en el nivel de 1929, mientras que la agricultura se estancaba en el de 1931, en gran parte a causa de la falta de fertilizantes. El racionamiento se mantuvo hasta 1952, el analfabetismo estaba muy extendido y había cortes de suministro eléctrico todos los días. Fue el tiempo de la emigración masiva al extranjero, para muchos la única forma de salvarse de la miseria. Hasta mediados del decenio de 1970, abundaron en Europa asistentas y obreros españoles. La alianza tácita de España con el Eje también significó que al país no le correspondieran las ayudas del Plan Marshall, que habían contribuido a poner otra vez en pie a muchos países europeos en los años de posguerra.

Como es natural, el príncipe no podía tener idea exacta del alcance de esos problemas. Pero intuitivamente advirtió el sufrimiento de un pueblo que tenía muy bajos niveles de ingresos. Una de sus impresiones más antiguas y vívidas de España fue la expresión de fatiga en las caras de los labriegos vecinos de Las Jarillas, que luchaban para obtener de la tierra un pobre sustento. «Sus caras estaban quemadas por el sol y sus frentes, bañadas de sudor, despedían un olor acre. Me impresionó el aire exhausto y a la vez digno de esos hombres que, al parecer, jamás se quejaban. Sentía la necesidad de decirles que se detuvieran y descansaran un momento, pero jamás me atreví, porque estaba seguro de que ninguno habría prestado atención a un simple niño.» Las canciones de la cosecha –junto al perfume de la resina y el canto de las cigarras, que le recordaba el rasgueo de las guitarras –llegaban hasta su ventana con el viento y le ayudaron a comprender las contradicciones del temperamento español. «De pronto, de una alegría sin límites –que a mi imaginación de niño le hizo pensar que España era una tierra feliz– pasaban a la más profunda desesperación. Esos cambios súbitos de humor me sorprendían y asombraban muchísimo y sólo los comprendía intuitivamente, si es que los comprendía», declaró el Rey al periodista italiano Raffaello Uboldi.

Mientras el curso 1948-1949 llegaba a su fin y los temibles exámenes públicos eran inminentes, el príncipe y sus compañeros intensificaron sus esfuerzos cotidianos. Como parte de la disciplina especial, inculcada a los miembros de las familias reales desde una edad tan temprana que la idea llega a ser muy pronto una segunda naturaleza –«cuando estuve en condiciones de analizarlo, ya lo había asimilado»–, se le explicó al príncipe que cada uno de sus gestos y acciones se tomarían en cuenta pensando que él era representante de la Corona y que no había límites en la disciplina del servicio a España, un servicio a prestar en cualquier momento y lugar en que el país lo exigiese; en ese preciso momento de su vida, «ser un buen español implicaba ser un buen alumno» y no debía permitir que su país, su familia, o él mismo quedaran en mal lugar, de modo que pasó sus exámenes, orales y escritos, con éxito. La sala del Instituto San Isidro estaba llena de amistades, monárquicos entusiastas, periodistas y algunos curiosos que querían escuchar a ese niño rubio, alto, vestido de gris, mientras respondía a las preguntas sin dejar de estirar neviosamente los puños de su camisa.

Ese mismo día, el príncipe partió hacia Estoril, feliz y tranquilo por sus resultados: lo tenía todo para sentirse satisfecho y su padre, que a su llegada lo encontró «radiante», para estar orgulloso de él[3]. No había fracasado, había estado a la altura de la primera prueba de su vida: la de ser «el representante de la familia en España».

Pero la política, a la que su destino estaba indisolublemente ligado, iba a levantar otra vez su fea cabeza para perturbar la joven vida del príncipe. En la primavera de 1949, Franco había pronunciado un importante discurso ante las Cortes –que eran lo que en esos días se consideraba un parlamento–, en el que culpó a la institución de la monarquía hereditaria, en general, y a la dinastía borbónica, en particular, de la mayor parte de los males que habían acontecido en España en los dos últimos siglos. A la vez, propuso una ley de sucesión, en la que estipulaba que él estaría a la cabeza del Estado mientras lo permitiese su salud, y en ella sembraba la idea de una «monarquía electa», es decir, implicaba no una restauración sino la posible «instauración» futura de un heredero que fuese aceptable para él.

El discurso había suscitado consternación y desaliento en los círculos monárquicos y entre los asesores de don Juan. Por mucho que él mismo pudiera reconocer en privado que, pensando en la política real, la única esperanza para el futuro de la monarquía estaba dentro del Régimen, como cabeza dinástica de la familia real española no podía aprobar públicamente el concepto de una monarquía que existiera no *Dei gratia* sino «por gracia de Franco»; debía reaccionar, y la forma evidente era la de poner fin a la política conciliatoria, propulsada por la mayoría de sus partidarios dentro del país e iniciada nueve meses atrás en el Azor.

Los monárquicos exiliados, con Sainz Rodríguez y Gil Robles a la cabeza en Estoril, y Eugenio Vegas, antiguo preceptor del príncipe en Suiza, quien siempre había visto esa política con desagrado –tal vez porque estaban apartados de la realidad española– señalaron que, en cualquier caso, no habían obtenido los resultados prometidos: no habían desaparecido las restricciones impuestas a las actividades políticas de los monárquicos en España. Por el contrario, las condiciones habían empeorado y se permitía que los falangistas cantaran canciones insultantes para la Corona en público, con total impunidad. Por tanto, don Juan debía poner fin a ese acercamiento, sellado por la presencia del príncipe en España... ¡precisamente cuando el niño había empezado a disfrutar de su nueva vida en su tierra! Como era natural, no iban a hacerlo volver a mitad de curso, pero no se consideraba posible que volviera en el futuro inmediato.

En vano la reina Victoria Eugenia, que pasaba el verano en Estoril, rogó que lo enviaran de regreso, con el temor de que esos cambios constantes no sólo dañaran su educación sino también desequilibraran emocionalmente al niño. Los asesores de don Juan se mostraron inflexibles. Con brutalidad, argumentaron que el príncipe era la única carta que tenía don Juan en las manos y que, por tanto, debía jugarla para obtener la mayor ventaja posible. La presencia de don Juanito en España daba al Régimen cierta respetabilidad, que le hacía muchísima falta en los círculos internacionales, en una época en que España aún estaba encerrada en un total aislamiento diplomático. (No se convirtió en miembro de Naciones Unidas hasta 1951 y el tratado bilateral de defensa con Estados Unidos no se firmó hasta 1953). Por tanto, Franco necesitaba hasta el último gramo de buena voluntad que pudiera conseguir para romper el cerco, y los asesores de don Juan estaban ansiosos por evitar que el Caudillo usara a la dinastía para conseguirlo.

Después de bastantes vacilaciones, don Juan cedió. El príncipe se sintió muy desdichado ante esa decisión, se disgustó al ver que se le impediría reunirse con sus amigos y se sintió más confuso que nunca ante su destino. «Ya no sabía dónde estaba» dice en la actualidad; en aquellos tiempos, su confusión se reflejó en una notoria regresión en su escritura. Pasó un año caótico en Estoril, mientras sus antiguos profesores José Garrido y el padre Zulueta iban y venían una vez al mes para ayudarlo a ponerse al día con la colaboración de profesores locales. «Me va bastante bien con los estudios, pero me da mucha pena que, por ahora, no pueda volver a España; y tampoco sé si podré volver más adelante», escribía a uno de sus condiscípulos en noviembre de 1949. «Estoy repasando todo el material del año pasado y acaba de llegar el coche eléctrico que tenía en Las Jarillas.»

Entre tanto, la escuela se había trasladado de Las Jarillas a Madrid, donde funcionaba como una escuela externa en la casa del duque de Montellano, una mansión preciosa en la esquina de la Castellana con la calle Eduardo Dato. En diciembre, don Juan ya había decidido que el príncipe no volvería durante todo el curso 1949-1950. Por tanto, Juanito tendría que hacer sus exámenes por correspondencia en el mes de septiembre siguiente, mientras que sus compañeros harían los suyos en junio. («Rezo a la Virgen para que todos los niños aprueben sus exámenes del 14», escribía don Juanito a un amigo, desde Portugal).

En el verano de 1950 se encontró la solución perfecta para el futuro inmediato del príncipe, que pondría fin a su frustración: volvería a España pero no a Las Jarillas ni a Madrid. La escuela volvería a organizarse en el palacio donostiarra de Miramar, que pertenecía a la familia real. De este modo, el príncipe podría disfrutar una vez más de los beneficios de una educación española y del placer de estar con sus compañeros, pero estaría en «su casa» y lejos del cuartel general del Régimen. Además, lo acompañaría su hermano, don Alfonsito.

Miramar

En septiembre de 1950, el príncipe y el infante, y sus compañeros –menos dos, (su primo don Carlos de Borbón Dos Sicilias y Fernando Falcó), más uno, (Alvaro de Urzáiz, hijo del duque de Luna, quien demostraría ser el niño con mayor capacidad artística de todos) llegaron a esa encantadora, soñolienta y provinciana ciudad de la costa cantábrica, donde pasarían cuatro años felices y fructíferos.

Al principio, los hermanos don Juanito y don Alfonsito compartían una habitación, pero eran tan traviesos y hacían tanto ruido por la noche que se decidió separarlos. Desde ese momento, el compañero de cuarto del príncipe fue su amigo Jaime Carvajal. Se había reunido un grupo de niños algo menores, nueve en total, para acompañar a don Alfonsito, que, en todos los sentidos, era un muchacho muy brillante, agudo, ingenioso, travieso y con mucha personalidad. El y su panda recibieron el apodo de «los pequeños», en tanto que el príncipe y su grupo eran «los mayores».

Una vez más, el hombre que estaba a cargo de todo era José Garrido, con la ayuda del padre Zulueta y de Juan Rodríguez Aranda. Una persona agregada fue Aurora Gómez Delgado, que enseñaba francés y al mismo tiempo hacía las veces de ama de llaves y enfermera. También se contrataron profesores externos que acudían a enseñar inglés y educación física. En años posteriores, se uniría a todos ellos un distinguido catedrático de la Universidad de Santiago de Compostela, quien, en visitas regulares, enseñaba filosofía, –psicología, ética y lógica, disciplina con la que el príncipe parecía tener una afinidad natural y en la que era el primero de la clase– y los elementos básicos de derecho constitucional, algo que le parecía «aburrido» pero en lo que se aplicaba para hacer un buen papel.

Miramar era el lugar ideal para esa escuela. La amplia villa, construida a fines de siglo por la bisabuela del Rey, la reina María Cristina, como palacio de vacaciones, tiene vistas estupendas a la bahía y la playa de La Concha, tan de moda en la *belle époque*. El edificio es de dos plantas: en la primera, hay un amplio salón de estar, una sala de billar, una biblioteca (todavía llena de interesantes recuerdos de familia), una pequeña capilla y un amplio comedor, donde se instalaron dos grandes mesas redondas: una para «los mayores» y otra para «los pequeños».

En la segunda planta, había una serie de apartamentos, cada uno compuesto de un cuarto de estar, un dormitorio y un baño. La escuela ocupaba sólo un ala del palacio y no había calefacción central en el edificio –«¡sólo una vieja estufa de pie!», recuerda Jaime Carvajal–, lo que significaba que, en ese húmedo clima atlántico, el invierno era muy frío. Para llevar a profesores y alumnos no había más que un coche, y se ocupaban de la casa tres sirvientas vascas.

Como en Las Jarillas, la jornada empezaba a las siete y media, cuando don José tocaba la campana de la capilla, a lo que seguía una nueva ceremonia que los chicos adoraban: izar la bandera, un privilegio asignado cada día al niño cuya conducta o aplicación en el estudio durante las últimas jornadas mereciera un premio. Después, a oír misa. Tras el desayuno, el horario era semejante al de Las Jarillas: dos clases matinales seguidas por un recreo, en el que los niños comían un bocadillo substancioso antes de salir a correr por el bonito parque que rodea el palacio (bajo la supervisión de Garrido, pronto empezaron a cultivar tomates; invariablemente, José Garrido se veía obligado a comprar toda la cosecha, por verde que estuviese: don Juan Carlos lo recuerda como «mi única incursión en el comercio»).

Para «los mayores» en especial, los estudios se ponían más serios a medida que transcurrían los años y se acercaba el examen para obtener el grado de bachiller. Don Juan recomendaba a sus hijos sin cesar, y en particular al príncipe, que aprovecharan lo más posible su tiempo en la escuela, «de lo contrario os será difícil poneros al día y recuperar el tiempo que hayáis perdido». Aunque nunca fue el mejor de la clase, don Juanito estaba por encima del nivel medio. Historia y literatura eran, como siempre, sus temas favoritos, sobre todo la literatura francesa, de la que disfrutaba a fondo gracias a su gran conocimiento de la lengua. Molière era su gran favorito y también le gustaba el elemento legendario y poético de la "Chanson de Roland". Juan Rodríguez Aranda recuerda que él tenía una hermosa edición española de este poema épico, pero que el príncipe la leía siempre en francés, que era «mucho más poético y, como estábamos en las cercanías, llevé a la clase a Roncesvalles, el escenario de los hechos: todos se mostraron encantados».

Otros libros muy populares entre los niños eran los de una serie dedicada a cuentos de todo el mundo, dividida en varios volúmenes de relatos, en cuyo título se aclaraba si eran rusos, chinos, indios o polacos. El favorito del príncipe era el de cuentos alemanes. «De hecho, ese libro falta de mi biblioteca porque él se lo quedó», cuenta Aranda. «Cuando le pregunté qué era lo que más le llamaba la atención en esos cuentos alemanes, me dijo que su atrevimiento en el tema del amor. Tenía quince años por entonces y, como es normal en un chico de esa edad, era muy romántico. También disfrutó mucho leyendo "Romeo y Julieta", en tanto que el latín y las matemáticas lo mataban de aburrimiento, por lo menos hasta que descubrió la aplicación práctica de las matemáticas en la física, tema por el que desarrolló un interés apasionado.»

Aranda explica que en lugar de seguir a pie juntillas el plan de estudios oficial, José Garrido y él habían organizado un programa de «lectura creativa». Cuando se trataba de historia del arte, por ejemplo, no se limitaban a enseñarlo todo con un libro, al estilo memorístico: pedía a cada alumno que eligiera un pintor y aprendiese todo acerca de él, «que estudiara sus cuadros en libros con reproducciones, que leyera las biografías existentes –y también les enseñé a buscarse los libros necesarios en las librerías de la ciudad– y que preparasen un trabajo escrito. Pensé que era una forma más interesante y estimulante de aprender[4]. Recuerdo que el príncipe eligió a Velázquez y Jaime Carvajal, a El Greco. Ni que decir tiene que ninguno de los dos terminó el trabajo. Pero pasaron bastante tiempo con "sus pintores", a los que llegaron a conocer realmente a fondo. Y como estábamos tratando a los más grandes pintores de la historia española, se cumplió el objetivo del ejercicio».

Garrido se preocupaba de que los muchachos llevaran un ritmo de vida agradable, sin demasiadas restricciones. «Pensábamos que, a medida que se hicieran mayores, habría cambios en sus vidas. Los domingos, a menos que sus padres acudieran a llevarse a sus hijos, organizábamos excursiones a todos los lugares de interés o sitios de belleza natural de los campos cercanos y a veces íbamos hasta Navarra», cuenta Aranda. «De este modo, el príncipe llegó a conocer muy bien el País Vasco.» En otras ocasiones, recuerda Jaime Carvajal, recibían invitaciones para comer en algún barco que estaba de visita, aunque esto era poco corriente, «porque lo importante era que en esos días el príncipe no tuviera un papel oficial. Las autoridades locales tenían cierto temor a tomar cualquier iniciativa, lo que era bueno porque eso significaba que no había invitaciones oficiales a ninguna ceremonia y podíamos llevar una vida escolar corriente, como la de cualquier muchacho normal. Todos lo pasamos muy bien en Miramar y creo que el Rey también fue feliz allí. Tener la niñez de un chico normal fue muy bueno para él».

Aranda subraya que la fuente de inspiración de todo el plan de educación fue don Juan, «que estaba al tanto de cada cosa, incluidos los menores detalles, con un interés constante e intenso, con preocupación y afecto, y se mantenía informado de todo. A instancias suyas, la regla de oro de la escuela era que jamás mencionáramos al jefe de Estado ni habláramos de política. No era el lugar, el momento ni la época adecuada para que lo hiciéramos. Pero cada profesor tenía sus propias ideas y prefería recomendar ciertos libros, según su personalidad. Por ejemplo, José Garrido y yo éramos más liberales que el cura»[5].

Por la noche, después de los deberes escolares, los muchachos tenían un rato libre, que podían pasar leyendo o escuchando música. El príncipe se había aficionado a la música y tenía un buen tocadiscos, regalo de unos amigos. «Creo que su amor por la música se lo transmitió, en parte, su hermana pequeña, la infanta Margarita, pues era una buena pianista y solía enviarle grabaciones de todas las piezas que estuviera aprendiendo a tocar, Impromptus de Schubert y los conciertos de Rachmaninoff, por ejemplo. Recuerdo que estaba fascinado por el concierto Nº 2 de Rachmaninoff, que escuchaba una y otra vez.» El príncipe contó a su hermana que escuchaba esa obra cada vez que quería tranquilizarse. También se aficionó a las zarzuelas, en especial, La Revoltosa. Aranda se ocupaba de que escucharan con verdadera atención. «Si queréis jugar, juguemos, pero si queréis escuchar música, escuchadla de verdad.»

Otros entretenimientos eran, por supuesto, juegos y deportes como el tenis, la equitación, que practicaban en un club local, el fútbol, el *hockey* sobre patines, en lo que el príncipe era muy bueno. Los sábados y domingos por la noche, había proyección de películas con la máquina de don Juanito o acudían al cine de la ciudad, solos, cuando crecieron. Eran los años en que Ava Gardner saltaba a la fama y todos los muchachos seguían fielmente sus películas. También fue la época en que se inició la gran pasión del príncipe por la radio. La mujer del propietario de la mayor librería donostiarra –de quienes el príncipe se había hecho amigo– tenía una instalación estupenda en su casa y lo invitó a verla. «De inmediato vi que estaba embelesado ante la posibilidad de comunicarse instantáneamente con Tokio, Karachi o Nueva York», dice Aranda. «Sin más, quiso saberlo todo al respecto y hacerse miembro del club de aficionados local.» El Rey sigue siendo un radioaficionado entusiasta hasta el día de hoy y, en cierto sentido, se trata de un símbolo de su casi telepática habilidad para «sintonizar» con los demás.

En junio de 1954 llegó el momento de que el príncipe y sus condiscípulos volvieran a Madrid, esta vez para sus exámenes finales de bachillerato superior, que también fueron públicos y se dieron en el instituto San Isidro. El y los demás alumnos llegaron muy bien preparados y destacaron en los escritos –inglés, matemáticas, física y un ensayo sobre la contrarreforma, «La Compañía de Jesús y el Concilio de Trento»– que ocuparon toda la mañana, junto a un tema misterioso titulado «Formación del espíritu nacional». La tarde transcurrió con las pruebas físicas y los exámenes orales. Los resultados del príncipe se consideraron brillantes. Una vez más, había logrado cumplir con el desafío de ser un buen español, es decir, un buen alumno. Durante su estancia en Madrid, como huéspedes del duque de Montellano, don Juanito y don Alfonsito visitaron a Franco y le agradecieron, en nombre de su padre, «sus atenciones y cortesías en lo relacionado con su educación en España», a la que tanto amaban y querían servir.

El príncipe bien puede mirar atrás, a sus días de estudios, con un sentimiento de satisfacción y deber cumplido. «En resumen, creo que fue una etapa de su vida fructífera, bien aprovechada, de la que sacó muchos beneficios. Resultó muy bien y creo que el Rey la recuerda con afecto. Porque el bachillerato es algo importante en la vida de un joven», dice Juan Rodríguez Aranda. Había llegado a conocer y comprender su país, había fortalecido su carácter y hecho realidad el deseo de cumplir al máximo con las exigencias de su destino. «Aprendí muchas cosas en Las Jarillas y en Miramar»–, recordaba el Rey años después–. «Aprendí a comportarme y a comprender a los demás, a estudiar, a leer. Pero mis profesores nunca trataron de cambiar mi carácter. Nunca me vi obligado a hacer nada en contra de mi naturaleza, siempre permitieron que fuese yo mismo.»

NOTAS AL CAPITULO II

1) En su Granada natal, se conocía muy bien a Garrido, que allí había puesto en marcha lo que se convertiría en una escuela «modelo» para niños pobres. Más tarde, durante la Guerra Civil, fundó una especie de asilo para huérfanos de la guerra, «La Paloma», cerca de Barcelona. Cuando la escuela tuvo que ser evacuada a la ciudad, se negó tajantemente a abandonar a sus alumnos y se hizo responsable personal de evitar que los deportaran a Rusia, un destino que corrieron muchos de los niños cuyos padres habían muerto luchando en el bando perdedor. Después, ese hombre notable se convirtió en preceptor de los hijos del duque de Sotomayor, quien lo recomendó y presentó a don Juan.

2) Según uno de los alumnos, pensaba que toda la música moderna era producto del demonio (!); otro de aquellos niños, José Luis Leal, estaba convencido de que el padre Zulueta lo miraba con malos ojos porque no era un aristócrata.

3) En una carta dirigida a don Juan y doña María, José Garrido se declaraba «totalmente satisfecho» con su alumno.

4) Este tipo de educación era muy raro en España por esos años, cuando en las escuelas la enseñanza estaba tan reglamentada y era tan rígida como todas las demás actividades.

5) No es extraño, si se considera hasta qué punto la Iglesia y el clero habían sufrido durante la Guerra Civil a causa de los republicanos.

Capitulo III

Tercera parte: La formación del Rey
Las academias militares y la Universidad de Madrid

En el verano de 1954, un despreocupado príncipe Juan Carlos se preparaba para embarcarse en un viaje que iba a tener repercusiones importantes en su futuro: un crucero por el Egeo, organizado por los reyes Pablo y Federica de Grecia en su barco *Agamenón* (para el que tuvo que hacerse su primer esmoquin en San Sebastián). La idea que había detrás de ese crucero, era que las nuevas generaciones de jóvenes europeos de sangre real, a quienes los años de austeridad de la guerra y la posguerra se lo había impedido, se conocieran y tratasen en ese entorno idílico. En ese crucero el príncipe conoció a su futura esposa, la princesa Sofía de Grecia, aunque en esa primera ocasión no hubo más que un contacto amistoso entre dos primos distantes de dieciséis años de edad.

De regreso en Estoril, el príncipe Juan Carlos se encontró una vez más con que era el objeto de una discusión y desacuerdo intensos entre los asesores de su padre, discusión en la que las opiniones acerca de su educación universitaria se mostraban divididas. Un grupo, en el que estaba José María Gil Robles, hablaba a favor de una universidad europea liberal, de preferencia alguna de tradición católica, como la italiana de Bolonia o la belga de Lovaina. El otro grupo, con Pedro Sainz Rodríguez y el general Kindelán a la cabeza, instaba a don Juan a aceptar las propuestas hechas por Franco en una carta de julio de 1954, en la que decía que «de acuerdo con su rango en la escala dinástica», el príncipe Juan Carlos debía completar su educación en España: primero, en las tres academias militares –tierra, mar y aire– y después, en una de las universidades españolas más importantes. Paralelamente, también acudiría a los ministerios primordiales, para obtener de primera mano conocimientos sobre la estructura administrativa y financiera del país.

Era un plan notablemente completo y bien pensado, y el Caudillo agregaba en su carta que, lo sabía, contaba con el patriotismo de don Juan para valorar los beneficios que tal formación aportaría a un futuro rey. Los detalles se establecerían más adelante, en una reunión privada de ambos, como la que habían sostenido en el Azor. El plan ponía de manifiesto lo que cada vez estaba más claro para la mayoría de los observadores políticos: Franco no tenía intención de abandonar el poder –como iba a confiárselo al duque De La Torre, era cosa «de aquí al cementerio»– ni de restaurar la monarquía con don Juan, de cuyo hondo liberalismo tanto desconfiaba, sino más bien de «instalar» o implantar la institución póstumamente a favor de don Juan Carlos. El cuidado y la atención que ponía en la formación del príncipe apuntaban sin duda en esa dirección aunque, como brillante táctico que era, no se permitió comentar ni dar a conocer oficialmente sus intenciones hasta 1969. De esa forma, mantenía todas sus opciones abiertas y neutralizaba cualquier posible reacción hostil de don Juan, mientras que a la vez protegía al príncipe de las reacciones negativas tanto de la facción falangista como de la republicana.

El encuentro de Franco y don Juan se celebró el 29 de diciembre de 1954 en Las Cabezas, una finca extremeña que pertenecía a un noble monárquico, el conde de Ruiseñada, que también estaba cercano a Franco. La conversación directa duró cuatro horas, desde el mediodía hasta las cuatro de la tarde. Gracias a un miembro del equipo del conde, Juan Ramón de San Pedro, que atendía el teléfono en una habitación contigua y que, por tanto y sin que nadie se percatara, pudo oír todo lo hablado y después referir lo primordial a Pedro Sainz Rodríguez, tenemos un relato concreto en el libro "Un reinado en la sombra", de este último.

Después de las cortesías preliminares, en las que don Juan, que ponía por primera vez su pie en suelo español desde 1931 y había llegado en coche desde Estoril, dijo que en comparación con Portugal le había impresionado favorablemente la buena organización y el nivel de vida relativamente más alto de los pueblos de España, el conde de Barcelona fue al grano: la educación universitaria del príncipe Juan Carlos y la continuación de los estudios de don Alfonsito en Madrid, donde se había instalado la escuela antes organizada en San Sebastián. «Le aseguro, Alteza, que haremos buenos patriotas de ambos.» «En mi casa se aprende a ser patriota desde la cuna», replicó don Juan. De inmediato, Franco delineó su plan: primero, un curso de entrenamiento general en la Academia Militar de Zaragoza, durante dos años; después, un año en el Escuela Naval de Marín, en Galicia, y un año en la Academia General del Aire de San Javier, cerca de Murcia.

A lo largo de ese período, el príncipe estaría bajo la tutela de un grupo selecto de oficiales especializados, todos ellos monárquicos, que constituirían su Casa y actuarían como instructores y ayudas de campo a la vez. Todos respoderían ante el hombre encargado de la dirección de todo el programa, el general Carlos Martínez Campos, duque de La Torre (nieto del famoso general que había restaurado la monarquía en 1874), hombre poco corriente, un personaje excéntrico: era un académico con varios libros de historia y estrategia en su haber y, además, un intratable que, se cuenta, hizo temblar de miedo al príncipe en más de una ocasión. («Ni siquiera su propia esposa y sus hijos podían convivir con él», confía un antiguo ayudante, «y el príncipe, pobre muchacho, tenía que hacerlo»). Al saber de la tarea que le habían encomendado, el duque consideró que era un deshonor negarse, pero señaló con sequedad que, aunque estar a cargo de la educación superior del príncipe era un privilegio, resultaba un privilegio «incómodo, lleno de responsabilidades, sobre todo largándomelo cuando soy viejo (tenía por entonces sesenta y seis años) y nunca he sabido educar a mis hijos».

Los hombres elegidos para estar a su servicio fueron: los comandantes Nicolás Cotoner y Cotoner, marqués de Mondéjar, de caballería, que más tarde sería jefe de la casa del rey hasta 1989; Alfonso Armada, de artillería, más tarde secretario general del Rey hasta 1977 y, por fin, jefe del golpe del 23-F; Alvaro Fontanals, de la marina, y Emilio García Conde, de la fuerza aérea, más tarde General del Ejército del Aire e integrante del equipo de Defensa. En Zaragoza, se unió al grupo el marqués de Valenzuela, de infantería, tiempo después víctima y superviviente de un terrible atentado terrorista de ETA.

Tras un verano y un otoño sin preocupaciones en Estoril, don Juan Carlos, a los diecisiete años, llegó a Madrid en enero de 1955, donde inició un intenso curso preparatorio para sus exámenes de admisión en la Academia Militar. Acompañado por sus instructores, ocupó la casa de los duques de Montellano, un hermoso palacete de la Castellana, con un amplio jardín (los propietarios se marcharon de la casa y dejaron todo el servicio a disposición del príncipe). En todos los sentidos, esos cinco meses de estudio sin descanso fueron los más duros de su vida. «Había una gran cantidad de cosas por ver en un lapso muy breve», recuerda un ayudante. «Matemáticas, geometría, trigonometría, derecho constitucional, historia, filosofía, economía, finanzas públicas, ciencia aplicada a la industria e idiomas.» Para que el príncipe lograra cumplir con esa cantidad tremenda de trabajo dentro de los cinco meses disponibles, el duque de La Torre organizó un horario draconiano de estudio incesante: de 8.30 a 9.30, una hora de estudio en casa, seguida de tres clases en el Colegio de Huérfanos de la Armada; después, tiempo para comer –durante el cual tenía que practicar inglés o conocer a personas «respetables»–, seguido de dos horas de equitación, el único tiempo libre de todo el día. A continuación, desde las 5.30 hasta las 8.30, otras tres horas de matemáticas, geometría y trigonometría, con un intervalo de media hora para tomar el té; después, una hora para contestar la correspondencia, hacer y recibir llamadas telefónicas. La cena se servía a las 9.30 y a las 11.30 llegaba por fin, en palabras de don Juan Carlos, «el divino sueño».

Era la primera vez que el príncipe experimentaba la disciplina militar. «Para un muchacho de diecisiete años, acostumbrado a una vida mucho más libre y natural de la que suele tener la realeza, tiene que haber sido muy duro de soportar», comenta el mismo ayudante. «Además, estaba encerrado en esa casa con un grupo de vejetes. A mis treinta y siete años, yo era el más joven de todos. Pero el príncipe lo llevaba muy bien y casi nunca se quejaba.» El Rey admitiría más tarde que «a veces no era nada fácil. Me hubiera gustado mucho más irme por ahí a divertirme, con amigos, con chicas, libre de vigilancias». Se había elegido como condiscípulo en esos cursos –porque, a los ojos del Régimen, sus credenciales falangistas lo convertían en un compañero ideal del príncipe– al duque de Primo de Rivera, que también se instaló durante un tiempo en el palacio Montellano. Lo que motivaba a don Juan Carlos a esforzarse era la excitación de pensar que ingresaría en las academias militares, donde sabía que lo tratarían como a cualquier otro cadete y que no disfrutaría de ningún tipo de privilegio especial. «Me estimulaba el desafío que ello iba a suponer en cuanto a dar una medida de mí mismo», recuerda.

Aquél fue el primer contacto que con Madrid tuvo el futuro Rey, quien conserva recuerdos vívidos de esa experiencia. También era la primera vez que vivía en una gran ciudad, y al principio encontró que el ruido, el tráfico y las aglomeraciones lo confundían y alteraban. No obstante, pronto empezó a disfrutar de mezclarse «con la gente y escuchar lo que decían, algo que sigue gustándome hoy, aunque se ha vuelto mucho más difícil». Sin embargo, aún hoy, se las ingenia para prescindir de sus guardaespaldas y mezclarse de incógnito con la gente.

Por esa época también empezó a visitar todos los museos de la ciudad, en especial El Prado, que le entusiasmaba. «Pasé horas y horas ante los cuadros de Goya, Velázquez y El Greco; a través de ellos me parecía posible establecer un diálogo sobre la naturaleza de España, sobre la cultura y el carácter españoles. Trataba de imaginarme lo que había detrás de esas caras, cuántos de ellos eran mis antepasados, y de descubrir por qué esos pintores habían pintado sus temas de esa manera peculiar. Siempre ha sido una de mis grandes aficiones saber cosas y ver qué hay detrás de ellas... Por ejemplo, desde muy joven, cada vez que alguien entra en una habitación, tengo por costumbre hacer una especie de radiografía inmediata... Si alguien te habla sin mirarte, mientras sus ojos saltan de aquí para allá, tengo una sensación de inquietud, "a ver, a ver, qué tenemos por aquí". Me gusta mirar de frente a las personas y me gusta que me miren de frente, porque creo que los ojos lo expresan todo de una persona, que muestran su alma. Y por la manera de mirar a los demás cada uno se expresa a sí mismo.»

Don Alfonsito, cuya escuela se había trasladado de Miramar al encantador barrio madrileño de El Viso, iba a visitar a su hermano y comía con él todos los domingos, con los bolsillos llenos de sorpresas y artículos de broma: cajas que se abrían echando humo o hacían ruidos cómicos o estallaban y que, casi siempre, iban a dar bajo el plato o la silla de su hermano y, en ocasiones, incluso dentro de su comida. Don Alfonsito «era lo que llamábamos un "chuletilla madrileño", tenía un vocabulario muy divertido, muy gracioso» y sus bromas volvían loco a su hermano. Un día, don Juan Carlos y uno de sus ayudantes decidieron, por fin, desquitarse gastándole una broma: «Cuando nos sentamos a comer, el príncipe dijo: "Tú, Alfonsito, sabes toda clase de truquillos, pero Fulano de Tal sabe uno que tú no conoces." "¿Cuál?", preguntó, burlón y un tanto intrigado. "Es capaz de sacarme la camisa sin haberme quitado antes la chaqueta." "Eso es imposible", replicó don Alfonsito. "¿Te apuestas veinte duros?" Don Alfonsito pensó y pensó, y decidió que aquello no era posible, así que decidió aceptar la apuesta. "Hecho", respondió. El príncipe y yo habíamos practicado y nos habíamos preparado toda la semana y, como teníamos previsto, yo fingí asombro. "Pero, señor", protesté, "estamos comiendo." "Venga, hombre, que me voy a ganar veinte duros", me apremió el príncipe, al que le encantaban las apuestas. Y claro que hay una manera de quitarle a alguien la camisa sin que se saque antes la chaqueta: dejando las mangas sueltas y doblando la camisa, detrás del cuello, para que se pueda retirar con facilidad. O sea que por una vez logramos vencer a don Alfonsito.»

Ganar esa apuesta debió de resultar productivo, porque el dinero no abundaba en esos días. El duque de La Torre, un personaje de muy mal genio , había discutido con el almirante Carrero Blanco, el hombre del Régimen que era responsable de financiar la educación del príncipe, y este último se había negado en redondo a aumentar las asignaciones para gastos diarios. Como el príncipe confesaría varios años después, era tan pobre en esa época que a menudo tenía que pedir prestadas unas pesetas a sus amigos[1]. El mismo ayudante recuerda que en San Javier, en vista de que la Academia está en un sitio muy apartado, los cadetes podían pasar la noche de los sábados en alguna de las ciudades cercanas, como Murcia, Cartagena o Alicante, y por lo común lo hacían en esta última, que era la más animada. En esas ocasiones, el príncipe tenía que compartir con su ayudante la habitación de hotel, porque no podía pagar dos.

En junio de 1955 pasó los temidos exámenes de ingreso en la Academia Militar de Zaragoza, a la que llegó en septiembre siguiente (después de pasar las vacaciones de verano en Estoril) acompañado por el duque de La Torre. El príncipe formaba parte de un grupo de 269 jóvenes que integraban lo que se conocía como la XIV Promoción. Era la primera vez que entraba en contacto estrecho con muchachos de todos los ámbitos sociales y, en un principio, tuvo fama de blando, de «niño de papá», o de algo peor, de un recién llegado de otro planeta. Un antiguo cadete explica: «Ya sabes, todo eso de la realeza era algo totalmente extraño, confuso y falto de importancia para mi generación, que había crecido bajo la dictadura». Hasta tal punto que ni siquiera sabían por qué su nombre debía ir precedido por las letras S. A. R. (Su Alteza Real) en los tablones de anuncios y pronto empezaron a llamarlo, sin más, "SAR". El príncipe pronto comprendió que debía ser él quien rompiera el hielo y salvara esa barrera. «Comprendí que sería muy bueno acortar las distancias y que debería de ser yo quien tomase la iniciativa. Así que me lo propuse y lo conseguí en pocas semanas.»

La vida militar es, por sí misma, una gran niveladora: las durezas compartidas del ejercicio extenuante y continuo, la disciplina de hierro, los horarios crueles y las condiciones primitivas –frío extremo en invierno y calor agobiante en verano–, la comida desagradable, poco adecuada (aún había racionamiento, y un alto oficial recuerda que los muchachos siempre estaban muertos de hambre y devoraban cualquier cosa y todo lo que les pusieran delante), los «arrestos», por faltas en apariencia triviales, y las salidas autorizadas sólo de las tres de la tarde hasta las diez de la noche los sábados y los domingos de diez de la mañana hasta las diez de la noche. «Para él habrá sido más duro que para los demás, pero era el único que jamás se quejaba, al parecer.» Su único privilegio era una habitación individual, donde podía recibir a sus instructores en privado. Pero, como pronto advertirían sus compañeros, esto último era una carga añadida, pues privaba al príncipe de sus pocos instantes de libertad. Los sábados a las tres en punto, llegaba el duque de La Torre, en compañía de uno de los ayudantes, a buscarlo y llevárselo «probablemente para arruinarle el fin de semana»[2].

Tres meses después de su ingreso en la Academia, en diciembre de 1955, el príncipe participó en una ceremonia patriótica emotiva que le llegó al alma: la jura de la bandera, por la que se ponía a disposición de su país, como cualquier otro soldado. Su padre le había escrito y en su carta, que le fue entregada la noche anterior, le aseguraba que estaría a su lado, presente en espíritu en esa importante ocasión. Tras la ceremonia, el príncipe envió a don Juan un emotivo cable que firmó «de tu más leal súbdito y amante hijo». Aquellos años difíciles le supusieron un gran esfuerzo y, al mismo tiempo, fueron inmensamente gratificantes. «La compensación principal fue la de hacer tantos amigos entre mis compatriotas jóvenes.» (El Rey aún sigue con vivo interés la marcha de sus antiguos compañeros en el escalafón y se ocupa de que, en lo posible, se les asignen puestos cercanos a él. Uno de ellos, el coronel Rodríguez de Austria, es hoy comandante de la Guardia Real).

Pero en este período se produjo el hecho más trágico de la vida de don Juan Carlos y de la de su familia: durante las vacaciones de Pascua de 1956, en un accidente con un arma de fuego, murió don Alfonsito. Ocurrió el Jueves Santo, al día siguiente de la llegada a Estoril de los hermanos. Antes de salir de España, les habían regalado una pistola de gran velocidad y precisión y ambos no veían el momento de probarla. Don Juan le echó una mirada y dijo que era tan peligrosa que sólo podrían usarla en presencia de él. Para subrayar esto, la guardó bajo llave y metió la llave en su bolsillo. A la mañana siguiente, después de misa, los muchachos compraron balas poco adecuadas en una tienda local; a continuación advirtieron que su padre, ausente porque estaba jugando al golf, no había sacado la llave del bolsillo de sus pantalones, colgados en su armario. Después de muchas súplicas y caricias, convencieron a su madre para que les permitiese usar el arma. Triunfantes, fueron a la planta baja para practicar. Antes de empezar, el príncipe Juan Carlos dijo que tenía hambre y don Alfonsito se ofreció a ir a la cocina en busca de unos bocadillos, mientras su hermano cargaba la pistola. Al cabo de unos minutos volvió, con un bocadillo en cada mano y, sin ver a su hermano, que empuñaba el arma, en pie, justo detrás de la puerta, empujó con el codo para abrir. La puerta se abrió de par en par, golpeó a don Juan Carlos y el arma se disparó, en el mismo instante en que don Alfonsito entraba. La bala se alojó en su cabeza, junto al ojo. Horrorizado, el príncipe gritó pidiendo auxilio. Bajaron todos y se llamó una ambulancia. En tanto, don Juan, que estaba de regreso, puso un dedo sobre la herida, intentando detener la hemorragia; la infanta Pilar, que era enfermera diplomada, sostenía la cabeza de don Alfonsito. Pero era demasiado tarde: según las palabras de don Juan, que uno de los ayudantes del príncipe que asistió al funeral recuerda, «el pobre Alfonsito había resuelto sus problemas».

La familia estaba como si hubiera estallado una bomba. La infanta Pilar cuenta: «cada uno estaba tan encerrado en su propio dolor que casi no notábamos el de los otros... Pero nunca, mientras viva, olvidaré las palabras de mi padre, las lágrimas en su voz cuando llamó a mi abuela y le dijo: "es... es mi Alfonsito". Fue horrible, horrible, y para mis padres, inenarrable. Eramos una familia muy, muy unida y que algo así nos pasara... Todavía, después de treinta y cinco años, echamos en falta a Alfonsito, un muchacho encantador, ingenioso, e incluso a sus pocos años, tremendamente leal a su hermano.(Sabía cuál era el lugar de su hermano y cuál el suyo). A menudo pienso lo maravilloso que sería para el Rey, ahora, tener a su hermano a su lado. Porque una hermana no es lo mismo...»

El mero intento de imaginarse los sentimientos personales del príncipe en aquellos instantes es casi insoportable. Hubo rumores de que quería entrar en un monasterio, aunque al parecer jamás ha hablado con nadie del accidente. Pero muchos años más tarde, la revista *Tiempo* publicó el siguiente recuerdo afectuoso que sintentiza el carácter de su hermano: «Alfonsito era muy inquieto y ocurrente, de inteligencia muy despierta, con una sagacidad extraordinaria para descubrir matices que a los demás pasaban inadvertidos. Además, era muy capaz de decir sin rodeos lo que pensaba... Le reñíamos todos, sobre todo mi madre, a causa de la terrible costumbre que tenía de morderse las uñas. Ahora recuerdo con ternura aquellas escenas y algunos de sus gestos y frases.»

Tan pronto como se celebró el funeral, don Juan envió a su hijo de regreso a España, para apartarlo de la escena y la atmósfera de la tragedia. Todos los que lo conocían lo encontraron ensimismado, silencioso y adusto, y cierta melancolía iba a perdurar en él durante muchos años. Por fortuna, los rigores y la actividad constante de la vida militar, con la necesidad de participar en maniobras en todo el país, lo distrajeron algo de sus pensamientos y, poco a poco, sus compañeros advirtieron que su estado de ánimo mejoraba. Pero en realidad no hay forma de saberlo y parece inconcebible preguntar cómo consiguió controlar y aplacar su pena y cómo pudo curar la herida. Al terminar sus dos años en Zaragoza, en julio de 1957 –y ya con el grado de teniente–, sus compañeros cadetes consideraban que estaba totalmente curado. Pero las palabras de don Juan Carlos, cuando recuerda su llegada a la Escuela Naval de Marín, lo niegan: "Alfonsito iba a seguir los pasos de mi padre e inscribirse en la Escuela Naval. De manera que cuando yo fui a Marín, su recuerdo, más que una figura de la memoria, era una estampa viva y presente. Pero mi vida como cadete naval y especialmente las largas y solitarias guardias en cubierta, me dieron una fuerza nueva y me proporcionaron un modo de evasión."

Aparte de su intensa pasión por el mar, heredada de su padre, desde que éste lo llevara a navegar en el " Saltillo", cuando no tenía más de ocho o nueve años –en aquella ocasión se empapó, pero también quedó enganchado para toda la vida–, lo que quizá le ayudó más a volver a encontrarse a sí mismo fue la travesía del Atlántico en el buque–escuela de la Armada, "Juan Sebastián Elcano". Junto a sus compañeros, embarcó en enero de 1958, tras completar su entrenamiento básico, en un viaje que lo llevó a Las Palmas, Santo Domingo, Cristóbal, Balboa, Callao, Cartagena de Indias, Norfolk (Virginia), Annapolis (la Academia Naval de Estados Unidos) y de regreso a España, vía Dublín y Brest. En el viaje de ida, la nave seguía, prácticamente, la ruta de Colón, y el Rey recuerda: «Todos nos sentíamos como si fuéramos aquella tripulación de los descubridores. Dudo que haya un español vivo que no se emocione profundamente en circunstancias semejantes... Incluso ahora, cada vez que visito aquellas naciones, trato de recrear la emoción de esa primera vez y de redescubrir, en mi propia sangre, la pasión que sintieron los reyes españoles por las que fueron llamadas "provincias españolas de ultramar".»

Sus compañeros cadetes se sorprendían al ver lo entusiasta que era en todo lo que se relacionaba con la mar."Le interesaban tanto las cosas del mar, que algunas veces solicitaba la prórroga de sus guardias en cubierta, con el fin de probar cosas nuevas. Le apasionaba el manejo de los instrumentos de navegación, realizar la maniobra y trazar la ruta." Todavía, hoy en día, el Rey es un fanático de la precisión: si llega a destino unos pocos minutos antes de lo calculado, se disgusta tanto consigo mismo como lo haría si hubiera llegado tarde. Su antiguo compañero–cadete continúa: «Además, era un compañero admirable, siempre dispuesto a echar una mano».

El mar sigue siendo el tónico más poderoso para don Juan Carlos y nunca se cansa de repetir que no cambiaría por nada un día en el mar. "Si no fuese por todas esas cosas que tengo que hacer en La Zarzuela", (es decir, si no fuera rey) asegura que pasaría todo su tiempo en el mar. "Cuando me siento cansado, me basta con subir a bordo, izar las velas, sentir la brisa marina en la cara y recupero las energías, la vitalidad. Mis horas en el mar no son un simple pasatiempo, son una necesidad que debo incluir dentro de mi programa para poder rendir al máximo.

Cuando el "Juan Sebastián Elcano" llegó a Estados Unidos, el príncipe se encontró con don Juan, que también había atravesado el Atlántico en el "Saltillo" –toda una proeza muy comentada en los círculos de navegantes–, pasando por Puerto Rico, donde había visitado a Juan Ramón Jiménez, el exiliado autor de "Platero y yo", uno de los libros favoritos de su hijo. Tanto en Nueva York como en Washington, donde visitaron los sitios importantes y donde el embajador español organizó para ellos una recepción muy concurrida, en la que estuvieron presentes todas las personas notables del país, el príncipe se sorprendió al ver que los miembros de una sociedad de tan sólido republicanismo demostraran tanto interés por un miembro de la realeza europea. Por primera vez tenía ocasión de observar un sistema político tan radicalmente distinto del español y le impresionaba el contraste total entre esa nación tan rica y la española, «endurecida por la lucha por la supervivencia», aun cuando de inmediato advirtió que esos dos pueblos de temperamento tan distinto tienen en común la espontaneidad.

En julio de 1958 terminó su curso naval y obtuvo el grado de teniente; en el siguiente otoño, ingresó en la Academia del Aire de San Javier, donde fue un alumno modelo. Desde el comienzo le encantó volar –allí arriba te olvidas de todo–, comentaría años más tarde y, según su instructor, demostró que tenía «un talento extraordinario para el vuelo. De hecho, superó todos los récords de la Academia y voló más horas que cualquier otro en su historia». Pero fue necesaria toda la capacidad de persuasión de su ayudante para convencer al duque de La Torre de que debía pedir a las autoridades de la Academia que permitiesen al príncipe volar solo, sin un copiloto. Se consideraba que el riesgo era demasiado grande; por fin, cedieron y se le permitió volar con un instructor tendido en el suelo del estrecho avión, como medida de precaución, aunque el peso añadido hacía más difícil el vuelo. «La experiencia aérea no sólo resulta apasionante sino que es un instrumento maravilloso para fortalecer el autodominio», dice el Rey, excelente piloto de aviones sofisticados y de helicópteros. «Por un lado te sientes libre, dueño del espacio, pero a la vez dependes de requerimientos técnicos muy exactos, se necesita una gran agilidad mental, y también estar en óptima condición física, para que los reflejos respondan ágilmente a cualquier eventualidad.» Don Juan Carlos completó el curso en San Javier y recibió sus despachos de teniente en las tres Fuerzas Armadas en diciembre de 1959, de manos del ministro de Defensa, quien felicitó al príncipe por haber «sabido mostrarse a la altura que exige su elevado rango».

Al volver a Madrid, en enero de 1960, fue a vivir a la Casita de Arriba, en El Escorial, puesta por Franco a su disposición, mientras el palacio elegido para su residencia, La Zarzuela, en los montes de El Pardo, a veinte minutos de la capital, se renovaba y restauraba. En contra de la creencia popular, La Zarzuela no lleva ese nombre por el género musical español, semejante a la opereta, sino por las zarzas que crecen en profusión por esa zona. Lo mandó construir Felipe V como pabellón de caza en el siglo XVII, y en 1657 y 1659 Juan Hidalgo, compositor de la Real Casa, estrenó allí obras suyas de ese género, que por ello pasaron a llamarse «zarzuelas». En el siglo XVIII, Carlos IV mandó reconstruir el pabellón por completo, según el estilo neoclásico, e hizo que lo amueblaran con exquisitez. Desafortunadamente, quedó destruido, casi por completo, durante la Guerra Civil, pues estuvo en la línea de fuego durante el sitio de Madrid. Franco lo hizo restaurar especialmente para el príncipe Juan Carlos.

Era el momento de tomar una decisión sobre sus estudios universitarios que, por supuesto, volvían a constituir el tema de una ardua discusión en el consejo privado de don Juan. Algunos, incluido del duque de La Torre, pensaban que debía estudiar en la antigua y prestigiosa Universidad de Salamanca, en tanto que otros pensaban que era demasiado provinciana y favorecían la idea de Sevilla o Pamplona. A pesar de la amenaza del duque de renunciar si se elegía una universidad que no fuera la de Salamanca, después de una segunda entrevista de don Juan y Franco, celebrada el 29 de marzo de 1960 en Las Cabezas, finca de un noble franquista, el conde de Ruiseñada, se decidió que el príncipe estudiaría en la Universidad Complutense madrileña. Fiel a su palabra, el duque de La Torre presentó la dimisión. El hombre que se eligió como sucesor en el cargo de director de los estudios del príncipe fue Torcuato Fernández Miranda, catedrático de Derecho Constitucional, destinado a ejercer una influencia profunda en su discípulo y en el futuro de España.

«Le quise desde el primer día», recuerda el Rey. «Mucha gente no comprendía ni interpretaba cuáles eran sus ideas, qué quería o qué buscaba. Pero fue una gran ayuda para mí y un profesor maravilloso. Y he de añadir que un profesor poco corriente en muchos sentidos. El primer día que vino a verme, tras mi llegada a Madrid para seguir estudios universitarios, se presentó sin libros. En ese momento no pensé que eso no era lo habitual, porque creí que podía ser una visita de cortesía, para conocernos simplemente. Pero tras el segundo y el tercer día, al ver que tampoco traía libros, sentí curiosidad y le pregunté: "¿Que libros me va a traer para estudiar?" "Ninguno", respondió. "¿Pero cómo espera que estudie sin libros?" "Estudie a la gente, estudie la vida, observe todo lo que ocurre a su alrededor, con eso tendrá que entendérselas más adelante", contestó. "¿Por qué iba a darle más libros?" Y aunque más tarde me dejó algunos libros de Derecho Político comentó: "Perderá el tiempo, porque el Derecho Político tal como lo estudiamos hoy no le será útil. Lea estos libros pero, por supuesto, no deje de preguntarme y comentar todo lo que le parezca de interés. Con todo, lo más importante es que recuerde que debe aprender a manejar personas y situaciones y, antes que nada, ¡a caminar por una cuerda floja!" Siempre me inculcó el sentido común y me dio confianza para que elaborase mis propios juicios y opiniones personales. Más tarde, fue él quien me dio la idea de cambiar las cosas a través de la Ley, por medios legales, sin una revolución. Su propio concepto de la Ley era fascinante: creía que la Ley contiene en sí misma los mecanismos para su potencial reforma y autodestrucción, que siempre se puede considerar desde distintos puntos de vista y que, si están bien redactadas, las leyes específicas siempre son modificables sin necesidad de su abolición.»

En su momento, Torcuato Fernández Miranda se convertiría en el principal arquitecto de la reforma del Rey. Mientras tanto, la vida universitaria se abría ante él y habría de enseñar muchas cosas al príncipe. Más aún que las academias militares, lo puso en contacto próximo con jóvenes que provenían de una gran variedad de ámbitos sociales y políticos. «Trajo un cambio profundo a mi modo de vida y amplió mucho mis horizontes. A la rígida disciplina de los estudios militares siguió un programa de estudios de mayor flexibilidad», que incluía temas tan distintos como economía, derecho y ciencias aplicadas.

Pero romper el hielo y obtener la aceptación de sus condiscípulos resultó ser una experiencia dura y, al principio, penosa. Le habían advertido que podría encontrar cierta hostilidad. Pero confiaba en la capacidad de los jóvenes para establecer contactos entre sí sin que importaran los antecedentes ni el credo político. «Pronto descubrí que mis compañeros de estudios eran jóvenes inteligentes llenos de ideas, cuyas inquietudes estaban motivadas por causas fáciles de comprender y aun, en muchos casos, compartir. Para mí constituían un reflejo de lo que pensaba y sentía el pueblo español en aquel entonces y prefería percibirlo directamente, sin intermediarios, sin guiarme por las interpretaciones de otros», declaró el Rey a Philippe Nourry.

En un primer momento, la presencia del príncipe en el campus provocó incidentes hostiles, en los que algunos extremistas proferían insultos contra él. Cosa sorprendente, no fueron los grupos de izquierda los que organizaron las demostraciones peores y más insultantes, sino los monárquicos partidarios del pretendiente carlista al trono, don Javier de Borbón y Parma. Por otra parte, los grupos republicano, comunista y falangista se mostraban dispuestos, por lo menos, a debatir con los monárquicos, por entonces bajo el mando vigoroso de Luis María Ansón, hoy director del tradicional periódico monárquico ABC. El grupo carlista se puso en pie de guerra tan pronto como el decano de la Facultad de Derecho anunció que el príncipe Juan Carlos iba a ingresar en el curso y asistir a su primera clase al día siguiente. Recibieron al nuevo condiscípulo, que llegó en compañía del marqués de Mondéjar y de una fuerte escolta policial –psicológicamente, un error del Régimen– con gritos de «Viva el rey Javier», «Lárgate a Estoril». Ansón, cuyo grupo monárquico había recibido instrucciones de permanecer tranquilo, se limitó a acompañar al príncipe al aula, junto a otros cuatro estudiantes. Pero el hecho de que hubiera llegado con escolta policial en una época en que tres de cada cuatro estudiantes eran antifranquistas, creó una mala impresión y un sentimiento negativo en todos los grupos. Los carlistas procuraron sacar provecho organizando manifestaciones posteriores que, esperaban, producirían una situación tal que el príncipe no hubiera podido seguir asistiendo a la universidad.

Para evitar esa circunstancia, Luis María Ansón se puso en contacto con los líderes estudiantiles de la Asociación Socialista Universitaria (ASU), de la Liga de Estudiantes Comunistas, clandestina (entre cuyos miembros militaban los futuros ministros socialistas Jorge Semprún y Enrique Múgica), y del grupo de trescientos falangistas que, aunque al principio se oponían a la asistencia del príncipe, ya estaban tan furiosos por la grosería y el comportamiento ofensivo de los carlistas que accedieron a organizar una contramanifestación. Así fue como el 31 de octubre el príncipe, acompañado por doscientos estudiantes monárquicos y falangistas, logró, por fin, entrar en la facultad sin alborotos, asistir a las clases y pasar una hora en la cafetería antes de marcharse, como hizo al llegar, escoltado por diez estudiantes atléticos y no por la policía.

Esta iniciativa de Ansón, más una advertencia estricta pero severísima del decano –en la que se subrayaba que el príncipe tenía derecho a asistir a sus clases sin privilegios pero también sin que hubiera hostilidad de ningún grupo opuesto a su presencia–, puso fin a las demostraciones de hostilidad; el instinto nato de don Juan Carlos para las relaciones humanas hizo el resto. Años más tarde, el Rey admitiría que aquella fue una experiencia muy dura. «Me encontré frente a actitudes desagradables que tuve que aprender a aceptar y finalmente a olvidar. Yo aprendí entonces a admitir y a olvidar. En conjunto, la experiencia fue muy positiva para mí. Vistos a distancia, esos golpes y heridas a mi orgullo constituyen una parte esencial de mi educación y, como influencia formativa, fueron más útiles que muchas clases teóricas.»

Los contactos con los demás estudiantes también le ayudaron a formular los conceptos básicos en los que deseaba se basara su futuro reinado: «Comprendí que la mayoría de mis compañeros asociaba la monarquía a conceptos anticuados – anacronismos como cortesanos y camarillas– que, aunque obsoletos, no habían sido aún sustituidos por ideas nuevas sobre la institución monárquica y el papel que ésta representa o puede representar en la sociedad contemporánea», explicó el Rey a *Tiempo*. «Creo que en aquellos primeros encuentros con los jóvenes universitarios descubrí la necesidad de que el Rey, cuando estuviera en grado de poder hacerlo, habría de suplir la ausencia de doctrina y de teoría con la acción y el ejemplo, lo que daría a la Monarquía su sentido.» Lo notable de este resumen de la trayectoria de su acción futura es el realismo claro del pensamiento político del príncipe, que se desarrollaba con inusitada rapidez. Además, aquí se advierte que nunca se engañó a sí mismo con ideas ilusorias.

La respuesta madura y positiva del príncipe a todas las etapas de su educación demuestra también la sensatez básica del plan formativo pensado por Franco, que tras haberlo endurecido en la disciplina férrea del Ejército, lo exponía deliberadamente a todos los matices de la opinión política y a todas las facetas de la vida española y dejaba que él mismo extrajera sus propias conclusiones acerca de lo que la gente deseaba y de cuál debería ser su futuro camino de acción. Nunca, en todos los años durante los cuales lo tuvo bajo su custodia, trató el Caudillo de adoctrinarlo en los principios del Movimiento ni de darle ninguna pauta acerca de la forma en que debería conducirse como rey o gobernar el país. «¿Por qué tendría que decirle algo? De todos modos, tendrá que hacer las cosas de otra manera», era su respuesta habitual a las preguntas ansiosas del príncipe sobre ese tema. Lo que hizo fue echarlo a las aguas profundas y observar si se hundía o nadaba. El príncipe, todo «un gran político» según el duque de La Torre[3], que no era hombre propenso a las alabanzas inmerecidas, supo estar a la altura y sortear todos los obstáculos, por lo que parece, para grande y secreta satisfacción de Franco.

Después de la Universidad, quedaba por delante todo un nuevo programa de instrucción intensiva en los ministerios más importantes; esto llevaría al príncipe a los ministerios de Economía, Agricultura, Industria y varios otros, y se convertiría en el rey mejor preparado y más profesional de nuestro tiempo. Pero esta educación enciclopédica y práctica, intensamente activa, resultaba excesiva y superflua a los ojos de algunos de los de más edad de su familia, como el infante Alfonso de Orléans, primo del rey Alfonso XIII, quien señalaba: «Va a estudiar ciencias políticas en una Universidad; después van a hacerle ingeniero; luego, doctor en otras ciencias. Me extraña que no le hagan también doctor en medicina y obispo. Tengo setenta años. He visto muchos príncipes herederos, bastantes, en el destierro; pero nunca he visto que les compliquen tanto la vida como a este pobre Príncipe de Asturias. Como soy hombre sencillo, me parece que lo más importante es que se case bien y tenga un buen lote de hijos. Como su abuelo, que tenía apenas veinte años cuando se casó». Don Alfonso de Orléans no tuvo que esperar mucho para ver cómo seguía el príncipe los pasos de su abuelo. Un nuevo encuentro casual con la princesa Sofía de Grecia, en Londres, con motivo de la boda del duque de Kent, celebrada en mayo de 1961, iba a traer el compromiso y el matrimonio al cabo de un año.

NOTAS AL CAPITULO III

1) Uno de sus antiguos ayudantes recuerda un incidente significativo, que muestra los principios en que se basaba por entonces la formación del príncipe. «Créase o no, el príncipe no tenía una radio ni un gramófono en esos tiempos, y tampoco los había en casa de los Montellano. Yo solía viajar a Alemania una vez al mes por entonces y me había comprado un tocadiscos muy bueno. El príncipe me preguntó si, en mi siguiente viaje, podía traerle uno. A mi regreso, en cuanto llegué a casa de los Montellano, don Juan Carlos me preguntó: "¿Te has acordado de mí" "Sí, señor, lo tengo en el coche", le respondí. Juntos, fuimos a buscar el aparato y lo desempaquetamos. "¿Cuánto te debo?" "Setecientas pesetas, señor." "Mira, no las tengo ahora, pero te las pagaré dentro de unos días." "Muy bien, señor", contesté y empecé a envolver otra vez el tocadiscos. "¿Qué haces?", me preguntó. "En cuanto su Alteza Real me haga saber que tiene las setecientas pesetas, le traeré el aparato." Al día siguiente las tenía. Pero la idea era que no debía mostrarse informal en esos temas.»

2) En la reciente biografía escrita por José Luis de Vilallonga, el Rey recuerda un incidente que se refiere a esta circunstancia: «El general duque de La Torre, que había tomado parte activa en mi educación premilitar, venía a visitarme todos los sábados. Después de haber tomado nota con mis profesores sobre la buena marcha de mis estudios, me invitaba a comer al Gran Hotel, que era entonces el centro de reunión de la buena sociedad de Zaragoza. (...) Mis comidas a solas con el duque eran bastante siniestras, porque el general estaba lejos de ser un tipo divertido. Era un militar a la antigua usanza, de maneras exquisitas pero extremadamente afectadas. Siempre me trataba con un respeto que me paralizaba. Su Alteza Real por aquí, Su Alteza Real por allá. Ya te lo puedes imaginar. Un día me sugirió que invitara a dos o tres de mis compañeros a comer el sábado siguiente. Le di las gracias efusivamente, diciéndome que la presencia de mis amigos relajaría el ambiente. Invité, pues, a tres de mis compañeros más cercanos, y a las dos en punto nos presentamos en el Gran Hotel, donde ya nos esperaba el duque de La Torre. Llevábamos cinco minutos en la mesa cuando uno de mis compañeros se dirige a mí y me dice: "Juan, ya sabes que esta semana ..." No pudo terminar la frase. De repente, el duque dio un puñetazo sobre la mesa que hizo temblar la vajilla, y pálido de furor, apartó la silla, se levantó y gritó: "¡Caballero cadete! ¡Levántese y póngase firmes!" Se hizo un silencio de muerte en el comedor. Mi compañero, firmes, estaba pálido como un muerto. El duque continuaba gritando: "¡Caballero cadete, cómo se atreve a tutear y a llamar por su nombre a una persona a la que yo, un teniente general en activo, doy el tratamiento de Alteza Real!"

»Yo estaba horrorizado, y mis compañeros, otro tanto. El duque acabó calmándose y la comida concluyó en un silencio total. En cuanto el duque se fue, hice lo que pude por consolar al que se había llevado la bronca. "¡Vaya invitación! –contestó al borde de las lágrimas–. Nunca más, nunca más." Y en efecto, nunca más pude lograr que ninguno de mis compañeros aceptara una invitación a comer con el duque.»

José Luis de Vilallonga, El Rey, Barcelona, 1993, pp. 59-60.

3) Las lacónicas instrucciones del duque de La Torre a su antiguo discípulo fueron: «Manteneos tranquilo y avanzad con lentitud, sin que se advierta siquiera que tenéis prisa. La gente responderá, gradualmente, en número cada vez mayor. Y cuidad siempre del Ejército».

CAPÍTULO IV

Compromiso y matrimonio con Sofía de Grecia

A finales del decenio de 1950, el príncipe Juan Carlos se convertía rápidamente en objeto de gran interés femenino. Su prestancia, su carisma masculino, su cortesía innata y fuerte encanto, siempre le hicieron terriblemente atractivo para las mujeres, y, a su vez, a él le encanta la compañía femenina. En esos tiempos ya tenía «un temperamento muy romántico y mucho éxito con las chicas», recuerda la infanta Pilar. «¡Y siempre estaba cambiando! Más de una vez hice cosas increíbles por él, como ir a decirle a algunas chicas que mi hermano ya no podía seguir adelante con la "aventurita". Yo le decía: "Juanito, me haces hacer unas cosas terribles", y él respondía: "Anoche me declaré a fulanita de tal, pero no quiero casarme con ella... ¡sólo me declaré porque había luna llena!" "¡Pero qué tontería!" le respondía yo, pero a pesar de todo hacía lo que me pedía. Tiene una manera de pedirte que hagas algo por él que es imposible decirle que no. Le ves venir, te das cuenta de que te está liando para convencerte, pero aun así es imposible resistirse o negarle algo.»

En 1959-1960 el nombre del príncipe se relacionó una y otra vez con el de la princesa María Gabriela de Saboya, la refinada y elegante hija del rey Humberto de Italia, una muchacha muy moderna, deportista e independiente y compañera de exilio en Estoril. «Podría haberme casado con la princesa María Gabriela de Italia», comentaba en la prensa el Rey, muchos años más tarde. En su momento, también tuvo una o dos relaciones intensas pero informales con aristócratas europeas de menor rango, una de las cuales vendió algunas cartas de don Juan Carlos, hace unos años, a la prensa italiana y española. Además de revelar la vertiente romántica del príncipe y su forma encantadora de expresarse, el interés particular de estas cartas está en el hecho de que, bajo las frases apasionadas, se confirma la seriedad de intenciones básica y la dedicación total del príncipe a su misión en la vida[1].

-83-

«Te amo locamente y sería feliz si pudiera amarte para siempre», escribía el príncipe en febrero de 1957. «Pero como ya te he dicho, debes ser consciente de que tengo un deber que cumplir y que no tengo intención de olvidarlo. No querría que sufrieras, pero hay circunstancias más importantes que nosotros mismos, que hemos de poner por delante incluso de nuestros sentimientos. El nuestro será un sueño que no estaba destinado a realizarse. ¿Sigues creyendo, como me dijiste en la playa de Guincho, que sólo soñar también es maravilloso?»

Un mes más tarde, en marzo de 1957, el príncipe escribía: «Sabes que estoy más enamorado de ti que de cualquier otra chica. Pero también sabes que no puedo casarme contigo. Por lo tanto, ya que he de elegir a otra, pienso que Gabriela es la más adecuada. Entre todas las chicas que he conocido es la que más me gusta físicamente y por muchas otras cualidades. Sin embargo, de momento no pienso hacerle ninguna proposición seria; ambos somos demasiado jóvenes y sólo le he hecho saber, de una manera sutil, que me atrae».

Franco se enteró de esto; en realidad, estaba al tanto de todos los escarceos románticos de don Juan Carlos. El Rey recuerda, divertido, un hecho que se produjo durante su viaje a Sudamérica en el "Juan Sebastián Elcano", referido en la revista *Tiempo*. Había conocido a una guapísima joven brasileña en una fiesta y había bailado con ella toda la noche. Al despedirse, con pena, prometieron escribirse constantemente. Fiel a su promesa, siempre un inveterado y ardiente corresponsal, le enviaba una nota cada semana. Pero pasaron semanas y meses sin que él recibiera ninguna respuesta. Desconcertado, acabó por cansarse y dejó de escribir, preguntándose cómo podía ser que «alguien que había mostrado tanto interés por mí pudiera haber cambiado tan rápidamente». Sólo años más tarde, después de que se anunciara su compromiso con la princesa Sofía de Grecia, supo la causa. Tras darle la enhorabuena y con un guiño, Franco le tendió un paquete de cartas atadas con un lazo. Al parecer las habían interceptado los servicios de seguridad que, en lugar de remitirlas a la joven brasileña, se las habían entregado al Generalísimo.

Ya en 1960 se sabía que Franco estaba preocupado por el futuro afectivo del príncipe. Pensaba que cuanto antes se asentara ese romántico Borbón de sangre cálida, mejor. Con este fin, citó a uno de los ayudantes del príncipe en El Pardo y trató de obtener toda la información posible sobre las verdaderas circunstancias de las relaciones de don Juan Carlos. «Franco dijo que pensaba que sería una buena idea que el príncipe tuviera novia. Le respondí que esos asuntos no eran de mi incumbencia y que no quería verme envuelto en nada parecido. Insistió en que sabía que el príncipe tenía una foto de la princesa María Gabriela sobre su mesilla de noche. Le dije que así era y que la princesa iba a comer a menudo a La Zarzuela pero que, en mi opinión, entre ellos había una profunda y fundamental falta de comunicación. Por ejemplo, cuando íbamos al salón para tomar el café, después de almorzar, ellos se sentaban en los extremos opuestos del sofá y empezaban a leer sus respectivas revistas: él, las suyas y ella, las de ella. No había verdadera calidez y ningún lazo intelectual o espiritual.

«Franco respondió que en ese caso "era todo muy difícil". Después quedó en silencio un momento y al cabo de unos instantes murmuró: "¡Pero hay muchas alemanas!" Asentí, pero agregué que, en mi opinión, todas habían olvidado cómo ser princesas y vivían más bien como amas de casa burguesas, guisando y todas esas cosas. De inmediato, sin saber por qué, ya que no había nada al respecto aún, sin pensarlo, solté esta observación: "Pues ahí están las princesas griegas". "Jamás", dijo con brusquedad Franco. No respondí, esperando que él continuara. "No son católicas", añadió con tono definitivo. "Pero son cristianas", protesté, "y más aún, son ortodoxas griegas, lo que, emotiva y ritualmente, no está tan lejos de nosotros, los católicos, como el protestantismo". Franco insistió: "Pero su padre es masón". Como usted sabrá, la francmasonería era una de las principales bestias negras de Franco, casi a la par que el comunismo. Después siguió contando una historia absurda y cronológicamente imposible sobre una presunta visita del rey Pablo al rey Alfonso XIII en París, con el objeto de ofrecerle ayuda para recuperar el trono si se hacía masón. Me aseguró que el rey Alfonso había respondido: "¡Jamás! Prefiero echar mi trono al desagüe antes que ver tal cosa", o algo parecido. No sé qué le dije al respecto, pero le señalé la incongruencia cronológica y ahí se acabó la conversación.»

A pesar de Franco, el destino iba a poner a la princesa Sofía de Grecia en el camino del príncipe. Desde el crucero en el Agamenón, habían vuelto a verse en un par de ocasiones, en especial en los Juegos Olímpicos de Roma, en 1960. Un año después, en mayo de 1961, ambos fueron invitados a la boda del duque de Kent en Londres. La reina Sofía refiere: «Por una vez, el protocolo distribuyó bien las cartas y designó al príncipe Juan Carlos como mi caballero acompañante». (Sin embargo, según otros, la reina Federica, que siempre había intuido algo acerca de su hija y don Juan Carlos, había llamado a la duquesa Marina de Kent, de soltera princesa Marina de Grecia, para pedirle que nombrara al príncipe caballero acompañante de su hija en las ceremonias de la boda. Esta vez, por lo visto, hubo una verdadera chispa entre ambos). Esa misma noche, el príncipe heredero Constantino de Grecia, que había acompañado a su hermana a Londres, llamó a Atenas y advirtió a sus padres que se preparasen para «la gran sorpresa». La reina Federica escribió al respecto: «Nos encantó la noticia. Juanito, como le llaman siempre, es muy guapo y apuesto; tiene el pelo rizado, cosa que le molesta, pero que a las señoras mayores como yo nos gusta mucho. Utiliza como quiere su encanto personal. Pero lo más importante: es inteligente, tiene ideas modernas, es simpático y absolutamente encantador».

Lo que atrajo a don Juan Carlos de doña Sofía, según el mismo ayudante que señalaba la ausencia de un lazo verdadero entre el príncipe y la princesa María Gabriela, fue la combinación de un carácter alegre y positivo con una dignidad natural y una seriedad verdadera. «Ha nacido para ser reina», comentó el príncipe tras su compromiso, y su ayudante recuerda cuánto le impresionó un hecho particular ocurrido un par de días después de la boda del duque de Kent, en Londres, cuando un grupo de jóvenes princesas y príncipes, incluido don Juan Carlos, había acudido a un *nightclub* para cenar y bailar. Después, fueron a un cabaret algo raro. Aquello no era del gusto de la princesa Sofía, que, de pronto, se puso de pie y se marchó. «El príncipe estaba muy impresionado», comenta el ayudante. La princesa Sofía era una de las pocas jóvenes de sangre real que siempre sabían cómo unir la dignidad natural que corresponde a la hija, nieta, hermana y, finalmente, esposa de un rey con una sencillez también natural y carente de afectación. Todo esto, añadido a su espíritu solidario, a la amplitud de sus intereses –que van desde la música, su mayor pasión, y todas las artes hasta la Arqueología, la Filosofía y la Metafísica–, a su honda preocupación por los problemas sociales y a su profundo deseo de servir a su país, fue lo que impresionó y atrajo al príncipe. «Lo mejor de la princesa es el gran sentido del deber que tiene muy inculcado» dijo don Juan Carlos cuando se comprometieron. «Es muy alegre, muy simpática, muy sencilla y muy bondadosa. Le encantan los niños y es amante del hogar», y agregó que estaba seguro de que el pueblo español iba a quererla.

El príncipe juzgó con exactitud que las cualidades de doña Sofía eran firmes y perdurables, y le permitirían afrontar y superar las presiones inherentes a la condición real. «Ser miembro de una familia real implica que no se puede pensar sólo en uno mismo sino más bien en la realidad general, que hay que ser consciente de que estás aquí para servir a los demás. En cierto sentido, me preparé para esta vida observando a mis padres durante años», dice la Reina[2]. La manera madura y desprendida con que la reina Sofía maneja los problemas de su vida –y estar casada con un hombre tan tremendamente atractivo como don Juan Carlos no debe ser nada fácil– tendría que servir de modelo para todas las aspirantes a reina. El príncipe, cuya elección es un tributo a su propia madurez, percibió intuitivamente que en ella había encontrado una inapreciable compañera para toda la vida.

Esa vez nadie dudó de que había comenzado una relación potencialmente seria. Para facilitar las cosas y contribuir a que ambos se conocieran mejor, la reina Federica invitó a don Juan Carlos a pasar un mes en la residencia de verano de la familia real griega, en Corfú, el palacio Mon Repos, una amplia villa rodeada por un paisaje idílico a orillas del mar. "Corfú es el sitio más maravilloso para enamorarse. Las noches allí son más misteriosamente silenciosas y bellas que en ninguna otra parte. A veces, una brillante luna de color naranja transforma los cipreses en algo parecido a las agujas de un campanario», escribió la reina Federica en su libro "A Measure of Understanding".

La magia operó. La pareja estaba cada vez más compenetrada y disfrutaba de sus salidas a sencillos restaurantes de la playa o, para asegurarse una intimidad total, de las cenas privadas en la cubierta del yate real "Polemistis". Un médico de la marina griega, que por ironías del destino fue llamado para atender al médico real de a bordo, fue uno de los primeros griegos que advirtieron que había romance en el aire cuando, al desembarcar, vio «una mesa puesta para dos en un rincón apartado de la cubierta: sumé dos más dos pero, naturalmente, mantuve la boca cerrada».

El compromiso se anunció oficialmente tras las vacaciones de verano, el 11 de septiembre de 1961, y simultáneamente en Lausana, residencia de la reina Victoria Eugenia, donde se habían reunido ambas familias reales, y en Atenas, donde lo hizo público el príncipe heredero Constantino, y se saludó con veintiún cañonazos disparados desde el monte Licabeto. Don Juan, que quería subrayar con énfasis que se trataba de un asunto puramente familiar –aunque se podía argumentar que el matrimonio de un príncipe heredero es, tanto como su formación, un «asunto de Estado»–, informó a Franco muy poco antes de que se hiciera el anuncio oficial, éste recibió la noticia mientras navegaba en su yate, y se declaró muy complacido. Después de conocerla, iba a formarse y mantener siempre una muy alta opinión acerca de la princesa Sofía.

La pareja real relató la forma en que se conocieron y la posterior petición del príncipe con humor en el documental de la cadena de televisión de la BBC, filmado por Jeremy Bennett con motivo de la visita de Estado de los Reyes de España a Gran Bretaña. «Pues me resultaba bastante difícil... comunicarme con ella, porque yo no sabía hablar bien el inglés entonces y tampoco sabía griego, por supuesto; ella no sabía español y era muy difícil... hablar, mantener una conversación. Pero empecé a salir con ella y nos llevábamos bien, y entonces... pues le pedí que se casara conmigo», recordaba el Rey. «¿Lo hiciste? ¡Todavía estoy esperando!», interrumpió la reina, riendo. «Me dio un anillo y le pregunté: "¿Para qué es esto?" y me respondió: "Mira, casémonos".» «No le di muchas vueltas», explicó el Rey. «Sólo pensé: me gusta y nos llevamos bien, o sea que... Por eso dice que nunca se lo pedí.»

Después del anuncio, la pareja viajó a Atenas, donde fueron objeto de una multitudinaria y tumultuosa manifestación de afecto público. El príncipe, que aún no estaba habituado a esos halagos, se impresionó mucho. «Jamás se me olvidará aquel recibimiento. No podía ni imaginar una cosa parecida. Fue algo extraordinario. Íbamos sentados en la capota de un coche deportivo y millares de manos se extendían hacia nosotros. Me emocionó muchísimo ver en las calles las banderas de España y de Grecia entrelazadas. Yo no estaba acostumbrado a encontrarme en el centro de ese tipo de concentraciones populares multitudinarias. Era obvio que la princesa era muy querida. Se sentía el entusiasmo de la gente que rodeaba el automóvil, y aquélla fue una de las mayores emociones de mi vida.»

Una intensa actividad diplomática precedió a la boda. Ante todo, primaba el tema de la conversión de la princesa al catolicismo; después, los detalles de la ceremonia nupcial. Como Princesa de la Casa Real griega, doña Sofía no podía convertirse al catolicismo antes de su matrimonio y debía casarse en una iglesia ortodoxa griega. Por otra parte, era inconcebible que un futuro Rey de España no se casara según el rito católico. Así fue como las cosas llegaron casi a un punto muerto. Pero después de innumerables idas y venidas entre Atenas, Madrid y El Vaticano, se encontró una fórmula que satisfizo a ambas partes: la pareja se casaría en primer lugar en la catedral de Atenas, en una ceremonia que celebraría el arzobispo de Atenas y primado de Grecia; acto seguido se llevaría a cabo el matrimonio en la iglesia católica de Atenas, celebrado por el cardenal Printesi. La princesa recibiría la instrucción adecuada y abrazaría la fe católica después de la boda. Esta solución, según don Juan, que visitó al Papa en el Vaticano, tenía la bendición del propio Juan XXIII. «El Papa se mostró paternal y amabilísimo», recordaba el conde de Barcelona. «Facilitó que se llegase a un completo acuerdo entre el Vaticano y las jerarquías de la Iglesia Ortodoxa. (...) Dijo que nuestra sumisión a su autoridad espiritual le había parecido digna de la tradición de los reyes de España.»

En enero de 1962, en compañía de sus dos hijas, la reina Federica viajó a Estoril para ultimar detalles, se entrevistó con algunos de los monárquicos más prominentes del consejo de don Juan y les aseguró que la princesa Sofía tenía intención de ser una buena católica. Pero entre las gestiones más importantes, estuvieron las del príncipe en sus contactos con Franco, quien le informó en marzo de 1962 que no acudiría a la boda, para evitar las complicaciones diplomáticas que podía generar su asistencia como jefe de Estado a la boda de la hija de otro jefe de Estado, en presencia de don Juan, a quien se debían todos los honores como jefe de la familia y de la dinastía. Aunque Franco no lo dijo, es un hecho que su presencia también habría despejado todas las ambigüedades sobre sus intenciones futuras respecto de la sucesión, algo que aún no estaba dispuesto a hacer. No obstante, decidió rendir los debidos honores enviando uno de los buques más importantes, el crucero Canarias, al mando del ministro de asuntos navales, almirante Abárzuza. El eminente monárquico y director del *ABC* Juan Ignacio Luca de Tena recibió el nombramiento de Embajador en Grecia, para coordinar adecuadamente todos los asuntos relacionados con la boda.

Otro elemento de gran importancia fue que el Caudillo indicó al príncipe que debía continuar viviendo en España después de su matrimonio, dando a entender que el fin de su educación militar y universitaria no era el de su formación política. Don Juan Carlos, desde ahora, debía «sumergirse en los problemas de España y prepararse para el futuro», y, dando al príncipe por primera vez un indicio de sus ideas, añadía: «Yo os aseguro, Alteza, que tenéis más probabilidades de ser rey de España que vuestro padre». El príncipe sospechaba, hacía ya tres años, que Franco quería nombrarlo sucesor a él y dijo a un ministro que estaba seguro de que su padre en tal caso, antes que ver que la Corona iba a otra rama dinástica, lo instaría a aceptar y, aún más, se lo ordenaría. Pero debían transcurrir otros siete años para que Franco declarase abiertamente sus intenciones y pusiera el tema de la sucesión en primer plano...

En tanto, el 14 de mayo de 1961 se celebraba la boda en Atenas, con gran pompa y solemnidad. «La gente no parece saber hoy en día el aura que rodeaba al Rey y a la Reina de Grecia», comentaba después el príncipe. A la ceremonia asistieron casi todas las cabezas coronadas de Europa, con excepción de la reina de Inglaterra, y cientos de miles de monárquicos españoles, que viajaron a Atenas por tierra, aire y mar (se fletaron dos tras-atlánticos especialmente para la ocasión) para presentar sus respetos al hombre a quien consideraban su rey: don Juan III.

El vestido de la novia era de Jean Dessès, un diseñador griego afincado en París. Diez princesas fueron las damas de honor, entre ellas, la princesa Irene, la princesa Ana María de Dinamarca, la infanta Pilar, la princesa Irene de Holanda, la princesa Alejandra de Kent y la princesa Tatiana Radziwill. Los desposados salieron de palacio y de las dos catedrales en un carruaje tirado por seis caballos blancos y todo el espectáculo fue como de cuento de hadas: limusina tras limusina, desfilaron las testas coronadas, con sus joyas y condecoraciones: más brillante que nadie –a excepción de la princesa hoy reina Ana María –la princesa Gracia de Mónaco.

Franco había dado instrucciones discretas a su embajador para que se asegurarse de que se suprimiera cualquier referencia a don Juan como Juan III. Por ejemplo, la Marcha Real debía tocarse sólo si estaba presente la reina Victoria Eugenia y la pancarta colocada ante la iglesia católica, en la que se leía: «Los españoles saludamos al Rey don Juan III y a su hijo el príncipe Juan Carlos», tuvo que ser cambiado por otro: «Los españoles felicitamos al príncipe Juan Carlos y a su augusto padre». Para ilustrar la importancia que los monárquicos españoles adjudicaban a esta rara ocasión de expresar sus sentimientos libres de censura, hay que mencionar que, en la semana previa a la ceremonia, se editó en español una publicación especial, el *Diario Español* de Atenas. En España misma se levantó por primera vez la censura con respecto a la familia real, para que se pudiera escribir sobre la boda con todo detalle. Visto con perspectiva, resulta una clara señal de sus planes para don Juan Carlos, el gesto de Franco de concederle, para celebrar el acontecimiento, el Gran Collar de la Orden de Carlos III.

Los recién casados pasaron los primeros días de su luna de miel en la isla de Spetsopoula, propiedad privada del magnate griego Stavros Niarchos, antes de emprender un viaje alrededor del mundo, que la princesa deseaba que «no terminara jamás», y durante el cual visitaron India, Nepal, Tailandia, Filipinas y Estados Unidos. Doña Sofía, riendo, recuerda que su marido era quien hacía siempre las maletas. «Las hace muy bien.» Al regresar encontraron terminada la restauración de La Zarzuela y a la princesa le gustó de inmediato, por su aire acogedor, su extensión nada excesiva y los amplios jardines circundantes, que incluyen un parque con ciervos. Le recordaba el también hogareño palacio Tatoi, en las afueras de Atenas, donde había pasado buena parte de sus años juveniles. Visible desde sus ventanas, la sin par y típicamente madrileña puesta de sol de tonos morados sobre la sierra, sin duda la entusiasmó.

Después de instalarse, doña Sofía se entregó al estudio del idioma y procuró asimilar todas las características de la vida española. Esa inmersión total en la historia, la cultura, los problemas y sentimientos de España, su rápida «hispanización», asombraron a don Juan Carlos, que a menudo ensalza la dedicación y la habilidad de la Reina para compartir con él las cargas del Estado. «Jamás me he sentido solo en mi destino de rey. En todo instante tuve la ayuda inestimable de la Reina y, más tarde, la de nuestros hijos.»

No obstante, esa ayuda nunca ha sido avasalladora. Por el contrario, su inteligencia y sentido de la mesura permitieron a la Reina forjarse un papel importante dentro del país, centrado en las obras de caridad y en las artes (jamás se pierde ningún acontecimiento cultural, sobre todo cuando se trata de música), pero sin competir con su marido. «Es una reina notable, absolutamente de primera categoría, dice José Mario Armero, uno de los abogados madrileños de mayor fama internacional, que comparte con doña Sofía la dirección de la Fundación contra las drogas, una de las obras benéficas favoritas de la Reina. «Siempre llega con una sonrisa y es siempre encantadora, pero a la vez sabe permanecer distante. Nunca dice nada personal y nadie puede olvidar que está en presencia de una reina. También está muy bien preparada, y sumado esto a su dignidad, nos ponemos todos nerviosos como escolares delante de ella. Es una reina profesional, totalmente dedicada, por la que sentimos un profundo respeto.»

Sin embargo, y quizá sea esto lo más importante, doña Sofía jamás trató de interferir en política. «Mi marido no me necesita para eso. Lo hace muy bien él solo.» No obstante, nadie duda que esta mujer inteligente, consciente y equilibrada, brindó al Rey desde un primer momento su capacidad excepcional para escuchar y prestó atención a sus ideas y preocupaciones, tratando de discutir posibles y diversos modos de actuación. Ese ping-pong creativo es quizá una de las mejores formas con las que una reina consorte puede ayudar a su marido. Don Juan Carlos reconoció su suerte al encontrarla cuando declaró que «el muro no disminuye su fortaleza si una enredadera lo embellece a la par que lo abraza». Es cierto que unos breves momentos en presencia de la reina Sofía bastan para que cualquiera se convenza de que se trata de un ser humano de un calibre extraordinario.

Al principio, muchos confundieron la timidez y la actitud relativamente introspectiva de doña Sofía con la frialdad. Pero cuando empezaron a conocerla —«cuando llega a conocerte, y si le caes bien, puede ser encantadora y muy vivaz», dice la mujer de un ministro— y cuando su confianza aumentó, gracias a la influencia del Rey, cuya «espontaneidad y capacidad para establecer contactos directos con la gente» ella admira mucho, la Reina empezó a abrirse y a obtener una respuesta cálida de su pueblo. «Le llevó un tiempo conquistarnos, pero nos ha conquistado», dice la conocida actriz y directora Nuria Espert. «Son totalmente distintos y por entero complementarios. Como individuos y como pareja, don Juan Carlos y doña Sofía son inigualables.»

El Rey, en sus conversaciones con su biógrafo José Luis de Vilallonga, describió a doña Sofía diciendo: «Una profesional, una gran, gran profesional. Lleva la realeza en la sangre.»

NOTAS AL CAPITULO IV

1) Estas cartas también revelan otra característica interesante del Rey: su notable facilidad para escribir, un rasgo evidente en su correspondencia desde la niñez y hasta el presente.

2) Acontecimientos recientes en diversos lugares han demostrado lo catastrófica que puede ser la ausencia de esta especie de «fibra» moral en las esposas de presentes o futuros reyes.

CAPITULO V

Primera parte: Los años del silencio
La sucesión (1962-1969)

Desde el momento de la boda de don Juan Carlos hasta 1969, cuando fue designado heredero oficial de Franco, el tema que predominó en la política española fue la sucesión. La pregunta «después de Franco, ¿qué?» ya había empezado a producir una seria preocupación un año antes, cuando el Caudillo se hirió durante una partida de caza, en su septuagésimo cumpleaños. Sus heridas fueron leves, pero fácilmente podrían haber sido fatales. El accidente generó la idea de que era necesario, con urgencia, nombrar un sucesor adecuado antes de que fuera demasiado tarde.

Desde ese momento, varios grupos, cada uno con la presunción de tener poderosos e influyentes amigos del Caudillo como portavoces, empezaron a ejercer una presión intensa sobre él para que nombrase su heredero. Quedaba implícito que, para asegurar una transición tranquila y evitar la anarquía y el caos, el sucesor de Franco tendría que ser aceptable para el Ejército, y el Ejército sólo aceptaría un heredero designado por el Generalísimo en persona[1].

A la cabeza del grupo favorable a don Juan Carlos estaba el almirante Carrero Blanco, uno de los amigos y colaboradores más antiguos y dignos de confianza de Franco, que en 1967 se convertiría en vicepresidente del Gobierno, es decir, en el segundo de Franco. Bajo su protección, e igualmente ruidosos en su apoyo, se situaban algunos de los nuevos tecnócratas más prominentes de España, muchos de los cuales eran miembros de la organización católica Opus Dei. Hombres como Laureano López Rodó, arquitecto del eficaz Plan de Desarrollo Económico de

1962 y más tarde ministro sin cartera; Gregorio López Bravo, Ministro de Industria, Alberto Ullastres, Ministro de Comercio, y Mariano Navarro Rubio, Gobernador del Banco de España, hombres que en el decenio de 1960 fueron fundamentales para sacar al país de la pobreza y el estancamiento económico e impulsarlo hacia un sistema moderno y a una relativa prosperidad.

Esos hombres representaban a toda una nueva generación de jóvenes españoles que no habían combatido en la Guerra Civil, que no eran fanáticos y que tenían interés en que a la muerte de Franco hubiese una transición pacífica. La economía había empezado a crecer en un 7,5 % anual durante ese decenio y los ingresos medios per cápita aumentaron de 474 dólares al año en 1963 hasta 1.840 dólares en 1973; por tanto, nadie quería arriesgar los beneficios de esa nueva prosperidad, ganada tan duramente. (Es interesante, sin embargo, que ese crecimiento no era lo bastante rápido ni general para don Juan Carlos, quien en 1968 se quejaba de ello ante un periodista británico que lo visitó; tocando un extremo de la mesa que tenía ante sí dijo: "Tendríamos que estar aquí", tocando después el extremo opuesto exclamó "pero sólo estamos aquí"). La economía española también conoció un impulso tremendo gracias al auge del turismo en los años sesenta, lo que en 1973 significaba treinta millones de visitantes al año. Los arquitectos de este nuevo crecimiento y sus partidarios estaban, sin duda, a favor de una democratización gradual del país. Pero la liberalización gradual desde dentro les parecía más interesante que una ruptura abrupta. (Exactamente lo que ocurrió al fin).

Los que se oponían al príncipe eran sobre todo los antiguos combatientes de la Guerra Civil, secundados por los falangistas y su portavoz, el ministro del Movimiento José Solís. Entre ellos los más prominentes eran el General Muñoz Grandes, ex comandante de la División Azul y uno de los más antiguos compañeros de armas de Franco, que lo había nombrado vicepresidente del Gobierno en 1961; el almirante Nieto Antúnez y Alejandro Rodríguez de Valcárcel, presidente de las Cortes. La solución que preferían era una Regencia, renovable cada diez años, que garantizara la continuidad de los principios del Movimiento y evitara toda erosión a la ideología del Régimen. Tanto Muñoz Grandes como Nieto Antúnez aspiraban a la regencia. (Cuando el almirante Carrero Blanco, resuelto en su apoyo a don Juan Carlos, decidió asegurar la designación, se lo señaló a Franco después del nombramiento de Muñoz Grandes como vicepresidente del Gobierno, y el comentario lacónico del Caudillo fue «éste no durará». De hecho Muñoz Grandes, que estaba muy enfermo, cosa que Franco sabía, murió en 1970, y Carrero Blanco le había ya sucedido en su cargo en 1967).

Básicamente, se trataba de un enfrentamiento entre el pasado y el futuro. Pero Franco —cuyo gran interés en la formación de don Juan Carlos y en apoyar los avances tecnocráticos que España estaba haciendo entonces lo define como un hombre mucho más pendiente del futuro de lo que en general se acepta— no tenía intenciones de dar a conocer su decisión ni un minuto antes de lo que le pareciera necesario. De ese modo, tuvo a raya a las diversas facciones impidiendo que se tiraran los trastos unos a otros hasta que los logros del decenio resultaron demasiado evidentes y demasiado preciosos como para ponerlos en peligro.

Sin embargo —y así lo confirmaba el príncipe a los periodistas extranjeros por entonces—, el Caudillo nunca le habló de estas cosas. Hasta mediados de los sesenta, los dos se veían con poca frecuencia, casi siempre en ocasiones formales, en las que, ha dicho don Juan Carlos, «su actitud para con la princesa y conmigo era por entero afable y cordial. Pero el hecho de que yo consiguiera mantenerme informado acerca de lo que ocurría no era ni gracias ni a través de él». Incluso en una fecha tan tardía como 1968 cuando, impaciente ante las vacilaciones de Franco para designarle públicamente como futura cabeza del Estado español, le pidió «por favor, dígame si se propone nombrarme rey, ¿o piensa que el pueblo español no quiere una monarquía? Al menos déme alguna respuesta», lo único que dijo Franco fue: «¡No diga tonterías!» En palabras de la Reina, el resultado era: «Estábamos allí, pero no sabíamos *para qué* estábamos allí». Esta vaguedad e incertidumbre absolutas sobre su futura posición era «una tensión tremenda para mi marido».

Sin embargo, una clave para llegar al pensamiento más íntimo de Franco, que en general él no revelaba a nadie, ni siquiera a sus confidentes más cercanos, fue su insistencia, aun frente a la oposición rígida de don Juan, en que la joven pareja viviese en suelo español, en el palacio de La Zarzuela, que él mandó restaurar durante su luna de miel y se amuebló con algunas joyas del Patrimonio Nacional (incluidas dos cómodas de marquetería, hechas por Boule, en París, para el Gran Delfín). Don Juan estaba en contra de que el príncipe siguiera viviendo en España, a expensas de una nación a la que, en el fondo, no estaba prestando ninguna clase de servicio visible. Incluso llegó a buscar una casa adecuada para el joven matrimonio en Estoril, a la vez que el rey y la reina de Grecia preparaban una villa encantadora en Psichico, un barrio residencial ateniense muy arbolado, bastante parecido al madrileño de Puerta de Hierro, donde la pareja llegó a pasar sus meses de vacaciones, antes del golpe de 1967.

La razón de la actitud de don Juan era en su deseo de que el príncipe ampliara sus horizontes, familiarizándose con la vida de otras naciones europeas, y así se formara un panorama más distanciado y objetivo de la situación de España. El hecho de que estuviera casado también haría que su residencia estable en suelo español tuviera más «significado» a los ojos de todos de cara al futuro. Por tanto, no debía vivir una situación vaga e indefinida ni llevar «una existencia ociosa, frívola». La luna de miel se había prolongado deliberadamente –incluyendo las ya citadas visitas a Nepal, la India, Tailandia, Filipinas y Estados Unidos, donde el presidente Kennedy y su mujer los recibieron en la Casa Blanca– hasta que se hallara una solución al problema de su futura residencia. El duque de Albuquerque, jefe de la casa de don Juan, y el marqués de Mondéjar, jefe de la casa del príncipe, hicieron las veces de emisarios. Después de muchas idas y venidas entre El Pardo y Estoril, se impuso la voluntad de Franco. El Caudillo quedó muy impresionado por la princesa, a la que conoció cuando la pareja se detuvo en Madrid para saludarlo, después de su visita al Papa, al empezar su luna de miel. El Generalísimo la describió como «inteligente y simpática» y aprobó su sencillez, seriedad y falta de «aires y altivez». Contento, pues, con la elección de su protegido, dio orden de que los trabajos de restauración de La Zarzuela se hicieran a toda velocidad y quedaran acabados para el fin del viaje de novios.

No obstante, a pesar de la visible manifestación de la buena voluntad del Caudillo, la pareja volvió para encontrarse con una tormenta política que, por un tiempo, pareció amenazar la seguridad del pensamiento de Franco sobre el tema sucesorio.

La causa fue el Congreso de Munich, una reunión del Movimiento Europeo presidido por Maurice Faure, que tuvo lugar poco después de la boda de don Juan Carlos, entre el 5 y el 8 de junio de 1962. Organizó el encuentro el jefe español del Movimiento Europeo, José Madariaga –que también era presidente de la Internacional Liberal–, con la colaboración del presidente de la Internacional Socialista. El fin específico de este congreso era debatir la futura integración de España en la comunidad de países europeos democráticos; a él asistieron, desde la propia España o desde su residencia en el exilio, ciento dieciocho personalidades españolas prominentes, y entre esas personas estaban algunos miembros del consejo privado de don Juan.

En vano estos últimos trataron de explicar, cuando se produjo el consiguiente escándalo, que habían asistido a título individual y no como representantes de don Juan. Franco estaba furioso porque el Congreso había terminado sus sesiones con una extensa declaración que abogaba por «el establecimiento de instituciones auténticamente representativas y democráticas que garanticen que el Gobierno se basa en el consentimiento de los ciudadanos», (es decir, pedían el fin de la dictadura). También se exigía el respeto de los derechos humanos y las libertades individuales, libertad de opinión y la abolición de la censura. Franco interpretó esto como lo que era, una bofetada en la cara al Régimen, y reaccionó de un modo acorde: espoleado por los falangistas, organizó grandes manifestaciones contra el Congreso en toda España y cayó sobre todos los participantes (a los que dio a elegir entre el exilio o la deportación a desoladas comarcas españolas) y las organizaciones monárquicas. Al mismo tiempo, se desarrollaba una sistemática campaña de odio en la prensa falangista, que definía al Congreso como una conspiración fraguada «en Atenas, durante la boda del príncipe». (Esto último era un perfecto disparate, porque cualquiera en su sano juicio habría comprendido que esa clase de reuniones internacionales no se organizan en dos semanas). Las relaciones entre Franco y don Juan durante la segunda mitad de 1962 y la mayor parte de 1963 tocaron su punto más bajo desde el Manifiesto de Lausana, fechado en 1945.

Las primeras noticias de este frenesí las tuvo don Juan Carlos durante su viaje de luna de miel y, a pesar de la agitación, «Yo no les concedí excesiva importancia porque, como es natural, en aquellos momentos yo estaba en otra cosa». Sin embargo, su idea básica era que el Régimen se había excedido ampliamente. Franco consideró el asunto lo suficientemente serio como para pensar en la posibilidad de dar de lado a don Juan Carlos y revocar la Ley de Sucesión, que favorecía "al príncipe con derechos mejores" y reemplazarlo con una regencia que duraría un decenio, seguida por un sistema de regencias sucesivas de esa misma extensión, es decir, el plan que favorecía a los enemigos de don Juan Carlos. En el margen del folio en el que se bosquejaba este plan, de su propia mano anotó: «Si todo esto fallara, se puede plantear la posibilidad de don Alfonso de Borbón y Dampierre», el primogénito del infante don Jaime, el hijo sordomudo de Alfonso XIII, como una alternativa a don Juan Carlos. No obstante, si se tiene en cuenta que, a la vez, daba un paso atrás asegurándose de que don Juan Carlos y doña Sofía se instalaran en España, no se puede tener la certeza de que considerara esas alternativas como algo serio ni de que sólo las usara como medio de chantajear a don Juan y a sus consejeros para persuadirlos. Hacia fines de 1963, una vez más, dejaría bien claro que su favorito como sucesor era el príncipe Juan Carlos.

Mientras tanto, la pareja se instaló en su nuevo hogar y pronto se disiparon los temores que don Juan hubiera podido abrigar en cuanto a que llevasen una vida ociosa o frívola, pues ambos se entregaron a sus respectivas tareas con una energía feroz. Doña Sofía se sumergía en la cultura española y estudiaba el idioma, el príncipe empezó un programa intensivo, planeado hasta en sus mínimos detalles, de familiarización con diversas organizaciones estatales, incluidos los ministerios más importantes, donde pasaba tres horas diarias todas las tardes. (Sus mañanas se ocupaban en audiencias y en reuniones con su equipo, durante las que se recogía y analizaba la información publicada en la prensa y en otros medios).

El tiempo que pasaba en cada ministerio variaba según su importancia y el específico programa de estudios que debía cumplir el príncipe. Por ejemplo, en el Ministerio de Economía pasó más tiempo del previsto, aprendiendo todo lo posible sobre presupuestos y balanzas de pagos. Como explicó el Rey a su biógrafo francés Philippe Nourry, una de las lecciones más útiles fue llegar a comprender que cada aspecto de la actividad nacional está condicionado por la distribución de los ingresos y que la norma vital era «no recaudar más sino gastar mejor». A menudo don Juan Carlos señalaba su preocupación al respecto a López Rodó y a López Bravo, que eran visitantes asiduos de La Zarzuela. También pasó mucho tiempo en el Ministerio de Obras Públicas, donde se puso al corriente de la modernización del sistema de transportes del país y de la construcción de proyectos hidroeléctricos, y en los ministerios de Agricultura, Comercio e Industria donde, en no menos de ciento sesenta y cinco reuniones, siguió de cerca los programas de modernización de López Rodó y Ullastres, que obtenían resultados tan visibles en la economía nacional. «Fue una labor muy fatigosa, pero había de resultarme muy útil. Sobre todo me facilitó una visión global de las funciones administrativas.»

Eso también significaba que, cuando llegara su momento, don Juan Carlos sería el rey mejor preparado y más ampliamente «profesional» de nuestro tiempo, algo que siempre fue su objetivo declarado, según cuenta un gran amigo del Rey. «Si fuera un conductor de taxi, me esforzaría por ser el mejor de España. Si he de ser rey, seré el mejor rey que se haya visto.» En un capítulo posterior, veremos cómo explica extensamente don Juan Carlos su concepción de las funciones de un rey en general y de las suyas en particular. Pero es sorprendente descubrir cuán sólidas son las bases de su profesionalidad. No se puede dejar de admirar la amplitud de visión de Franco que, aunque era un dictador y no tenía sangre real, fue capaz, con todo, de elaborar un programa tan completo, amplio e imaginativo para la preparación de un futuro rey.

Un aspecto esencial de este programa fue un plan sistemático de visitas a provincias españolas, tanto a ciudades como a pueblos, bajo el auspicio del Régimen. Aunque Franco nunca interfirió en el plan, la idea que le servía de base era la de que el país llegara a conocer a la joven pareja, para que cuando llegara su momento el pueblo no los mirase como a figuras extrañas y lejanas. Quizá pretendiera también exponerlos a las reacciones populares espontáneas, que a menudo estaban lejos de ser amistosas. En una ocasión, alguien tiró tomates a su paso y uno aterrizó en la manga del príncipe, quien sin alterarse sacudió los restos y se los devolvió al hombre que los había arrojado, diciéndole: «Está un poco verde, amigo». En otra ocasión, un tomate aterrizó sobre uno de los ayudantes, que no pudo dejar de decir: «Este iba destinado a Su Alteza Real».

Es difícil imaginarse un período de formación más abiertamente alejado de las lisonjas y adulaciones de una corte, destino con el que han de contentarse muchos futuros reyes, a menudo con resultados catastróficos. Debió de ser muy chocante para la princesa Sofía, habituada en su país a acogidas mucho más entusiastas: pero era lo bastante inteligente para comprender que incidentes de este tipo eran lecciones constructivas y valiosas para configurar una realidad objetiva y para extraer de ellos las conclusiones correctas. «Nos hizo descubrir el hecho de que la opinión sobre nosotros etaba dividida. Es una señal muy inquietante el que todos los ciudadanos parezcan entusiasmados con sus gobernantes.» Pero aparte de esos incidentes, generalmente aislados, aquellos viajes permitían que don Juan Carlos y doña Sofía pudieran conocer y establecer contacto con, literalmente, miles de personas, desde gente sencilla a los miembros de los gobiernos locales, y funcionarios, y directivos de las comunidades bancaria y de comercio, además de con los círculos artísticos y literarios de las diversas regiones.

Fue un aspecto de su formación que también se revelaría de gran valor –y además estaba en consonancia total con la idea que don Juan siempre había sostenido: «la monarquía tiene el deber de ser nómada»–. Esta experiencia de primera mano del rey don Juan Carlos, de poder ver «la vida tal como es en realidad» en todos sus niveles, le proporcionó una ventaja única con respecto a los demás monarcas: Conocer a la gente tal como es de verdad, no sólo por la forma en que se comportan cuando intentan mostrar lo mejor de sí mismos, y ser capaz de saber si sus puntos de vista son genuinos o están motivados por el afán de halago, algo que le disgusta muchísimo. Franco era muy consciente de que sólo un hombre que no se hacía ilusiones podía llevar a cabo la enorme tarea que tendría por delante su heredero, y se esforzó por equiparle con los mejores elementos posibles. El resultado hizo honor a sus métodos y, como con razón comentaba tiempo después, el príncipe se sintió «absolutamente satisfecho» con su formación.

A lo largo de ese período, al que se podría definir como los «años de silencio», el príncipe era aún un desconocido. Tenía que ser muy cauto y evitar cualquier palabra o acto que pudiera ser una provocación para los enemigos de dentro del Régimen. Casi siempre presentaba la imagen blanda, descolorida, de un joven pasivo, al parecer resignado a una existencia oscura. En esto tenía el apoyo de Franco, que insistía en la importancia de que siguiera siendo un enigma hasta el instante en que se convirtiera en rey. De ese modo evitaría compromisos, o incluso hipotecas, provocadas por una determinada vía de acción, y conservaría la ventaja de la sorpresa. El Caudillo señalaba: «el hombre es dueño de sus silencios y esclavo de sus palabras».

Pero por bueno e incluso útil que ese criterio resultara ser con el correr del tiempo, durante aquellos años tuvo el efecto de convencer a todos –exceptuando a Franco, el único hombre que, es necesario decirlo, jamás subestimó al príncipe– de que don Juan Carlos no era un tonto y un simple, algo que a él le dolía «y me llenaba de rabia, pero no dejé de repetirme que ya llegaría mi momento». Esto también le enseñó a absorber y a retener los sentimientos de hostilidad, que de este modo se diluían. Lo importante era que quienes llegaban a conocerlo quedaban muy impresionados y sorprendidos por la disparidad existente entre la imagen pública y el hombre verdadero. Más sorpresa aún les causaba su sentido del humor y lo consciente que era de la opinión general que existía sobre él, como lo demuestra más de una anécdota.

Angel Carrascosa, en la actualidad ejecutivo de una casa discográfica, recuerda que formó parte de un grupo de seis estudiantes universitarios que pidieron una audiencia, porque querían ver qué clase de persona era ese hombre que, quizá, un día sería rey de España. Ninguno de ellos era monárquico y, a distancia, nadie pensaba demasiado en el príncipe. «Pero después de hablar con él unos minutos, resultó obvio que era un hombre muy inteligente, de mentalidad abierta y muy bien informado, con ideas propias. (Había una pila de periódicos extranjeros sobre su mesa, entre ellos *The Observer* y *The Guardian*, a los que por esa época el Régimen miraba con malos ojos). Todos nosotros quedamos muy sorprendidos por su criterio y su personalidad. El príncipe debió de advertir esto, porque terminó contándonos una anécdota muy graciosa sobre él, con lo que daba prueba de que no sólo sabía que la gente le consideraba tonto sino que había advertido que también nosotros habíamos pensado lo mismo hasta ese instante.»

El relato del príncipe fue el siguiente: «Os contaré algo que me ocurrió hace unos días. Iba en coche hacia Francia y, cuando llegué a la frontera, me di cuenta de que me había olvidado el pasaporte, así que le dije al guardia: "Lo siento, me he olvidado el pasaporte, pero yo soy el príncipe Juan Carlos". "¿Y cómo sé yo que me está usted diciendo la verdad?", respondió el guardia. "Usted podría ser cualquiera y asegurar que es el príncipe. ¿Puede hacer algo para probar que es usted quien dice ser?" "¿Por ejemplo, qué?", pregunté yo, y el guardia respondió: "Pues, la semana pasada pasó lo mismo con el famoso jugador de fútbol X y le pregunté si podía hacer algo para probar que era X. Entonces me pidió que le trajera un balón, así lo hice, él salió del coche y chutó el balón de tal modo que no podía haber ninguna duda. Era quien decía ser. ¿Hay algo que usted pueda hacer para convencerme?" "¡No, lo siento, pero no! No sé hacer nada como para convencerlo". "¡Bien!", me dijo y me dio paso. "Ya puede seguir. Es evidente que es usted el príncipe Juan Carlos".»

A principios de 1964, todas las dudas que Franco había albergado temporalmente sobre la sucesión de don Juan Carlos en el año y medio anterior se habían evaporado. Invitó al príncipe a asistir a su lado al desfile anual tradicional de las Fuerzas Armadas y le mandó como integrante de la delegación española al funeral del papa Juan XXIII. Desde entonces mantuvieron también un contacto privado bastante regular, encontrándose en cacerías y, en ocasiones, en almuerzos en El Pardo en los que, recuerda la Reina, el Caudillo siempre se mostraba taciturno. Franco ya había dado señales de que todo iba bien entre él y el príncipe, cuando la princesa Sofía dio a luz su primera hija, la infanta Elena María Isabel Dominica de Silos, el 20 de diciembre de 1963. Poco antes del nacimiento, el Caudillo escribió a don Juan para autorizarlo a entrar en España por primera vez desde 1931 (exceptuadas las dos breves reuniones en Las Cabezas), junto a doña María, que sería madrina de la niña; sin embargo, estipuló que el viaje debía ser estrictamente privado y que sus seguidores no podrían utilizarlo con fines políticos. Don Juan cumplió el pacto.

El 13 de junio de 1965, nació la segunda hija de don Juan Carlos y doña Sofía, la infanta Cristina Federica Victoria Antonia de la Santísima Trinidad. La reina Victoria Eugenia, con evidente desencanto, dijo en Lausana: «Tendremos que esperar a ver si el próximo es un varón. En ese caso yo misma iré a Madrid para ser la madrina» A su vez, el príncipe admitía que, aunque le hubiera gustado que «el próximo hijo fuese un niño, cada minuto que pasa quiero más a Elena y Cristina, y no las cambiaría por nada del mundo». En cierto sentido, fue una suerte que tuviera relativamente pocos deberes oficiales hasta el momento de su acceso al trono –aunque los veía algo aumentados tras su designación pública, en 1969–, porque así pudo disfrutar de la infancia de sus hijos. A don Juan Carlos le encantan los niños de todas las edades y es «muy natural» con ellos, por lo que intervenir en la crianza de los suyos, participando en los cuidados cotidianos, como dar el biberón o cambiar los pañales, le producía un gran placer.

Tuvo, sin embargo, que esperar el nacimiento de un heredero varón hasta 1968. El príncipe Felipe nació el 30 de enero, tres semanas después del trigésimo cumpleaños de su padre, momento en que don Juan Carlos alcanzaba su mayoría constitucional. Según sus propias palabras, don Juan Carlos estaba «loco de alegría. Besé a todos los que tenía a mano en la clínica». De inmediato llamó a Franco para anunciarle la buena nueva. «¿O sea que es un "machote"?» «Dos veces su padre, general.» El Generalísimo también quedó encantado. El nacimiento del príncipe Felipe reforzó la imagen de continuidad que, sumada a sus raíces históricas y a su antigüedad, era lo que más le gustaba al Caudillo de la monarquía como institución, una idea que él repetía siempre a sus colaboradores.

El bautismo se fijó para el 8 de febrero y, tal como lo había prometido después del nacimiento de la infanta Cristina, la reina Victoria Eugenia viajó a Madrid, por primera vez desde 1931, para ser la madrina. Todos los detalles de su viaje y del de don Juan y doña María se trataron entre don Juan Carlos y Franco, que declinó la sugerencia del príncipe de que recibiera a la reina en el aeropuerto. «Yo no puedo comprometer al Estado con mi presencia.» «¿Pero acaso no está usted ya comprometido con la monarquía?», preguntó el príncipe con ansiedad. «Sin duda, pero sería poco prudente adelantarse demasiado», respondió el general. Tampoco aceptó la idea de mantener una reunión personal con don Juan. «Cuanto tenía que decirle ya se lo he dicho», explicó: tenía clara la decisión, aún no anunciada oficialmente, de eliminar a don Juan de la sucesión en favor del Príncipe. En su lugar, Franco propuso saludar a la reina Victoria Eugenia –que iba a hospedarse en el palacio de Liria, residencia del duque de Alba, jefe de la casa de la reina–, durante su primera visita a La Zarzuela.

Pero ni Franco, ni el príncipe, ni don Juan estaban preparados para la apoteosis que recibiría a la Reina en el aeropuerto. Miles de personas entusiastas, la mitad de ellas por debajo de los treinta años, se apiñaron a su alrededor para darle, entre gritos de «Viva la Reina», una bienvenida que incluso a ella la cogió por sorpresa. «Mira, no nos han olvidado», comentó a su hijo, sin contener apenas la emoción. Incluso, el Ministro de Asuntos Exteriores, Fernando María de Castiella, desafió las órdenes oficiales y acudió al aeropuerto sin autorización, para unirse al grupo de recepción oficial, encabezado por el general Lacalle.

Pero, aunque el nacimiento del príncipe Felipe y el hecho de que don Juan Carlos hubiese alcanzado la edad constitucional proporcionaban un incentivo más para que Franco proce-die-ra a designar al príncipe su sucesor, tendrían que pasar otros dieciocho meses más antes de que el Generalísimo se sintiera en condiciones de hacerlo. «Tengo que encontrar el momento psicológico adecuado», confió a Carrero Blanco.

Aquéllos fueron dieciocho meses de frustración amarga para el príncipe, quien, en una entrevista con un periodista relacionado estrechamente con su familia, el 18 de noviembre de 1968 parecía impaciente ante la prolongada incertidumbre sobre su situación, que podía mantenerse, aún, por tiempo indefinido, ya que Franco tenía buena salud. El príncipe lo había visto poco antes en una cacería y había observado que subía los escalones de dos en dos. Esta interesante conversación indica que en esos momentos, el príncipe aún pensaba que era posible, e incluso deseable, llegar a ser no sólo el heredero de Franco, sino también jefe de Estado incluso en vida del Caudillo. Así era como

como interpretaba la separación de poderes entre jefe de Estado y Ejecutivo según las Leyes Fundamentales de 1966. «Quizá puedas ayudarme desde tu periódico», señaló el príncipe. «Di que desde la última vez que me viste soy un año mayor, tengo un hijo y estoy en condiciones de convertirme en jefe de Estado. También puedes decir que incluso Salazar tiene un jefe de Estado para dar continuidad al Régimen.» Hasta llegó a leer al periodista «la serie de leyes, muy complicadas», por las que se podía hacer. (El periodista contestó que necesitaba tomar algunas notas al respecto y tendió la mano hacia un libro para apoyar el papel. Por casualidad, se trataba del libro rojo oficial que exponía los argumentos del Gobierno español sobre Gibraltar. El príncipe soltó una carcajada sonora y dijo: «¡No uses ése, te quemaría las rodillas!») Durante los últimos años sesenta, don Juan Carlos tuvo que asimilar la idea, tremendamente penosa, de que aceptar su designación implicaba, de manera automática, eliminar a su padre en la sucesión. El príncipe había tenido, íntimamente, la vaga certeza de que Franco se proponía ignorar a su padre y nombrarlo heredero a él desde 1965, mientras se estaba redactando el borrador de la Ley Orgánica del Estado, que establecía la separación de poderes entre el jefe de Estado y el jefe de Gobierno, tras la muerte de Franco. En vida, el Caudillo siguió ocupando ambos cargos hasta 1973, cuando su salud le obligó, por fin, a dejar la jefatura del Gobierno por primera vez en manos del hombre al que consideraba su otro yo, el almirante Carrero Blanco.

La Ley Orgánica del Estado abría, con toda claridad, el camino para el establecimiento de una monarquía. También estipulaba que, en caso de que fuera necesaria una regencia, el cargo de regente sería estrictamente temporal. En un emotivo mensaje televisado, en el que pedía al país que tomara en cuenta todos los logros del último decenio, Franco instaba a los españoles a que votaran «sí» en el referéndum del 14 de diciembre de 1966. El país, persuadido por una hábil campaña de propaganda diseñada por el Ministro de Información, Manuel Fraga Iribarne, en la que se decía que votar sí era votar por Franco, se volcó masivamente en las urnas, y del 89 por ciento de ciudadanos que votaron, el 95 por ciento lo hizo por el «sí». (Por supuesto que, dadas las condiciones habituales de una dictadura, no es posible saber hasta dónde llegaba la «manipulación»).

Don Juan Carlos solicitó una audiencia con Franco el 17 de junio de 1967, para plantearle algunas preguntas sobre el papel del nuevo jefe de Estado frente al jefe de Gobierno, y salió de la entrevista con la impresión clara de que Franco pensaba nombrarlo heredero a él y no a don Juan. Franco se mostró muy satisfecho por el interés del príncipe en los detalles de la futura legislación y, ante su deseo de reuniones más frecuentes, respondió que «se mantendrían en contacto». Entonces, percibiendo como en otras ocasiones la pregunta no formulada, agregó: «Cuando llegue el momento, anunciaré exactamente cuál será el papel de cada uno. Entretanto, Su Alteza tendrá que ser leal y respetar a su padre. Es triste que, al parecer, esté rodeado por tantas personas inaceptables... Es muy desafortunado, de verdad, porque no tengo interés en que él pierda su imagen...»

Un mes más tarde, cuando don Juan Carlos discutía los caminos y medios para acelerar su designación con López Rodó y el alcalde de Barcelona, José María de Porcioles, dio muestras de los primeros síntomas de angustia por el dilema con que se enfrentaba: traicionar a su padre o lo que él consideraba, y siempre le habían enseñado a pensar, que era cumplir con su deber para con España. López Rodó sugirió que quizá se pudiera persuadir a don Juan para que renunciara a sus derechos en favor de su hijo, como el rey Alfonso XIII lo había hecho en favor de don Juan. El príncipe dudaba de que su padre quisiera hacerlo y preguntó al alcalde su parecer, y él respondió con una cita bíblica: «"Por el amor de su mujer el hombre ha de abandonar a su padre y a su madre"... Pienso, Alteza, que si vuestro país os llama a su servicio, vos tampoco podréis vacilar en abandonar a vuestro padre y a vuestra madre.» «Pero es duro, Porcioles, es duro», respondió el príncipe, sombrío.

Don Juan nunca creyó que Franco designaría un sucesor. A fines de diciembre de 1968, escribió una carta severa a su hijo, en la que le recordaba su deber de hijo y de príncipe hacia él, su padre y su rey. La respuesta de don Juan Carlos está entre los documentos secretos. Pero una semana más tarde, a principios de enero de 1969, respondía extensamente en una entrevista publicada en *Pueblo* y reproducida en todos los periódicos nacionales. Después de confirmar que, como todo español, debía obedecer las leyes fundamentales de su país, le preguntaron si estaba preparado para aceptar todas las consecuencias de la aplicación de esas leyes, en caso de que su propia persona se viera directamente implicada: «A menudo he dejado claro que, cuando presté juramento a la bandera, prometí dedicarme en cuerpo y alma al servicio de España. Me propongo mantener esta promesa en cualquier puesto que se considere más útil para el país, aun cuando implique ciertos sacrificios. En caso contrario, no estaría donde estoy (es decir, en Madrid, en La Zarzuela). Para mí, es una cuestión de honor.»

El príncipe continuó defendiendo su punto de vista sobre la monarquía, tal como debe ser en estos tiempos, un punto de vista tan coherente con sus actos y su conducta posteriores que merece la pena citarlo por entero: «Creo que hoy se debe pensar en la monarquía en términos de deberes más que de derechos o privilegios. Una posición como la mía, por tanto, se ha de ver como un servicio que debo prestar, más que como un privilegio. Estoy donde me han puesto un conjunto de circunstancias, unas de origen histórico y otras de origen actual. Procuro hacer cada día lo que pueda ser más útil para el futuro de los españoles y evitar lo que pudiese perjudicar esa utilidad. Ver una posición como la mía en términos de un simple juego de derechos y privilegios sería hoy anacrónico y poco realista a la vez.»

Otra prueba del realismo perspicaz del príncipe aparece cuando su entrevistador le pregunta si la aceptación de la monarquía, que iba a surgir de las leyes orgánicas del Estado promulgadas por Franco, no implicaba cierto sacrificio básico para los seguidores acérrimos del principio dinástico en que se basan las monarquías. ¿No sería una contradicción en sus términos una monarquía instalada o reinstalada «por gracia de Franco»? El príncipe respondió que no lo creía y que la posibilidad misma de tener de nuevo monarquía en España había nacido después de «una crisis muy grave» (la Guerra Civil y la dictadura subsiguiente), que podría haber terminado con la propia institución. La situación política que estaba haciendo posible esa nueva instalación se había creado con el apoyo de muchos monárquicos y con el sacrificio de miles de familias españolas. Por tanto, continuaba, era razonable que esos mismos seguidores acérrimos de la monarquía hicieran, a su vez, ciertas concesiones, si querían ver realizados sus deseos. «Si son patriotas verdaderos –y ser monárquico significa ser patriota–, pondrán el bien del país por encima de todo. La satisfacción de ver viva otra vez a la institución monárquica ha de tener un valor y, por sí, debe justificar cierto sentimiento de gratitud y una flexibilidad por parte de ellos. Ninguna monarquía, a lo largo de la historia, se ha reinstalado jamás sin algún tipo de sacrificio.»

Estas interesantes declaraciones, en las que encontramos la palabra reinstalar –a mitad de camino entre el «instalar» de Franco y el «restaurar» predilecto de don Juan–, en El Pardo se recibieron mejor que en Estoril. En realidad, encantaron a Franco, que comentó a López Rodó: «El príncipe se expresa muy bien... Me pregunto quién le ha aconsejado», (frase en la que aludía al bien conocido interés que en la designación de don Juan Carlos tenía López Rodó), quien, con aire de ignorancia, respondió: «En cualquier caso, con sus declaraciones, el príncipe ha quemado sus naves.» Si no le queremos poner en una posición insostenible, hay que garantizarle un status oficial lo antes posible. Una semana más tarde, a mediados de enero de 1969, Franco le dijo a don Juan Carlos: «Su Alteza puede estar seguro de que se ha hecho todo lo necesario.» «No se preocupe, mi general», respondió el príncipe, «yo ya he aprendido mucho de su espíritu gallego.» El Caudillo sonrió: «Excelente, su Alteza desempeña muy bien su papel».

Otra señal de que la decisión de Franco era firme fue el hecho de que, cuando la reina Victoria Eugenia murió en Lausana unos tres meses y medio después, decretó un luto oficial de tres días. También presidió el funeral celebrado en Madrid, un gesto importante para preparar al país psicológicamente para la designación. Tanto Carrero Blanco como el general Alonso Vega, Ministro del Interior, quienes conocían al Caudillo desde la niñez, consideraban que el tema sucesorio, en esos momentos, era de la máxima urgencia para la imagen internacional de España. Ambos señalaron que los enemigos de Franco, dentro y fuera del país, jamás dejaban de repetir que su Régimen no tenía futuro y que los gobiernos, «desde El Vaticano hasta Washington», estaban cansados de tratar con un Estado que dependía de una sola persona. El general Alonso Vega incluso hizo una llamada emotiva, recordando a Franco: «Te he visto de pantalón corto y hemos jugado juntos. Si yo no te hablo claro, ¿quién podrá hacerlo?» Prosiguió diciendo que la historia lo juzgaría según la continuidad de su obra. «Todo parecerá inútil si lo que sigue es el caos.» Debía seguir adelante y proclamar sucesor al príncipe, «un muchacho de primera». Este argumento ganó la batalla. A la mañana siguiente, Franco llamó a López Rodó y le anunció: «Todo está hecho». Sin embargo, se necesitaron otras seis semanas, durante las cuales los enemigos de don Juan Carlos hicieron todo lo que estaba a su alcance para disuadir al Generalísimo, antes de que éste comunicara, oficialmente, su decisión al príncipe. El 12 de julio, después de haber prestado oídos sordos durante semanas a las peticiones de audiencia de don Juan Carlos, Franco le llamó a El Pardo y le informó de su designación oficial como su heredero. El encuentro terminó con un abrazo emocionado.

Con gran alivio de saber por fin cuál era su posición, el príncipe, no obstante, salió de El Pardo con la conciencia clara de que tenía por delante un período muy delicado y difícil en las relaciones con su padre. En primer término, don Juan se negaba a creer que durante su reciente visita a Estoril don Juan Carlos no supiera nada de su inminente designación como sucesor. A mediados de junio, en cuanto López Rodó le repitió las palabras de Franco «todo está hecho», el príncipe había escrito a su padre para advertirle que su designación parecía inminente, pero don Juan se había negado a creerlo y estaba dispuesto a asegurar que su hijo jamás recibiría el nombramiento de sucesor de Franco. «¿Y si no es así? Nunca he intrigado ni hecho nada para asegurarme esta designación. No fui yo quien decidió venir a vivir aquí y recibir el trato de heredero del trono. Soy el primero en admitir que tú eres el único que debería ser rey. Pero si la decisión ya está tomada, ¿qué podemos hacer al respecto?», escribió don Juan Carlos. «Es mucho lo que puedes hacer. Puedes comportarte como si nada estuviera decidido y todo se hallara en suspenso», respondió don Juan.

«Pero no depende de mí. Si me prohíbes aceptar, haré las maletas, cogeré a Sofía y a los niños y me iré. No puedo quedarme en La Zarzuela ni un solo día si cuando me nombre sucesor tengo que negarme a serlo. Por eso te pido que reflexiones sobre el tema. Si hace la proclamación formal y cuando la haga,

¿qué piensas hacer tú? ¿Acaso existe una solución que no sea la de Franco? ¿Estás en condiciones de restaurar la monarquía por tu cuenta?», fue la angustiada respuesta del príncipe.

Pero don Juan se negaba a explicitar sus intenciones. El 16 de julio recibió noticias sobre la proclamación inminente de don Juan Carlos a través de dos cartas: una de Franco, entregada por el embajador español en Lisboa y otra del príncipe, entregada en mano por el marqués de Mondéjar. El príncipe ya había hablado por teléfono con su madre el día 12, en su código privado en el que la designación recibía el nombre de «el grano», para decirle que ya había reventado; doña María le aseguró que se ocupaba de que «aquí no se haga ninguna tontería». El día 18 don Juan dio a conocer un comunicado para anunciar la disolución de su consejo privado y el cierre de su oficina política. Subrayaba que, tal como jamás había sido su deseo dividir al país, se proponía retirarse de la vida pública por completo. En otras palabras, aceptaba la designación y se abstenía de reprochar nada a su hijo.

Durante ese período las cosas se pusieron al rojo vivo y los nervios de padre e hijo pasaron una dura prueba. Sin embargo, el gran cariño mutuo no se vio afectado largo tiempo. Se dice que no se hablaron durante seis meses, pero, después de la herida inicial que esta experiencia dolorosa tuvo que haber causado a don Juan, el lazo entre ambos resultó intacto. (Cualquier observador se estremece al pensar en el dolor y el desencanto de un hombre cuya vida entera había estado dedicada a un único objetivo: el servicio de su país al que, con pasión, quería llevar los beneficios de un gobierno democrático).

Con todo, el príncipe quedó estupefacto ante la reacción extrema e inmediata de su padre de cerrar su despacho: aquello le llegaba al corazón. «Oye, en todos estos años, ¿me has oído decir algo que pudiera interpretarse como una deslealtad hacia mi padre?», preguntó a Vicente Mortes, quien le aseguró que no. Su madre también llamó para asegurarle que «tu padre es tan bueno y recto que estoy segura de que al fin lo comprenderá... Y en cuanto a mí, me siento orgullosa de ti, como madre y como española.»

Sin embargo, todavía el 2 de junio de 1970, casi un año después de su designación, el príncipe recibía a un periodista británico de paso por España y, a la pregunta sobre cómo había tomado su padre su designación de futuro jefe del Estado, respondía: «Mi padre no la aceptó por completo. Por fuera debe mantener las apariencias, de modo que dice a todos que espera que yo tenga éxito en mi tarea. Pero estoy seguro de que en su fuero interno lamenta de veras la forma en que se ha hecho. No le reprocho nada por esto y, al mismo tiempo, me digo que no podría haberse hecho de otro modo. La gente que estaba alrededor de mi padre lo lisonjeaba y le decía constantemente que él era el único posible futuro rey de España. Veo a mi padre siempre que puedo. Pero no tengo relación con los pequeños grupos monárquicos. Si he de sobrevivir como rey, será como figura nacional y no como el jefe de los monárquicos», señaló don Juan Carlos, mostrando ese maduro criterio que le permitiría más tarde convertirse en "el rey de todos los españoles".

El 22 de julio de 1969, Franco presentó al príncipe ante las Cortes como el hombre ideal para ser su sucesor «a título de rey» y asegurar la continuidad del Movimiento Nacional. A continuación pidió que se hiciera una votación abierta. La presión ejercida por los falangistas en las semanas anteriores no logró persuadirlo de que la votación fuera secreta. El resultado fue de 491 votos a favor, 19 en contra y 9 abstenciones. A la mañana siguiente el príncipe firmó el Acta de Aceptación en La Zarzuela, en presencia del Ministro de Justicia, y esa misma tarde acudió a las Cortes con Franco para prestar juramento solemne de lealtad al jefe de Estado. Tras la tensión de las semanas anteriores, el príncipe estaba tan nervioso que, en el coche, pidió permiso a Franco para fumar. (En aquellos años, don Juan Carlos fumaba cigarrillos habitualmente, aunque en la actualidad sólo fuma alguna vez puros).

Desde entonces sería conocido como el Príncipe de España, no como Príncipe de Asturias, el título tradicional de los herederos del trono español, que don Juan le retiró para señalar la ausencia de continuidad dinástica implícita en la designación. Franco, ansioso de marcar lo contrario, empezó a buscar un título alternativo, como Príncipe de las Españas, título de Felipe II cuando era el heredero de Carlos V. Pero la expresión «las Españas» ya no coincidía con la realidad del momento. En cambio, sugirió la princesa Sofía, ¿por qué no «Príncipe de España»? Y este fue el título de don Juan Carlos hasta que subió al trono.

El Rey explica que sólo entonces, después de su designación oficial, se sintió más o menos seguro de que un día podía llegar a ser rey de España, aunque hubo momentos previos en los que «casi había podido olerlo». «Me acababan de nombrar Príncipe de España y Heredero del Trono, pero se trataba del trono de un dictador y, al mismo tiempo, mi padre vivía en el exilio y no se le permitía poner un pie en España. Fue... muy difícil. Acepté la designación y hubo una conmoción en la familia. Pero como le dije a mi padre, yo tenía que aceptar. Había venido a España de niño como hijo de mi padre y nieto del último rey de España y me educaron con la idea de que un día también yo podría ser rey. También le dije a mi padre que, si conseguía realizar lo que me disponía a hacer [llevar la democracia a España], entonces me mantendría en el trono. Si no lo lograba, si las cosas iban mal, entonces mi padre podría intervenir desde su posición y hacerse cargo de todo. Al final, después del resentimiento inicial, lo comprendió muy bien.»

El antiguo condiscípulo y gran amigo del Rey, Jaime de Carvajal y Urquijo confirma que el instante en que don Juan Carlos comprendió que sería él y no su padre el próximo rey de España fue crucial en su vida. «Era para él un dilema muy penoso, ocasionó un gran problema en la familia y, en ese momento y durante un tiempo, ocasionó una gran tensión en las relaciones con su padre. Pero su madre –una mujer magnífica que jamás mostró ningún deseo ni ambición de ser reina– , dio un paso al frente y desempeñó un papel muy importante para que ambos volvieran a estar unidos... Por fin todo funcionó muy bien para la monarquía y para el país. Don Juan fue una pieza importantísima para resolver esta situación. Desde el punto de vista dinástico, él representaba la monarquía, libre de toda conexión con Franco, y siempre había sustentado con firmeza sus ideales y valores democráticos. De modo que como príncipe y como rey, don Juan Carlos tuvo la suerte de heredar la capa de su padre y la de Franco.»

NOTAS AL CAPITULO V

1) También era esencial para asegurar el apoyo externo de los tradicionalmente antimonárquicos falangistas, cuyo líder, José Antonio Girón, había dicho a quemarropa al príncipe, mientras comían en un restaurante madrileño, en junio de 1969, que «si Francisco Franco me ordena que acepte vuestra designación, entonces mi posición sería apoyaros».

CAPITULO VI

Segunda parte: Los años del silencio
Príncipe de España (1969-1975)

La larga espera había terminado, pero sólo se había ganado la mitad de la batalla. Franco conservaba el derecho de revocar la sucesión en cualquier momento, es decir, ante el mínimo paso en falso del Príncipe, que, ambos lo sabían, sería explotado al máximo por sus enemigos. Por tanto, se imponían más que nunca una prudencia y una discreción extremas. Don Juan Carlos tenía que insistir en lo de «hacer el idiota, lo que no fue siempre fácil», confesaría tiempo después. Por cierto que esta actitud, tan contraria a su propia naturaleza espontánea y abierta, suscita la pregunta de cómo pudo hacerlo y la idea de lo deprimente que habrá resultado esta supresión de su verdadera personalidad para dar una imagen diametralmente opuesta.

Pero a la vez que ponía mucho cuidado en no ofender a nadie, el Príncipe era consciente de que se acercaba su hora y de que debía prepararse de forma activa en todos los sentidos en que le fuese posible. El Régimen interpretaba el juramento prestado en el momento de la designación de don Juan Carlos como un compromiso de continuidad del propio Régimen. En realidad, según el duque de Primo de Rivera, que conoce muy bien al Rey, se trataba del compromiso de dar continuidad a la vida del país. «Para lograr ese objetivo, el Príncipe trataba de estar siempre muy bien informado, aunque pocas veces a través de canales oficiales. También estaba decidido a establecer contacto con cualquiera que pudiese contribuir en algo a la España del mañana.»

Esta determinación era hija del deseo que el príncipe tenía de ser «el rey de todos los españoles», de borrar la división entre las «dos Españas» e incorporar otra vez a todos los exiliados por el Régimen a la corriente principal de la vida del país. El establecer contactos con algunas de esas personas, en especial las de izquierda, en ocasiones requería no sólo valor sino también mucha astucia e imaginación: había que concertar entrevistas clandestinas en casa de terceras personas, con interlocutores que a veces acudían a la cita en el maletero del coche de un ayudante o de un amigo.

El ambiente en el que se producía esta fase final de la preparación de don Juan Carlos para el reinado era de turbulencia social: el terrorismo había comenzado a levantar su horrible cabeza a finales de los años sesenta, cuando una facción radical de nacionalistas vascos había formado ETA, su grupo de acción extremista. En 1968, habían ejecutado una espectacular serie de asesinatos. Uno de sus objetivos principales consistía en provocar la represión masiva por parte del Régimen, para obtener así una inicial simpatía pública, al ser uno de los pocos grupos capaces de lanzar un desafío abierto a la dictadura. En diciembre de 1970, ETA secuestró al cónsul alemán en Bilbao, quien fue liberado, y los seis responsables del rapto, detenidos y condenados a muerte. Después de muchas presiones internacionales y varias entrevistas con el almirante Carrero Blanco y el Príncipe, Franco se avino, en el último momento, el 30 de diciembre, a conmutar la sentencia de muerte por la de cadena perpetua.

En el frente político, la remodelación del Gobierno de octubre de 1969, tres meses antes de la designación de don Juan Carlos, dio como resultado la composición de un gabinete que simpatizaba con él: al implacable falangista José Solís le sucedía en el Ministerio del Movimiento Torcuato Fernández Miranda, el querido profesor de Derecho del Príncipe y futuro arquitecto de la transición española a la democracia. Varios puestos clave quedaron en manos de miembros del Opus Dei: en general, hombres jóvenes, tecnócratas por su formación, como Gregorio López Bravo, que se convirtió en Ministro de Asuntos Exteriores, y Alfredo Sánchez Bella, ex embajador español en Italia, quien reemplazó a Manuel Fraga en el Ministerio de Información. El 6 de junio de 1973, cuando Carrero le mostró la lista de ministros, el Príncipe exclamó: «¡Esto podría ser el Gobierno de La Zarzuela!» Sin embargo, ni siquiera un gabinete tan bien predispuesto como aquel podía garantizar una protección automática, si don Juan Carlos se apartaba de su línea y disgustaba a los recalcitrantes.

Por tanto, el desafío con el que se enfrentaba era el de llegar a conocer y definir, con exactitud, los deseos y aspiraciones de la gente, pero sin alarmar al Régimen. En aquellas circunstancias, sólo podía hacer tal cosa de forma indirecta, a expensas de su imagen pública, que tendría que mantenerse –como lo expresa su biógrafo francés Philippe Nourry– «calculadamente incolora», aun cuando eso a veces lo llevara a los límites de su autoestima. Esta estrategia le aseguraba la posición de «incógnita» hasta su coronación y habría de servir muy bien a sus propósitos. También era lo que Franco esperaba y no dejó de recomendar a su heredero: «Vista larga, paso corto y hacerse el sordo».

Esta sutil lección de diplomacia significaba que, aunque Franco lo vigilaba de cerca, mientras él se mantuviera alerta respecto de las consecuencias de palabras o acciones equívocas, el Príncipe era libre de formar sus propios puntos de vista según su conciencia. Hoy en día, el Rey está convencido de que Franco sospechaba o intuía sus verdaderas intenciones. «Sabía que yo iba a cambiar las cosas. Ahora estoy seguro de ello. Más de una vez, a mis ruegos de asistir a las reuniones de gabinete respondía encogiéndose de hombros y me decía: "No os serviría para nada, porque de todos modos tendréis que hacer las cosas de otra manera". Era su modo de decirme que yo tendría las manos libres para poder obrar a mi manera, la manera en que yo pensaba que debían hacerse las cosas. Su única exhortación era que mantuviese España unida, que conservara su unidad. Aparte de eso, nunca trató de adoctrinarme.» Era la forma en que Franco se aseguraba de que su heredero no estuviera excesivamente comprometido por una asociación directa con la política y la ideología del Régimen, asegurando al mismo tiempo que, como sucesor elegido, retuviera el apoyo del Ejército, sin el cual sería imposible su ascensión al trono.

Pero a veces el Príncipe corría el riesgo y rompía su silencio. Una de esas raras ocasiones se produjo en una entrevista que en febrero de 1970 concedió a Richard Eder, del *New York Times,* reproducida en el *International Herald Tribune* con el subtítulo de «Soy heredero de Franco, pero también el heredero de

España», en la que quedaba claro que estaba mejor informado de lo que suponían casi todos y en la que prometía «un régimen democrático». La derecha se mostró indignada, pero Franco no se inmutó. Cabe preguntarse si el Príncipe le había informado previamente de su intención. Un año después, don Juan Carlos fue más lejos aún y otorgó una entrevista más abierta y explícita al *Washington Post* en su primera visita oficial a Estados Unidos; esa vez se dijo que el propio Franco estaba enfadado. Por tanto, a su regreso, el Príncipe decidió tomar el toro por los cuernos y traducir, él mismo, el artículo al Caudillo, quien le interrumpió hacia la mitad para decir: "Su Alteza debe comprender que hay cosas que puede e incluso debe decir fuera de España, pero que no debe decir en España. Y por el contrario, mil veces mejor, que muchas de las cosas que hay que decir aquí no pasen nuestras fronteras."

El pensamiento que esconden estas observaciones parece indicar que seguramente Franco ha sido un hombre de Estado de mayor talla y de miras mucho más amplias de lo que se le ha concedido. «Bueno, todos tenemos cosas malas y buenas, somos todos humanos», respondió el Rey a esta sugerencia. «Pero pienso que era un patriota y que, a su manera, el quería lo que pensaba que era mejor para España.» ¿Qué clase de persona era Franco? «Muy, muy tímido. Y nada comunicativo. Cuando estábamos solos era siempre muy afable conmigo. Pero incluso en esas ocasiones su costumbre era la de decir algo, por lo común muy lacónico, y después caía en un largo silencio. Pero sus ojos no paraban de moverse, observando y controlando todo. Una cosa que no dejaba de aconsejarme es que viajara. "Hay muchas cosas que yo no puedo hacer pero vos, sí, y viajar es una de ellas. Tenéis que viajar constantemente a lo largo y lo ancho de España y también al extranjero", me decía.»

El Príncipe aceptó el consejo de inmediato. En 1971, acompañado por la princesa Sofía, como se ha dicho, visitó Estados Unidos, donde en calidad de jefes de Estado los recibió el presidente Nixon, quien más tarde formaría una opinión muy alta de don Juan Carlos como personalidad de Estado internacional y ya en esa primera ocasión se sintió muy impresionado por la promesa, en ciernes, que veía en el futuro jefe del Estado español. «En aquellos tiempos se encontraba en una posición muy delicada y, con gran acierto, no habló directamente de lo que esperaba sucediera en el ámbito político español», me escribió el ex presidente Nixon en abril de 1992. «No obstante, de nuestra conversación pude deducir que estaba dispuesto a establecer un gobierno constitucional y a dedicarse al bienestar de su país y de su pueblo. También me impresionó su amplio conocimiento de la situación internacional, además de las circunstancias que afectaban directamente a España[1].»

Al año siguiente la pareja real visitó Etiopía; en 1973, la Francia de Pompidou y Arabia Saudita, Filipinas y la India, ayudando con estos viajes a romper el aislamiento de un país cuyo dirigente había salido al extranjero sólo dos veces en cuarenta años, y por un tiempo muy breve, para encontrarse con Hitler y con Mussolini. También realizaba muchos viajes privados, a cacerías, bailes, bodas y bautizos y a otros acontecimientos familiares en Europa, donde todas las familias reales estaban emparentadas con ellos. Estos viajes ofrecían oportunidades magníficas de establecer contactos con personalidades políticas que podrían revelarse útiles en el futuro y también de obtener información sobre los acontecimientos internacionales, las causas que los producían y el clima de opinión que giraba en el mundo.

En su país, los príncipes seguían con sus visitas a provincias, en las que se entrevistaban con un buen número de personas que les comunicaban abiertamente sus aspiraciones y puntos de vista. Antonio Fontán, uno de los profesores del Príncipe, señala: «Fue la mejor de las universidades, una escuela de la vida real por la que pasó estando en contacto con miles de personas de todo tipo de clases sociales y convicciones, asimilando y aprendiendo al máximo. Al mismo tiempo, tenía una visión clara de la índole de futuro que deseaba para la nación y, a través de sus contactos con la España clandestina, también se formó una perspectiva clara sobre cuál sería el papel que le estaba destinado en la transformación del país».

En resumen, Manolo Prado y Colón de Carvajal, en esa época interlocutor del futuro rey en conversaciones interminables, explica que don Juan Carlos comprendía muy bien que «el futuro tendría que basarse en principios importantes. Desde el comienzo, concibió la nueva monarquía muy diferente respecto de la pasada, sin corte, sin damas de la reina ni nada de eso. Estaba decidido a hacer de la suya una monarquía muy moderna, sencilla, directa, profesional y muy activa. Otros principios básicos eran la necesidad de reanimar los nexos con Hispanoamérica (de hecho sería el primer rey español que pondría pie en tierras americanas) y de acercarse a los sindicatos y a los intelectuales, ambos grupos tradicionalmente republicanos». (Por ejemplo, en su visita de 1971 a Estados Unidos, don Juan Carlos se preocupó de entrevistarse con el famoso dirigente sindical George Meany y, en 1970, también hizo una visita, planificada con gran cuidado, a la Organización Mundial del Trabajo).

Mientras continuaba preparándose para el futuro en todos los aspectos prácticos, el Príncipe se ocupaba también de su preparación interior. Leía sin descanso, sobre todo aquello que consideraba directamente importante para su futuro cargo, como biografías de políticos y libros de grandes hombres de Estado y filósofos: Maquiavelo, Toynbee, De Gaulle y otras obras que «no había tenido la oportunidad de leer antes, aunque pensaba que sería una buena idea ver qué pensaron e hicieron esos grandes hombres que, si bien no fueron todos jefes de Estado, desempeñaron un papel muy importante en la sociedad. Se puede aprender mucho de ellos sobre la forma de emprender una tarea, la manera de comportarse, cómo aprender a ser prudente y cosas semejantes. Y es que en el momento en que alguien se encuentra en una posición elevada, todo lo que hace, todo lo que le concierne –palabras e incluso gestos como un simple parpadeo– pasa a considerarse importante y se analiza exhaustivamente. Uno piensa que puede fiarse de alguien y hacerle alguna confidencia pero, por supuesto, a veces se equivoca. Entonces comprendes que no puedes decir todo lo que piensas, todo lo que te gustaría decir». (Quisiera ser capaz de reproducir la expresión de la cara del Rey y el tono melancólico que había en su voz al decir estas palabras). «Estar en esta posición a veces es... muy difícil.»

El resultado de esta preparación externa e interna fue una madurez que, en junio de 1970, fue advertida de inmediato por el periodista británico que le visitaba con regularidad hasta el momento de su designación: «El Príncipe ha madurado muchísimo desde la última vez en que nos vimos, hace un año y medio. Por desdicha, se ha mostrado más discreto que antes y, por tanto, menos divertido. Al mismo tiempo, se le ve más sagaz e inteligente en lo que dice. A mi pregunta de si asistía a los consejos de ministros, respondió que no lo hacía ni tenía aún ningún interés en hacerlo. "Si tuviésemos un primer ministro, estaría bien que yo asistiese. Pero sin un primer ministro, podrían acusarme de que intento convertirme en un rey ejecutivo".

»El Príncipe siguió diciendo que daba gran importancia a ser accesible a todos los que quisieran verlo y dedicaba gran parte de su tiempo a dar audiencias. Me preguntó si creía que debía dar a conocer los nombres de las personas a las que ve todos los días. Le respondí que, si se trataba de audiencias formales, por ejemplo con ex funcionarios o ese tipo de gente, no había inconveniente en hacerlo, pero los que están mejor informados, como políticos, periodistas o diplomáticos, tal vez lamenten o no quieran ver publicados sus nombres. Estuvo de acuerdo y dijo que era esencial que no lo identificaran con ningún grupo político específico. "Tengo que demostrar al pueblo que estoy por encima de los grupos políticos y que me propongo conservar la unidad de mi país".»

A lo largo de este período, las energías de Franco empezaron a disminuir a ojos vistas. Cuando se aproximaba su octogésimo cumpleaños (1972), se comentó que apenas si hablaba ya en los consejos de ministros, donde a menudo dormitaba. La enfermedad de Parkinson se acentuaba en él y, poco a poco, aquella imagen pública del vencedor arrogante del "18 de julio" pasaba a ser la de un anciano frágil y tembloroso. A medida que empeoraba su salud, sus familiares inmediatos, encabezados por su yerno, Cristóbal Martínez Bordiú, marqués de Villaverde, un eminente cirujano, empezaron a inquietarse por su posición tras la muerte del Caudillo. Previendo lo que veían como una catástrofe en potencia, establecieron una alianza cerrada con la extrema derecha –en las personas de Alejandro Rodríguez de Valcárcel, presidente de las Cortes, Jose Antonio Girón, jefe de la Falange, Carlos Arias Navarro, antiguo jefe de la Policía, posterior Ministro de Interior y por fin Primer Ministro–, constituyendo lo que se llamó el Búnker de El Pardo. Pretendían frustrar lo que consideraban una política demasiado liberal del almirante Carrero Blanco y su Gobierno (en el que prevalecían miembros del Opus Dei), y minar la posición del Príncipe, de cuyas futuras intenciones desconfiaban.

En 1972, en medio del crecimiento del poder sindical, entre la inquietud de la industria y la oposición cada vez más ruidosa de la Iglesia, en especial la del cardenal Enrique y Tarancón, arzobispo de Madrid, se pensó, por un momento, que la influencia del Búnker se reforzaba: el 8 de marzo Carmen Martínez Bordiú, nieta de Franco, se casaba con un primo carnal de don Juan Carlos, don Alfonso de Borbón y Dampierre, hijo mayor del infante don Jaime, uniendo la familia de Franco con la dinastía Borbón. Era de conocimiento público que don Alfonso deploraba amargamente que su padre hubiera renunciado a sus derechos al trono (lo que, como queda dicho en la introducción, ocurrió en 1933, a petición insistente del rey Alfonso XIII) para sí y para sus descendientes. En efecto, poco antes de su matrimonio, trató que esa decisión fuese desautorizada por el Ministerio de Justicia. De haberse tomado en cuenta su solicitud, él y no don Juan Carlos habría sido «el príncipe con mayor derecho al trono español». En el caso de que Franco se pusiera de su lado, podría reivindicarse como sucesor[2].

Pero el ministerio denegó su petición y Franco se mantuvo inamovible. Y así, ante los rumores que veían motivos ocultos y extraños en ese matrimonio, repetía una y otra vez que lo dejaba «todo atado y bien atado». No varió, pues, ni su decisión ni el nombre de su sucesor. En su mente, primero estaba España, y el interés nacional se imponía a la familia y a la ambición personal. Esta actitud, ante el trasfondo de una considerable presión familiar e intentos de manipulación, es prueba de su patriotismo y de su astucia para juzgar a las personas. La mayoría de los españoles de cualquier tipo de ideología piensan que el curso histórico de la España contemporánea y el papel de la monarquía en su transformación hubieran sido distintos si el heredero de Franco hubiese sido don Alfonso, cuyas simpatías estaban mucho más a la derecha que las de don Juan Carlos. En una paráfrasis de la burla que Santiago Carrillo hacía al Rey –antes de cambiar de opinión y convertirse en uno de sus más incondicionales admiradores–, un periodista muy conocido afirma: «¡Entonces sí que la monarquía hubiera sido breve!»

En 1973, Franco decidió poner por primera vez en marcha el proyecto de la Ley Orgánica del Estado de 1966, sobre la separación de los dos cargos de jefe del Estado y jefe del Gobierno que, hasta entonces, él ocupaba. El elegido, para gran consternación del Búnker, fue el almirante Carrero Blanco, alter ego de Franco, un hombre inamovible en su devoción por la persona del Caudillo y por su obra. Dentro del marco del franquismo al que fue leal a ultranza, era más liberal y pragmático (¿o tan sólo más inteligente?) que muchos de los compañeros de armas del Generalísimo, y su designación cayó como un jarro de agua fría en el Búnker. Carrero presentó a Franco una lista de colaboradores encabezada por Laureano López Rodó, como Ministro de Asuntos Exteriores, que el Caudillo aprobó, aunque con un cambio muy importante: en lugar de Fernando de Liñán, al que pasó al Ministerio de Información y Turismo, impuso a Carlos Arias Navarro como Ministro de Interior. Arias era un antiguo jefe de los Servicios de Seguridad, muy conocido por su devoción perruna al Caudillo y a los principios del Movimiento. Esta concesión fue la única que se hizo al Búnker, pero era importante y tenía consecuencias potenciales de largo alcance.

El nombramiento de Carrero era para cinco años y tenía como objetivo poner fin a las especulaciones acerca del futuro desarrollo del país. Pero iba a tener una vida corta: el 20 de diciembre de 1973, después de siete meses en el cargo, Carrero fue asesinado en uno de los crímenes políticos más espectaculares de los últimos tiempos. Debajo de su coche estalló una bomba –detonada desde un túnel especialmente excavado para ello– a plena luz del día, en una de las calles más transitadas de un barrio residencial de Madrid; el almirante acababa de oír misa en la iglesia de los Jesuitas de la calle Serrano y salía a las nueve en punto, como todos los días. ETA planeó y llevó a cabo el asesinato, para lo que uno de sus comandos asesinos se había instalado en el taller de un artista, allí cerca, desde hacía varios meses. Vestidos de obreros de la Compañía de Aguas, habían excavado el túnel pacientemente; después de hacer detonar la bomba, subieron a un coche que los esperaba y huyeron del lugar pocos segundos después de la explosión.

El atentado dejó a los españoles sin habla. El propio Franco se echó a llorar abiertamente en los funerales de su colaborador más íntimo, el hombre al que había abierto su corazón y con el que compartía metas e ideales. El modo en que se ejecutó el asesinato y la forma en que se llevaron a cabo los preparativos plantearon muchas interrogantes, la mayoría de las cuales como señala Philippe Nourry, siguen hoy sin respuesta: ¿era imaginable que en lo que, después de todo, era un Estado policial, se pudiera preparar y perpetrar un atentado semejante, a pocos metros de la muy custodiada Embajada de Estados Unidos, sin que las autoridades se apercibieran? ¿Cómo fue posible que, en una zona residencial tan céntrica como ésa, nadie oyera ni denunciara que se estaba excavando un túnel? ¿No es más probable que las autoridades tuvieran alguna pista, pero prefiriesen dejar que ETA se ocupara de eliminar a un hombre al que el Búnker y algunos sectores del Movimiento habían llegado a ver un como un liberal peligroso e incluso un traidor? (El marqués de Villaverde incluso había acusado a Carrero de traición, cara a cara, cuando el almirante pidió a Franco clemencia para los Seis). La policía, que –como veremos en este mismo capítulo– sabía prácticamente todo lo que ocurría en el país, estaba controlada en forma directa por el Ministerio de Interior, a cuyo frente estaba Arias Navarro. Y tras el nombramiento de éste como presidente del Gobierno, a pesar de su dolor, se oyó decir a Franco: «No hay mal que por bien no venga».

Sin embargo, si tuvo una implicación tácita en que se permitiera a ETA asesinar a Carrero, tal como piensan muchos españoles importantes, incluido el ex presidente del Gobierno Felipe González, el Búnker llegaría por último a lamentarlo amargamente. Desaparecido el otro yo de Franco, a don Juan Carlos le resultaría mucho más fácil encaminar el país hacia la democracia que con la poderosa figura de Carrero en el cargo de presidente del Gobierno, tras la muerte de Franco. (El Príncipe comentó al periodista José Oneto que la idea misma todavía hoy le provoca sudores fríos). No obstante, en aquellos días, el Búnker soltó un suspiro de alivio y, sacando partido de la honda pena de Franco, logró presionarlo para que no nombrara a ninguno de los dos candidatos que tenía pensados para el cargo de presidente del Gobierno: el almirante Nieto Antúnez, de unos setenta y cinco años y anti-juancarlista confeso, y el hombre al cual su cargo de entonces –vicepresidente del Gobierno– le daba todos los títulos para esa responsabilidad: Torcuato Fernández Miranda. En cambio, a principios de enero de 1974, el Caudillo cedió a la presión y nombró presidente del Gobierno a Carlos Arias Navarro, uno de cuyos primero actos fue desembarazarse del liberal López Rodó, que estaba al frente del Ministerio de Asuntos Exteriores, nombrándolo embajador en Viena, para apartarlo de la escena política.

El nuevo Gobierno empezó tratando de mostrarse más liberal que su antecesor: en febrero anunciaba un programa que incluía un principio de reconocimiento de las asociaciones políticas –como se denominaba a los partidos políticos proscritos– y una modificación de la censura en temas de moral sexual. Pero este débil soplo de liberalismo iba a extinguirse muy pronto. El 2 de marzo de 1974, se produjo la atroz ejecución a garrote vil de dos catalanes convictos de haber asesinado a un policía y a un guardia civil. Una vez más, la opinión pública internacional se escandalizó. No obstante, Arias Navarro, cuyo nombramiento se atribuía a la mujer de Franco, Carmen Polo, precisamente con la intención de fortalecer la seguridad después del asesinato de Carrero, estaba convencido de que ese cauce de acción era el correcto. Entre tanto, la Revolución de Abril en el vecino Portugal, llevada a cabo por el Ejército, resultaba un ejemplo peligroso. Pocos meses después, cuando un grupo de jóvenes oficiales españoles trató de organizar una asociación llamada «Unión Militar Democrática», se les formó un consejo de guerra y fueron expulsados del Ejército.

Pero el verdadero «principio del fin» se produjo el verano siguiente, el 9 de julio de 1974, fecha en la que Franco sufrió una flebitis en la pierna izquierda y hubo que ingresarlo en un hospital de urgencia. El enfermo pidió a Arias Navarro y a Rodríguez de Valcárcel que preparasen la transferencia de sus poderes a don Juan Carlos, como establecía la Ley Orgánica del Estado, reforzada por otra ley, promulgada en 1971, en la que mencionaba por su nombre al Príncipe como único regente legítimo. A don Juan Carlos le producía poca emoción la perspectiva de asumir tales poderes, porque podrían comprometerlo en lo que se vería, con razón, como una asociación directa con el Régimen, motivo por el que intentó persuadir a Franco de que no debía firmar el documento. Pero el 19 de julio, el empeoramiento de la enfermedad del Caudillo, que sufrió una trombosis y dos hemorragias sucesivas, puso a don Juan Carlos en la obligación de aceptar lo inevitable. La noche anterior también se había visto obligado, con idéntico disgusto, a presidir la fiesta anual con la que se celebraba el aniversario del Régimen –conocido como el «régimen del 18 de julio», porque en ese día de 1936 se concretó el alzamiento contra la República– en los hermosos jardines del palacio de La Granja, no muy lejos de Madrid.

Entre tanto, tan pronto como las noticias de la enfermedad de Franco llegaron a las primeras páginas de los periódicos, don Juan interrumpió sus vacaciones en el mar y volvió a Estoril para esperar los acontecimientos. Llamó a su hijo, cuyo teléfono estaba pinchado y, por tanto, lo que ambos hablaron llegó a conocimiento del Búnker; sus miembros procuraron utilizarlo para asustar a Franco y conseguir que volviera a asumir sus poderes lo más pronto posible, pues, según ellos, había una conspiración entre don Juan y su hijo. Así fue como, para asombro de todos, el 1 de septiembre Franco anunció que volvía a hacerse cargo de las funciones de jefe del Estado. Su salud había mejorado lo bastante como para que el 17 de agosto se hubiera retirado para pasar las vacaciones de verano al Pazo de Meirás, en su tierra gallega. El Príncipe partió para reanudar sus vacaciones en Mallorca, interrumpidas el 30 de agosto por un consejo de ministros que se celebró en el Pazo y que, a petición de Franco, don Juan Carlos presidió.

Después de la marcha del Príncipe y de Arias –el primero volvería a Mallorca y el segundo a Asturias, donde pasaba sus vacaciones–, el marqués de Villaverde, cuya influencia sobre su suegro había aumentado mucho desde el último episodio de su enfermedad, consiguió convencerle de que su propio equipo de médicos, (ninguno de los cuales había atendido a Franco en el hospital) le aseguraba que el Caudillo estaba ya curado por completo y en condiciones de volver a asumir sus funciones como jefe del Estado. Carmen Franco, por supuesto inquieta por el esfuerzo que eso exigiría a la frágil salud de su padre, discutió con su marido. No pudo imponerse, y tanto don Juan Carlos como Arias Navarro recibieron la noticia con estupefacción. Según cuenta Manolo Prado, el Príncipe, que había asumido los poderes de Franco sin entusiasmo al principio, se sintió tan humillado y descorazonado al tener que volver a entregarlos al cabo de seis semanas y sin que se le hubiese informado del hecho la víspera, cuando visitó al Caudillo en Galicia, que «casi pensó en retirarse por completo de la vida pública».

Sin embargo, la «recuperación» de Franco no convenció ni tranquilizó a nadie. Todos sabían ya que el desenlace estaba cercano y una atmósfera de fin de Régimen empezó a prevalecer en todo el país. Como acto de desafío, quince días después de que Franco volviera a asumir sus poderes, ETA cometió su peor atentado hasta la fecha, haciendo estallar una bomba en la cafetería Rolando de la Puerta del Sol de Madrid –equivalente de Piccadilly Circus–, donde murieron doce personas y más de ochenta resultaron heridas. (ETA dijo después que se había tratado de un error y que su verdadero objetivo había sido la vecina Dirección General de Seguridad). La violenta reacción de la derecha, discorde con el Gobierno de Arias, pues lo consideraba «demasiado blando», obligaron a dimitir a los pocos liberales del Gobierno.

La pregunta que reinaba en la mente de todos era: ¿qué pasaría después de Franco? ¿Se haría el Ejército con el poder? ¿Habría una ruptura brusca con el presente franquista? ¿O era posible una especie de transición gradual y pacífica a la democracia? Diversos cenáculos de personalidades prominentes empezaron a organizar grupos de discusión para preparar ese futuro. Una de esas personas fue el duque de Primo de Rivera, quien explica que «sólo teníamos dos opciones en esos días: o vivir en el exilio o quedarnos en el país e intentar prepararnos para lo que iba a venir».

Los españoles que vivían en el destierro empezaron a mostrarse cada vez más activos: en julio de 1974 se formó en París una coalición en torno al dirigente comunista exiliado Santiago Carrillo; fue la llamada «Junta Democrática», en la que participaban también otras figuras más moderadas, como el profesor Enrique Tierno Galván, que después sería alcalde socialista de Madrid; Rafael Calvo Serer, antiguo director del diario *Madrid* y oponente acérrimo del franquismo, junto a un asociado tan peculiar como el príncipe Carlos Hugo de Borbón y Parma, (quien tal vez esperaba que esta alianza con la izquierda aumentara sus posibilidades de subir al trono, si la asociación de don Juan Carlos con Franco se convertía en un punto negativo para el Príncipe). Los comunistas estaban bien arraigados en los sindicatos españoles, que empezaban a vislumbrar el aumento de su poder. En una demostración de fuerza, planearon una serie de huelgas a lo largo de este período, de las que la más larga e importante fue la de la barcelonesa fábrica de coches SEAT.

Tres meses después de la formación de la Junta Democrática, en octubre de 1974, el Partido Socialista Obrero Español (PSOE) organizó el congreso de Suresnes, en las afueras de París, en el que se tomaron algunas decisiones de largo alcance: la más importante sería la de que el liderazgo del partido pasara de su dirigente Rodolfo Llopis, que vivía en su exilio de Toulouse, al joven y carismático Felipe González, futuro presidente del Gobierno Español, quien tuvo en la clandestinidad el nombre de «Isidoro». González había obtenido un pasaporte para viajar en esa ocasión (gracias a la intervención indirecta de don Juan Carlos), a través del general Alfonso Armada, por entonces secretario del Príncipe. En el Congreso de Suresnes, Felipe González declaró: «No podemos comprometernos con un régimen como el de una monarquía nacida del "18 de julio". Es totalmente imposible aceptar una fórmula de transformación juancarlista que arrebata la soberanía a nuestro pueblo». En el congreso también estuvieron presentes el mejor amigo y colaborador de González, Alfonso Guerra –quien se transformaría en su segundo de a bordo en el Gobierno, hasta que un escándalo financiero le obligara en 1990 a renunciar–; Enrique Múgica, futuro ministro, y Nicolás Redondo, posteriormente secretario general de los sindicatos que integran la Unión General de Trabajadores (UGT) española. En el mes de junio de 1975, el PSOE había reunido a todos los grupos de oposición moderados en una coalición de amplia base llamada «Plataforma Socialista».

Tanto la Junta Democrática como la Plataforma Socialista veían el futuro como una ruptura violenta con el presente franquista. Nadie creía concebible una transición a la democracia suave y pacífica en España, cuyo pueblo está considerado uno de los más violentos de Europa, reputación hasta entonces bien ganada. Pero había una excepción: el príncipe don Juan Carlos, cuya fe en la España del mañana rayaba en lo místico. Por ello, a principios de 1974, antes de la primera enfermedad de Franco, había iniciado contactos con todos los grupos y partidos políticos, para darles a conocer su intención de introducir un cambio en el futuro y pedirles que le hicieran saber cuál era su posición frente a la monarquía. Con este fin, pidió apoyo a un grupo de amigos y ayudantes fieles. En cada caso su elección fue correcta e incluso inspirada: signo, tal vez, de su proverbial don para elegir el hombre adecuado para la tarea adecuada, por imposible que pareciese esta tarea.

Jaime Carvajal, su amigo de la infancia, le puso en contacto con los hermanos Luis y Javier Solana, futuros ministros socialistas; José Joaquín Puig de la Bellacasa, futuro embajador de España en Roma, Lisboa y Londres, fue el contacto entre el Príncipe y Jordi Pujol, en la actualidad presidente de la Generalitat de Catalunya, y también organizó una visita al conocido escritor catalán Josep Plà. (Puig de la Bellacasa pronto sería apartado de la Secretaría del Príncipe por el general Armada, que lo consideraba demasiado liberal[3]).

También Jacobo Cano, otro amigo del príncipe, colaboró estableciendo contactos entre don Juan Carlos y la oposición, hasta el momento de su muerte, en un extraño accidente automovilístico, dentro del parque de La Zarzuela, donde un furgón militar sin conductor chocó contra su coche.

Otro amigo que desempeñó un papel crucial en esta época fue Nicolás Franco Pascual del Pobil, sobrino del Caudillo, con quien el Príncipe había compartido muchas horas de juegos en Estoril, cuando el padre de Nicolás (hermano del Generalísimo) era embajador de España en Portugal. A pesar del apellido, Nicolás Franco era un hombre liberal y pragmático, cuyas conexiones familiares le procuraban una considerable inmunidad. Joaquín Bardavío, en su fascinante libro "Los silencios del Rey", (uno de los libros mejor informados y más esclarecedores sobre este período y sobre los asuntos con los que tuvo que enfrentarse don Juan Carlos como príncipe y más tarde como rey en los primeros años), relata que, cuando Nicolás Franco visitó al Príncipe en La Zarzuela en la primavera de 1974, ambos analizaron la situación política española, los diversos grupos de la oposición, la imposibilidad de medir, con cierto grado de exactitud, las fuerzas relativas de la derecha y de la izquierda o el talante de esta última frente a la monarquía. También deploraron el muro de silencio oficial que impedía a todos analizar y valorar el poder y el pensamiento de cada partido sobre los problemas del mañana. Asimismo estuvieron de acuerdo en que sería de gran valor llevar a cabo una investigación seria, que permitiera saber cuáles eran la posición y las intenciones de todos esos grupos respecto de la monarquía.

¿Pero a quién se podía encomendar esta investigación confidencial y la elaboración de ese informe? La respuesta saltaba a la vista: Nicolás Franco. Esto significaba que nadie iba a acusar al Príncipe de conspirar a espaldas de Franco, ya que el parentesco de Nicolás con el Caudillo y su propia posición de consejero del Movimiento implicaban que podía asumir esa tarea como una actividad personal suya. Pero si bien Nicolás Franco podía acercarse en persona a los dirigentes más importantes de la derecha y a los social– demócratas, como Alfonso Osorio, Ruiz Giménez o el cardenal Tarancón, su nombre era anatema para la izquierda y, sobre todo, para la oposición clandestina. Para establecer contactos con ellos, solicitó la ayuda de uno de los hombres mejor informados de España: José Mario Armero, un liberal, abogado de renombre internacional e ideas monárquicas, cuyas relaciones eran privilegiadas, tanto en su país como en el extranjero.

Armero, persona encantadora, de mente abierta e inquisitiva y curiosidad insaciable, solía visitar a don Juan en Estoril y le ofrecía anualmente una cena en Lausana, a la que invitaba a diversas personas que pensaba que debían frecuentar al homenajeado. Por tanto, conocía bien al Príncipe, a quien también veía frecuentemente, (por lo común en casa de amigos para evitar que lo incluyeran, en palabras del mismo Príncipe, «en la lista negra»). Su intenso interés por la gente, sumado a una ausencia total de fanatismo –relativamente rara en esos días tanto entre españoles de derechas como de izquierdas–, lo ponía en situación de entrevistarse con todo el mundo y escuchar los puntos de vista de todos con genuina curiosidad y sin vehemencia. Por ejemplo, en una visita de negocios a Moscú, en 1959, se había entrevistado con La Pasionaria y con Santiago Carrillo.

«Durante mucho tiempo solía desayunar, comer y cenar todos los días con distintas personas y, además, también asistía a un par de reuniones, para completarlo. Mi curiosidad me llevaba a pasar mucho tiempo hablando con toda clase de gente, tanto en España como en el extranjero. Quería conocer a socialistas, comunistas, republicanos, a todos. Comprendía que era importante comprender los puntos de vista y actitudes de esa gente con respecto a toda clase de problemas. No tenía una tarea ni misión especial, tal vez porque nunca he adoptado posiciones demasiado drásticas, y me contentaba con responder a las preguntas del modo más directo que podía, llegando a familiarizarme con los puntos de vista de esas personas.»

Armero cree que el hecho de ser conocido por sus amplios contactos fue el motivo de que, cuando se produjo el primer problema de salud del Caudillo en el verano de 1974, le visitara su amigo Nicolás Franco, quien le explicó que trabajaba en elaborar un informe para don Juan Carlos, en donde esbozaría los puntos de vista y posturas de los distintos dirigentes ante el Príncipe y la monarquía. «Me pidió ayuda para establecer contactos con los socialistas y los comunistas.» Armero organizó en su casa de Pozuelo la entrevista de Nicolás Franco y el profesor Tierno Galván y, poco después, otra con Felipe González. Sin embargo, al parecer no pudo localizar a Santiago Carrillo, por entonces de vacaciones en Italia, y por ello pensó en un amigo suyo, Teodulfo Lagunero, próspero hombre de negocios, hijo de un catedrático encarcelado por el Régimen, establecido en Francia y muy relacionado con Carrillo, a quien aseguró que la entrevista que tenía pensada bien valía la pena de interrumpir unas vacaciones en Italia. Lagunero consiguió hablar con Carrillo y convencerlo de que acudiera a París para verse con Armero y Nicolás Franco, a los que fue a buscar al aeropuerto y los llevó al restaurante Le Vert Gallant.

Armero recuerda que mantuvieron «una buena conversación analítica», a pesar de que Carrillo la inició diciendo que no creía que la monarquía fuera una solución viable para los problemas de España. «Incluso agregó que estaba menos interesado en esa posibilidad que en la del Ejército y en su posible comportamiento tras la muerte de Franco. En realidad, parecía obsesionado con el Ejército. Le dije que, en mi opinión, una parte sustancial de los militares también anhelaba un cambio. Al fin, afirmó: "Para mí lo importante no es si tendremos una monarquía o una república. Claro está que por tradición se supone que los comunistas somos republicanos. Pero lo importante ahora es el cambio y quién estará en condiciones de imponerlo. Si el Príncipe se define por la democracia, yo podría aceptar una monarquía", y recuerdo muy bien sus palabras.»

Armero agrega que en ningún momento, ni entonces ni en el período inicial del reinado de don Juan Carlos, Carrillo creyó o siquiera soñó con la posibilidad de la legalización del Partido Comunista. «En una fecha ya tardía, el año 1976, me dijo –y yo comuniqué sus deseos a Adolfo Suárez, que entonces era jefe del Gobierno– que lo que esperaba era cierta tolerancia hacia la formación de una organización cultural, más permisos para dar conferencias, realizar exposiciones y cosas por el estilo. En resumen, quería que terminase la persecución del Partido Comunista. Claro que ahora todos van diciendo que la legalización del PCE era inevitable, pero, créame, no es verdad. Tal vez era inevitable que en algún momento de un futuro distante ocurriese. Pero en esos días ni los socialistas ni el propio Carrillo ni, por un tiempo, Suárez mismo contemplaban esa posibilidad. Es verdad que los socialistas, con quienes también me entrevisté por entonces, habían prometido que intentarían legalizar el Partido Comunista. Pero al parecer no tenían demasiado interés en el tema, y recuerdo que envié un mensaje a Nicolás Franco, en el que le informaba de su actitud.»

De hecho, por aquellos días los socialistas parecían mucho más republicanos que los comunistas, quienes, al menos, estaban preparados para mantener un diálogo, aunque fuera indirecto, con el Príncipe. Armero recuerda «una cena muy desagradable» con Felipe González y Alfonso Guerra, en la que este último preguntó si era verdad que Armero había esparcido rumores acerca de que ellos dos se habían entrevistado con el Príncipe. «Le respondí que así era, porque me habían dicho que era cierto y yo había considerado la información como verdadera. Pero que si ellos me aseguraban que no era así, dejaría de comentarlo en adelante. Incluso llegué a disculparme profusamente. A pesar de todo, Guerra siguió diciendo que no lograba comprender cómo se me había ocurrido que los socialistas pudiesen mantener contactos con un príncipe. Ni que decir tiene que más tarde comprobé que mis primeras informaciones habían sido verídicas: habían mantenido contactos con el Príncipe. (No obstante, Felipe González sólo conoció en persona a don Juan Carlos ya como rey, en 1977). Lo que por fin les hizo cambiar de opinión fue advertir que don Juan Carlos estaba decidido a ser un rey democrático, en una monarquía constitucional. Personalmente, jamás dudé de que ésa fuera su intención.»

Armero transmitió puntualmente esta información a Nicolás Franco, quien entregó el informe completo a don Juan Carlos, con el máximo secreto. Armero había agregado una relación en la que aludía a lo que, en su opinión, se debería hacer el día que muriera Franco. Aquél fue el primer estudio serio y profundo de la actitud de la oposición clandestina. El Caudillo no tuvo noticias de él, porque su sobrino jamás le informó de su existencia. Sin embargo, es interesante anotar que incluso el sobrino de Franco estaba vigilado por los Servicios de Seguridad, quienes tuvieron conocimiento de su cena con Carrillo en París y enviaron dos agentes para interrogarle en su propia casa[4].

Entre tanto, don Juan procuraba captar para la monarquía el apoyo de los grupos liberales no republicanos en el exilio. El 14 de junio de 1975, pronunció un discurso importante después de un banquete, en Estoril, para afirmar que en España, como en Portugal, se veía venir el fin de la dictadura; agregó que, en su opinión, la solución preparada por el Régimen no sería capaz de generar los cambios que exigía el pueblo español. En su lugar, aseguraba que la monarquía histórica y legítima, no contaminada por contactos con el Régimen, era la única forma que tenía el pueblo español para poner fin a la Guerra Civil. No se conoce la reacción de don Juan Carlos a este discurso; en cambio, la de Franco fue rápida y elocuente: prohibió a don Juan que pisara suelo español, sin tomarse la molestia de informar oficialmente al Príncipe, quien se enteró por un funcionario de rango menor de Mallorca, donde se esperaba la llegada de don Juan en su yate "Giralda".

De hecho, el Régimen estaba cada vez más nervioso. Era sabido que en la mente de casi todos reinaba la incertidumbre sobre el futuro, sobre lo que ocurriría tras la muerte de Franco, y temeroso de mostrar señales de debilidad, cayera en una rudeza e intolerancia cada vez mayores. En septiembre de 1975, se procedió a la ejecución de los «cinco de Burgos», condenados a muerte por haber asesinado a policías y guardias civiles, impasibles ante la repulsa mundial que esto podía acarrear y a las peticiones de clemencia del Príncipe. Con el resultado de que no menos de quince países retiraran a sus embajadores de Madrid y de que se produjera el saqueo de la embajada española en Lisboa.

Al mes siguiente, octubre de 1975, se producía el verdadero «principio del fin». El día 15, Franco sufrió un infarto –que en los boletines oficiales de esos días pasó por una mera deficiencia coronaria– pero se negó a ingresar en un hospital. El día 30, su médico personal, el doctor Pozuelo, le hizo saber que su estado era muy grave y requería una intervención quirúrgica. Una vez más, Franco decidió transferir sus poderes a don Juan Carlos, a quien se le aseguró que, en esta ocasión, la transferencia sería definitiva: aun cuando el Caudillo sobreviviese a la enfermedad, lo que no era probable, no estaría nunca más en condiciones de cumplir con sus tareas.

El 3 de noviembre, Franco soporta una operación urgente en un quirófano improvisado en El Pardo, supervisada por un equipo de veinte especialistas. Cuatro días después, el 7, se le traslada a la clínica de La Paz, donde se prolongó su agonía durante quince días, suspendido entre la vida y la muerte, mantenido con medios artificiales, por decisión de los que aún veían su muerte como poco conveniente para sus objetivos. La meta era mantenerlo vivo y consciente hasta el 26, fecha en que Alejandro Rodríguez de Valcárcel cesaba como presidente de las Cortes, y conseguir entonces que lo renovara en el cargo, lo que pondría en manos del Búnker el puesto clave de la transición. Pero el destino quiso que las cosas fueran de otro modo.

Mientras Franco yacía moribundo –no se puede sentir sino compasión al ver las fotografías de aquel hombre viejo, con toda clase de tubos insertados por todo el cuerpo–, don Juan Carlos tuvo que actuar con rapidez para resolver una crisis, un desastre en ciernes, que se había incubado en el Sáhara español, desde hacía tiempo motivo de disputa entre España y Marruecos, cuyo Gobierno había apelado al Tribunal Internacional de La Haya; en su momento, el dictamen estableció que los pueblos de la zona tenían derecho a la autodeterminación. En España todos habían aceptado que, tras las negociaciones correspondientes, la descolonización era inevitable. Pero el rey Hassán II, aprovechándose de la enfermedad de Franco, llevó el asunto al extremo y permitió que 300.000 civiles desarmados iniciaran una invasión del Sáhara, lo que se conoció como «la marcha verde». La situación era explosiva y podía degenerar en cualquier instante en enfrentamientos armados, ya fuesen accidentales o provocados por los marroquíes. Si España se decidía por una guerra defensiva, se encontraría en desventaja geográfica y probablemente sufriría una derrota, con consecuencias internas desastrosas. Si se embarcaba en una guerra abierta, era muy probable que ganara, pero las implicaciones internacionales de ese conflicto entre dos aliados de Norteamérica, ambos armados por Estados Unidos, también eran serias.

Por tanto, don Juan Carlos decidió actuar inmediatamente para hacer frente a la crisis y, con ese fin, se anticipó a cualquier movimiento del Gobierno o de los militares: fue en persona al Sáhara para visitar el destacamento de El Aaiún, en lugar de acudir al cuartel general del Ejército sahariano, en Canarias, como le sugirió un amigo. Al mismo tiempo, también emprendió algunas iniciativas diplomáticas: envió a Washington a su amigo Manuel Prado, con instrucciones de hablar con Henry Kissinger para convencerlo de que presionara al rey Hassán. Como es natural, no podía darle una autorización formal, o sea que si tenía éxito, todo estaría bien y, de lo contrario, «no te conozco».

El 8 de noviembre, mientras su emisario estaba en Washington, el Príncipe voló a El Aaiún, donde se entrevistó con el general Gómez de Salazar, comandante del Ejército del Sáhara (quien más tarde presidiría el juicio de los implicados en el golpe del 23 de febrero), y fue recibido con auténtico entusiasmo por los soldados. En su discurso declaró: «He venido a saludaros y pasar unas horas con vosotros. Conozco muy bien vuestro espíritu, vuestra disciplina y eficacia. Os doy a todos un abrazo sincero. Quiero ser el soldado español número uno». La arenga tocó una fibra sensible y la visión de un joven príncipe, en ese momento jefe del Estado, entre sus tropas levantó la moral general. La popularidad de don Juan Carlos subió considerablemente en todos los campos. La gente empezó a admitir que quizá, después de todo, algo había en él... El comentario de su padre fue: «¡Tiene un par de pelotas!»

Don Juan Carlos regresó a Madrid esa misma noche para encontrarse con buenas noticias de su emisario: gracias al influyente periodista Arnaud de Borchgrave, de *Newsweek*, Prado había conseguido entrevistarse con Kissinger. «Le aseguré que, aunque no llevaba credenciales, estaba cumpliendo una misión secreta para el Príncipe. Después expliqué el temor de España ante la posibilidad de que la «marcha verde» degenerase en una guerra declarada y le pedí que usara su influencia y pidiese otro tanto al presidente Giscard, para persuadir al rey Hassán de que debía ponerle fin. Cuando el Príncipe y yo estábamos de regreso en Madrid, tanto Kissinger como Giscard habían hablado con el rey Hassán. Este último, mientras don Juan Carlos convocaba y celebraba en La Zarzuela un Consejo de Ministros para dar cuenta de su visita a El Aaiún, le llamó para anunciar que pondría fin a la «marcha verde», cosa que hizo con puntualidad al día siguiente, 9 de noviembre. De este modo, el Príncipe pudo informar a los ministros que había resuelto la crisis.» El 12 de noviembre empezaron las negociaciones en Madrid y en tres días se llegó a una solución del problema del Sáhara.

Fue un comienzo importante en un mes tenso que culminaría con la muerte de Franco. El Ejército, bien impresionado por la actuación de don Juan Carlos en la crisis del Sáhara, y deseoso de asegurar la sucesión sin complicaciones colaterales, tras una consulta con el Príncipe, decidió enviar un representante a don Juan, que por entonces estaba en París, con una carta en la que se dejaba bien claro que no toleraría ninguna otra solución que no fuera la del acceso al trono de don Juan Carlos, como legítimo heredero elegido por Franco. La carta, del comandante en jefe, general Coloma Gallegos, fue confiada al general Díez Alegría, después de una reunión que en La Zarzuela celebraron el Príncipe y los principales jefes de los tres cuerpos de las Fuerzas Armadas. El Jefe del Gobierno no tuvo notificación alguna de ese encuentro y, cuando se enteró de ello, se sintió tan ofendido que presentó su dimisión: en estas circunstancias, podría haber ocasionado graves problemas políticos. Cuando le dio a conocer su decisión, el Príncipe sintió que nacían en él «lágrimas de frustración». Finalmente, Arias cambió de opinión tras una visita que le hizo en su casa el marqués de Mondéjar, jefe de la casa del Príncipe.

Mientras tanto, en París, don Juan respondió a la carta entregada por el general Díez Alegría, en la que se le recomendaba que mantuviera silencio y no hiciera nada que pudiera resultar «perjudicial o contraproducente», y aseguraba que el "interés nacional y el futuro de la monarquía tienen más peso para mí que los derechos dinásticos que personifico". (Don Juan confirmó el contenido de esa carta, nunca publicada, en la revista *Tiempo*).

Mientras tanto, el hábil Manuel Prado también estaba en París, encargado de otra delicada misión secreta para el príncipe. Las circunstancias en que don Juan Carlos se encontraría al cabo de breve tiempo eran insólitas: sería proclamado rey, no como sucesor de otro rey sino de un dictador, y, por tanto, «le preocupaba la posibilidad de verse aislado en el plano internacional y se preguntaba quién acudiría y quién no al funeral de Franco y quiénes, si alguno lo hacía, a su proclamación». En Washington, Henry Kissinger ya había dicho a Prado que el Príncipe se merecía todos los apoyos y que, siempre que su proclamación no coincidiera con la futura visita oficial a China, el presidente Ford asistiría a la ceremonia. En caso de que ello no fuera posible, lo representaría el vicepresidente Rockefeller (que es lo que ocurrió). «Pero decidimos que debía asistir también algún importante jefe de Estado europeo y que debía ser el presidente Giscard, al parecer el más influyente en esa época. Así fue como, una vez más sin cartas credenciales ni autorizaciones escritas, el Príncipe me dijo que debía ir a París para hablar con el presidente Giscard.»

Después de tres días de negociaciones con un ayudante, Prado por fin obtuvo una audiencia con Giscard. «Me explicó que, a pesar de su simpatía personal y afecto por "Juanito" (a quien había conocido en una cacería organizada al caso no mucho tiempo atrás), le preocupaba la idea de que el presidente de Francia asistiera a la proclamación de un rey que podía no durar más que unos pocos meses. Prosiguió analizando la situación política que debía afrontar el Príncipe, quien, a su parecer, estaba sitiado por fuerzas hostiles: el Ejército a la derecha, y los republicanos a la izquierda. También hizo un par de preguntas serias: por qué don Juan Carlos no planteaba un referéndum y quién sería el jefe del Gobierno en lugar de Arias Navarro, que era sinónimo de franquismo.»

El presidente francés y Prado hablaron durante horas (en realidad, se vieron más de una vez en el despacho privado de Giscard) y por fin el primero preguntó: «Si acepto este riesgo, ¿qué gesto tendrá el Rey para conmigo? Comprenda usted que tiene que haber algún honor especial reservado sólo para el presidente de Francia». Prado se esforzó por pensar en algo. ¿Tal vez un asiento especial en la iglesia? ¿O el Toisón de Oro? No sabía qué responder. «Entonces se me ocurrió una idea y la solté sin pensar: "¿Qué le parece si Su Majestad le invitara a usted solo, a desayunar con él el día de su proclamación?" Giscard se mostró encantado con la idea y preguntó si el Príncipe estaría de acuerdo. Le respondí que debía consultar, por supuesto, pero que pensaba que sí.

»En el vuelo de regreso a Madrid me sentía mareado; fui en coche a La Zarzuela directamente, sin telefonear, y pedí que el Príncipe me recibiera de inmediato. Una vez en su despacho, empecé a explicarle todo lo ocurrido en París, pero sin llegar al meollo del asunto, porque me sentía demasiado nervioso. El Príncipe empezó a impacientarse y me preguntó: "¿Qué solución se te ocurrió?" Entonces reuní todo el valor que tenía, le advertí que tal vez después de oír lo que iba a decirle no querría verme nunca más y le solté: "Señor, sugerí al presidente francés que quizá podría desayunar con vos a solas en el día de vuestra proclamación". El Príncipe sonrió abiertamente, se acercó y me dio un gran abrazo. "No te preocupes, amigo, le daré huevos revueltos, le pondré lo que quiera." El día en cuestión, el Rey y Giscard tomaron solos el desayuno, *tête a tête*.»

Pocos días después de esas entrevistas, el 20 de noviembre a las 4.40 horas de la madrugada, murió Franco. Su agonía había durado treinta y nueve días y su fortaleza asombró a los médicos que lo trataban. Con voz trémula de emoción, el ministro de Información anunció al país por radio y televisión: «Españoles, Franco ha muerto». Después, el presidente del Gobierno, con lágrimas en los ojos, leyó el testamento de Franco, entregado a su hija para que a su vez lo pasara a su heredero, «don Juan Carlos de Borbón». (Para evitar toda duda, Franco había agregado el nombre del Príncipe con su propia letra irregular). Pedía perdón a todos y exhortaba al pueblo español a mostrar a su heredero la misma lealtad y devoción que le había dispensado a él. Era una llamada directa al Ejército.

Para prevenir posibles disturbios, los jefes militares habían hecho planes que recibieron el nombre de «Operación Lucero», y, como medida de precaución, los dirigentes más importantes de la oposición se habían escondido. Pero nadie tendría por qué haberse preocupado. El país, que había seguido con tensión los boletines diarios sobre la salud de Franco durante semanas, se mantuvo en perfecta calma (aunque en Cataluña la bandera catalana, hasta entonces prohibida, ondeó por todas partes), como embargado de un sentimiento de vacío que, más que cualquier otra cosa, describe muy bien el clima imperante en esos momentos entre los españoles de todas las ideologías. Imperó, en lugar de agitación y estallidos de alegría, un clima sombrío de introspección por parte de los opositores, como muchos republicanos esperaban, y los falangistas temían y amenazaban con aplastar. (Por ejemplo, al dejar el hospital de La Paz, poco después de la muerte de Franco, José Antonio Girón había dicho, amenazante, que 100.000 ex combatientes de la Guerra Civil estaban preparados para apoyar al Ejército y a las Fuerzas de Seguridad en caso de que la izquierda provocara disturbios). Fue como si cada español se hubiera dado a analizar y valorar la lección de los pasados cuarenta años.

Mirando hacia atrás, en esa reacción sobria se advierten los signos de una madurez notable, que caracterizó el comportamiento de los españoles y de sus dirigentes políticos en el albor de ese acontecimiento tremendo: la muerte de un hombre que, desde la Guerra Civil, había impuesto en la vida de España su personalidad y su credo, y cuya obra, tanto en los aspectos positivos como en los negativos, aún espera un juicio imparcial de la Historia.

Al día siguiente, el 21 de noviembre, desde El Pardo trasladaron el cuerpo de Franco al palacio de Oriente, donde se instaló la capilla ardiente, con la guardia de los antiguos compañeros de armas que velaron por turnos. Millares de personas desfilaron en silencio en lo que parecía una genuina demostración de pesar. El Ejército, deseoso de acentuar el factor de continuidad y de evitar cualquier intento e interferencia de cualquier origen, insistió en que don Juan Carlos debía ser proclamado rey en las Cortes de inmediato, incluso antes del funeral de Franco. Aunque a desgana, el Príncipe aceptó, pero con una condición importante: que el Te Deum siguiente a la proclamación, que debía oficiarse en la iglesia de los Jerónimos y al que debían asistir los jefes de Estado extranjeros, se celebrara unos días más tarde. Esta sutil distinción estaba pensada para poner de manifiesto que, como señaló el Rey en su discurso de proclamación: «Hoy comienza un nuevo capítulo en la historia de España».

NOTAS AL CAPITULO VI

1) En el capítulo siguiente veremos que esos contactos serían muy útiles, al hablar de un encuentro informal con el presidente rumano Ceaucescu, por entonces un hombre muy valorado en Occidente por su independencia respecto de la Unión Soviética y quien más tarde desempeñaría un papel decisivo, al facilitar un contacto entre el Rey y el dirigente comunista exiliado Santiago Carrillo, a principios de 1976, en los primeros y cruciales meses del reinado de don Juan Carlos.

2) Don Alfonso murió en un trágico accidente de esquí en Colorado, en febrero de 1989.

3) José Joaquín Puig de la Bellacasa se reincorporó a su carrera diplomática y fue embajador de España en el Vaticano y en Gran Bretaña; en esta última sede estuvo cinco años y llegó a ser uno de los embajadores españoles más queridos y de mayor éxito en St. James. Después de un breve intervalo, de nuevo en La Zarzuela, fue nombrado embajador en Portugal.

4) Por esto resulta tanto más increíble la idea de que el aparato de seguridad no tuviera conocimiento del plan para asesinar a Carrero en diciembre de 1973.

SEGUNDA PARTE: LA HORA DE LA VERDAD

«EL VERBO "SERVIR" ES EL MAS NOBLE DEL VOCABULARIO»

JUAN CARLOS I

Capítulo VII

Rey de España
Los primeros seis meses del reinado
La destitución de Arias

El mediodía del 22 de noviembre de 1975, en el hemiciclo atestado de las Cortes, Juan Carlos I fue proclamado Rey de España. La ceremonia fue sencilla y tanto más conmovedora por su sobriedad: según la costumbre hispana, no fue coronado físicamente sino que prestó juramento con los símbolos de su poder –corona, orbe y cetro– simbólicamente apoyados sobre un cojín ante él. Con visible emoción, el joven Rey vivía la ceremonia con tan obvia intensidad que quienes la presenciaron o vieron por televisión no han olvidado la expresión de su rostro. En consecuencia, una de las preguntas más importantes en nuestra primera entrevista era la de si realmente el Rey se sintió «ungido» de verdad o simbólicamente y, por tanto, identificado con la nación y convertido en el receptáculo de su conciencia colectiva.

«Es difícil de describir. De pronto, allí estaba, convertido en jefe del Estado, consciente de que tenía que hacer algo muy importante: un deber, una misión, como se quiera llamarlo, relacionado con mi familia, con mis antepasados, y que yo debía cumplir. Comprendí que se trataba de llevar a cabo algo que yo sabía que el pueblo quería.»

¿La condición real cambia la percepción que un hombre tiene de sí mismo?

«Es curioso, pero sí, así es. La condición real se parece en algo al sacerdocio... Es como una especie de... manto invisible, una segunda piel de la que no podemos liberarnos. Está con nosotros en todo momento como un sentido de deber permanente y de exigencia constante de los que no se puede huir.»

La condesa de Barcelona, que asistía a «ese momento tan emotivo para una madre» mirando la televisión en París, percibía ese «algo» invisible que rodeaba a su hijo: «Era como si todo el peso de España recayera sobre sus hombros». Los amigos de don Juan Carlos también lo percibían. El duque de Primo de Rivera lo describe como «una especie de transformación, casi genética, que se produjo sin que él dijera ni indicase nada, sin ningún cambio exterior en su comportamiento para con cualquiera de nosotros. Sin embargo, espontáneamente y casi sin que lo percibiésemos, hubo un cambio. Sí, pasamos parte de la infancia juntos, pero en el momento en que se convirtió en Rey ya no podía tener amigos como antes. El es el amigo de todos los españoles. Después de que fuéramos «Miguel» y «Juanito», él pasó a ser primero Príncipe y más tarde Rey de España, y eso fue algo muy concreto, porque ser rey es una vocación, como la del sacerdocio, y es una vida muy difícil».

El Rey estaba decidido a poner en claro sus intenciones futuras ante el pueblo español desde el primer instante. Sabía que el contenido de su primer discurso, que con razón sería interpretado como una declaración de intenciones, era crucial. Al haber heredado los poderes absolutos de Franco, en ese momento tenía libertad total para decir y hacer lo que quisiera. Por tanto, decidió dar al pueblo la certeza de que se proponía llevar al país a la democracia, pero sin romper todos los lazos con el pasado. Aunque ningún otro monarca del siglo XX ha dispuesto de poderes como los que don Juan Carlos ejerció durante los primeros doce meses de su reinado, interpretó que en esa etapa era un custodio, una especie de guardián de la soberanía investida en él hasta que se transfiriese al pueblo.

«Hoy comienza una nueva etapa en la historia de España», declaró el Rey en su discurso al país, inmediatamente después de su proclamación. «Esta etapa que hemos de recorrer juntos se inicia en la paz, el trabajo y la prosperidad, fruto del esfuerzo común y de la decidida voluntad colectiva. La Monarquía será fiel guardián de esa herencia y procurará en todo momento mantener la más estrecha relación con el pueblo.»

Pocas personas advertían en ese instante lo proféticas que resultarían aquellas palabras; menos numerosas aún eran las que podían prever que ese joven rey antes de un año desmantelaría todo el aparato del Estado franquista, a través de una reforma y no por la ruptura, y que así perpetuaría la revolución que su pueblo anhelaba, una revolución «blanca», sin derramamiento de sangre ni desgarros. Ese logro gigantesco parece hoy en día tan natural, que se considera lógico. Pero en aquellos días nada parecía menos probable. Aunque la prosperidad reciente a la que se refería el Rey ya había recorrido un largo camino para suavizar a ese pueblo de condición violenta, las divisiones que habían fracturado a España cuarenta años antes —«las dos Españas», roja y azul— todavía eran una realidad. Es decir que, utilizando las palabras del Rey, una transición pacífica a la democracia sin duda alguna «no estaba escrita». Aun cuando, como sucesor elegido por Franco, el Rey disfrutaba del apoyo incondicional del Ejército, un factor absolutamente crucial para el éxito de la transformación del país, nadie sabía cuáles eran los cambios que los militares aceptarían sin intervenir.

En su libro "Hacia la Tercera República", Rafael Calvo Serer dice que, de haberse hecho un referéndum sobre la monarquía, al comienzo de su reinado, don Juan Carlos habría obtenido el 15 por ciento de los votos. Por tanto, es fácil comprender por qué prevalecía el escepticismo en noviembre de 1975, tanto en el país como en el extranjero y en las mentes de los pocos jefes de Estado que, en un gesto de buena voluntad, asistían a las celebraciones posteriores a la proclamación del Rey y al Te Deum que se ofició el 27 de noviembre en la histórica Iglesia de los Jerónimos de Madrid; allí estuvieron los presidentes Giscard, de Francia, y Scheel, de Alemania, el Duque de Edimburgo, en representación de la corona británica, y el vicepresidente Rockefeller, enviado por el presidente Ford, por entonces en visita oficial a China. La situación no tenía precedente: un rey que no sucedía a otro rey sino a un dictador cuya obra, secretamente, se proponía deshacer, esperando contar con el consentimiento tácito de los partidarios del difunto jefe de Estado. Semejante objetivo no sólo exigía visión, valor y cautela en proporciones idénticas, sino también una gran capacidad de improvisación. Todo, incluidos los detalles más triviales del protocolo, tendría que inventarse desde cero.

La Reina recuerda que nadie era capaz de darle ningún consejo sobre la forma en que debía vestirse para las distintas ocasiones, como la proclamación del rey o la asistencia a la capilla ardiente y al funeral de Franco. «No sabía si ir de largo o de corto, con o sin diadema y medallas. No tenía idea de lo que debía hacer. Por fin, mi modisto me hizo en una noche un abrigo negro corto para el funeral. En la mañana de la proclamación, llevé un vestido largo color fucsia con medallas pero sin diadema, y por la tarde, en la capilla ardiente, otra vez de negro.»

El Rey sabía desde mucho antes que cierto grado de improvisación, «un respuesta espontánea a las circunstancias prevalecientes», como lo expresa la Reina, también sería necesario en el plano de la política. El hecho de ignorar la situación exacta en que se produciría su proclamación hizo que, aparte de querer convertirse en el rey de todos los españoles y de unir un país hasta entonces dividido, don Juan Carlos no tuviese una vía de acción ni una estrategia de reformas específicas: «¿Para qué? Para empezar, no era seguro si por fin subiría al trono. O, igualmente importante, de qué modo ni en qué circunstancias. No sabía si sería en vida de Franco o tras su muerte. De modo que no tenía sentido pensar en una forma de hacer las cosas. Debía esperar, mantener la mente abierta y reaccionar de acuerdo con la situación.»

Cuando se produjo, la situación que afrontó el Rey al llegar al trono se puede resumir como un pulso intenso entre las fuerzas del pasado y las del futuro: la derecha franquista procuraba que las cosas quedaran tal como estaban, aunque los más inteligentes concedían que, para conseguirlo, debían aparentar algún cambio superficial; el resto del país, con una oposición clandestina a la cabeza, deseaba un cambio radical y lo quería ya. Como el Rey explica, allí residía la mayor dificultad. «El problema consistía en la manera de empezar la apertura del país, en que era necesario que todos creyesen que teníamos que hacerlo. Pero como el país había estado cerrado en sí mismo durante largo tiempo, era peligroso abrirlo con excesiva rapidez. No obstante, con la ayuda de la mayoría de los que pertenecían al Gobierno y de otras instituciones estatales, que comprendían, casi todos, la imposibilidad de hacerlo todo con excesiva rapidez y que también se ocuparon de persuadir a los demás, y con la colaboración del Gobierno siguiente, finalmente lo conseguimos. Mi responsabilidad personal en esos momentos era grande porque, hasta diciembre de 1978, no tuvimos una constitución, por lo que estaba obligado a tener mucho cuidado para no abusar de los poderes heredados.»

Esos poderes incluían el mando supremo de las Fuerzas Armadas, el derecho de convocar al Consejo del Reino (compuesto por dieciséis miembros, en su mayoría franquistas acérrimos en esos momentos), el de gobernar por decreto y convocar consejos de ministros por encima del jefe del Gobierno: todo esto significaba que el Rey, además de reinar, gobernaba de verdad. Las Cortes franquistas no tenían soberanía, sino que constituían sólo una parte del proceso legislativo. La única restricción de los poderes regios en esos días eran las cláusulas por las que el Rey no podía nombrar ni cesar a un ministro sin obtener antes el consentimiento del Consejo del Reino y la de que sus decisiones debían estar refrendadas por el presidente del Gobierno o por el ministro responsable del área en cuestión.

En un Estado cuya estructura estaba dibujada así, el papel y la composición del Consejo del Reino era capital. Fue una suerte que, como ya se ha dicho, el mandato de Alejandro Rodríguez de Valcárcel expirara el 26 de noviembre, cuatro días después de la proclamación del Rey. Don Juan Carlos estaba decidido a poner en ese cargo a un hombre en el que tenía depositada su confianza y en quien podía confiar para que eliminaran los obstáculos que se opusieran a la reforma. Se trataba de su antiguo profesor Torcuato Fernández Miranda, un excelente jurista que conocía las instituciones y sus mecanismos a fondo y, por ello, era el hombre ideal para la tarea de desmantelarlas y reemplazarlas por otras, liberales, en un proceso que él mismo había descrito al Rey diciendo: «Hay que ir de la ley a la ley, a través de la ley», es decir, de la antigua legalidad a la nueva legalidad a través de medios legales.

Los miembros del Consejo del Reino, en su mayoría franquistas, desconfiaron de Fernández Miranda y se negaron a confirmar su nombramiento, vital para la estrategia del Rey. Preocupado, don Juan Carlos acudió al presidente del Gobierno, Carlos Arias Navarro, que no le era simpático, pero que gozaba de la plena confianza de los franquistas. Arias le aseguró que se ocuparía de que Fernández Miranda resultara elegido. «No se preocupe, Su Majestad, yo lo arreglaré», dijo con aire condescendiente. Este hombre tenía una opinión pobre del Rey, al que a menudo mencionaba con la expresión «ese niñato», y el desagrado era mutuo. Arias era un hombre extraño, rudo por fuera, débil por dentro y servilmente devoto a Franco, cuya aprobación póstuma parecía esperar.

«Era un hombre enigmático al que el azar había adjudicado una responsabilidad histórica totalmente desproporcionada a su personalidad. Su habilidad para gobernar era dudosa, por no decir más. No tenía un verdadero contacto con los problemas políticos y sociales del país, ya que no tuvo más experiencia que la represora [como jefe de seguridad]. En asuntos internacionales, su ignorancia e indiferencia estaban más allá de todo lo imaginable. Cada vez que había un problema en ese campo, recurría a los informes que le preparaban los distintos miembros de su equipo. Pero su patriotismo, honestidad, capacidad para afrontar el trabajo duro y su vida personal impecable le ponían más allá de todo reproche», escribe José María de Areilza.

El Rey quería reemplazar a Arias, que no había tenido siquiera la delicadeza de presentar su dimisión en el momento de la proclamación para permitir que el nuevo jefe del Estado nombrara un Presidente del Gobierno elegido por él mismo. Pero las conveniencias dictaban otra cosa. Un choque frontal con el régimen anterior al principio mismo del reinado hubiera sido a la vez poco sensato y peligroso, y don Juan Carlos, a sabiendas de que esa colaboración a la larga no funcionaría, decidió mantener a Arias por un tiempo. «Haré todo lo que pueda para llevarme bien con Arias», anunció el Rey en una reunión en La Zarzuela, en la que estaban presentes la Reina, Fernández Miranda y los dos jefes de la Casa Real, el marqués de Mondéjar y el general Alfonso Armada. «Pero sospecho que será imposible. Es totalmente rígido. De todos modos, lo intentaré.» Cuando Fernández Miranda le aseguró que, si presentaba la dimisión por razones de cortesía, sería confirmado en su cargo, Arias Navarro se avino a hacerlo, aunque a disgusto.

Así fue como, para consternación de todos, Arias fue el primer Presidente del Gobierno del Rey. Era un golpe duro para los liberales del país que, sin conocer las razones secretas que había tras la decisión real, sospecharon que intentaba imponer un franquismo sin Franco. No obstante, al mismo tiempo, para suavizar el impacto en la oposición liberal y aislar al jefe de Gobierno en su propio gabinete, el Rey pidió cambios mucho más amplios en el Gobierno, cuyo presidente tuvo que aceptar la renuncia de tres vicepresidentes y del Ministro de la Presidencia, que formaban su «gabinete personal», y reemplazarlos por hombres comprometidos con la reforma: Manuel Fraga se convirtió en ministro de Interior y vicepresidente; Antonio Garrigues, en Ministro de Justicia; Alfonso Osorio, demócrata cristiano y monárquico a ultranza, en Ministro de la Presidencia y, tal vez lo más duro para Arias Navarro, José María de Areilza, antiguo confidente de don Juan y diplomático, se convirtió en Ministro de Asuntos Exteriores, lo que proporcionaba al Gobierno un «barniz de derechas» ante la opinión pública internacional. Con buen criterio, el nombramiento más significativo fue el del joven Adolfo Suárez como Ministro del Movimiento en lugar del rígido José Solís, quien pasó al Ministerio de Trabajo.

Era un Gobierno dividido y sin esperanza, la mitad de cuyos miembros estaban ansiosos de producir y acelerar el cambio, en tanto que la otra mitad estaba decidida a hacer todo lo que pudiera para evitarlo. Sólo un jefe de Gobierno enérgico y también partidario de la reforma podía hacer frente a la situación, y Arias, ciertamente, no era ese hombre.

Al cabo de seis meses, su falta de habilidad para afrontar y resolver los innumerables problemas que asediaban al país, así como su oposición decidida al cambio, obligó al Rey a pedir su dimisión.

Para estar seguro de que, cuando ocurriese, el hecho tomara al país por sorpresa, Fernández Miranda ideó una ingeniosa maniobra: poco después de su nombramiento como Presidente del Consejo del Reino, decidió que el cuerpo se reuniera regularmente cada quince días. En el pasado sólo lo había hecho cuando había que tratar asuntos importantes y en circunstancias que siempre habían suscitado diversas especulaciones. Al convertir esas reuniones en una cuestión de rutina, Fernández Miranda se aseguraba de que, en su momento, el Rey tendría la sorpresa como factor favorable.

Por su parte, Arias había empezado su nueva etapa con un discurso en las Cortes, en el que anunció una nueva fase de la reforma, a la vez que subrayaba la decisión de «llevar adelante el gigantesco logro de Francisco Franco». El 28 de enero de 1976 anunció algunas reformas de alcances nada desdeñables: un decreto conduciría a la elección de la cámara de diputados por sufragio universal, pero acompañada por la de senadores, que lo serían por nombramiento. Otro decreto reformaría el Código Penal para reconocer las «asociaciones políticas» –como todavía se denominaba a los partidos políticos–, a la vez que un tercero prometía estatutos regionales específicos, más un referéndum para aprobar esas reformas. Asesorado por Fraga, que reconocía la necesidad de dar buena imagen en el exterior, Arias concedió una entrevista a *Newsweek*, en la que prometió elecciones municipales y regionales antes del fin de ese año y nacionales en 1977, con la participación de al menos cuatro o cinco partidos políticos.

Los observadores más avezados coincidieron en predecir que las reformas no funcionarían. Para empezar, todos ponían en duda la intención de Arias de llevarlas a la práctica, en lo que no se equivocaron. La comisión que organizó para preparar el borrador de esos decretos estaba compuesta por nueve miembros del Gobierno y nueve acérrimos integrantes del Consejo Nacional del Movimiento, entre ellos el implacable José Antonio Girón. La primera reunión de este grupo tuvo lugar el 11 de febrero de 1976, y al cabo de diez días resultó claro que su único interés estaba en bloquear las reformas. Girón se retiró y se llegó a una fórmula que imponía tales restricciones para la selección de candidatos al Congreso de Diputados que paralizarían todos los avances hacia cambios importantes. Se trataba de elementos coherentes con la visión que tenía Arias de una «democracia española» limitada por naturaleza, como si fuese para consumo infantil.

Su forma de llevar los asuntos cotidianos de gobierno tampoco era eficaz. Es verdad que las condiciones con las que se enfrentaba no podían ser peores: tras años de crecimiento rápido, la economía española sufría un verdadero desastre por la crisis de mediados del decenio de 1970, aunque no del todo, sí en parte porque no se había hecho nada para adaptarla a la realidad del momento. El propio Arias Navarro no sabía de economía y, en consecuencia, era inepto en ese campo. No obstante, las medidas de austeridad propuestas por el Ministro de Economía para combatir la inflación, que había llegado al 20 por ciento (como lo señala David Gilmour en su libro "The Transformation of Spain", las quiebras y el desempleo aumentaron y hubo una caída abrupta de la productividad y de la inversión nacional), se rechazaron con el criterio de que el clima político estaba demasiado caldeado para tolerarlas.

Por su parte, el clima político más que peligrosamente caldeado era potencialmente explosivo. El terrorismo volvía a florecer y las reacciones del Gobierno se mantenían tan represivas como siempre. Los comunistas habían aumentado su predominio respecto a los sindicatos franquistas «verticales», hasta el punto de que tenían la posibilidad virtual de paralizar el país con paros continuos. En el primer año de monarquía, las huelgas se multiplicaron por diez con respecto al último año de la dictadura. Entre el 10 y el 19 de enero de 1976, más de 200.000 trabajadores de Madrid participaron en huelgas y manifestaciones. Algunos manifestantes hacían el saludo comunista y gritaban «¡Abajo el Rey!». «Esto no es un buen modo de empezar un reinado», comentaba el Rey a un amigo. Un mes después se calculó que no menos de 2.377 negocios en el país se vieron afectados por las huelgas. El 3 de marzo, cuatro trabajadores en su quincuagésimo cuarto día de huelga en Vitoria, Alava, murieron tras unas escaramuzas con la policía. A modo de represalia, se convocó una huelga general en el País Vasco. Pocos días después hubo otros dos muertos. Ese mismo mes, los separatistas catalanes organizaron manifestaciones multitudinarias en Barcelona.

Tanto el Rey como el país estaban furiosos y exasperados por la falta de habilidad del Gobierno, no sólo para sacar adelante la reforma sino también para gobernar, simplemente. En su número de marzo, la revista *Cambio 16* pedía la renuncia del gabinete, aduciendo que ni podía ni quería gobernar. Los riesgos que implicaba esa situación eran inmensos. Los comunistas se volvían cada vez más provocativos, en tanto que la derecha, furibunda con el Gobierno por su excesiva suavidad para con los huelguistas y manifestantes, a los que consideraba enemigos de España, podía verse llevada a organizar un levantamiento militar. El Rey era consciente de que la actitud del Gobierno ponía en peligro toda buena voluntad para con la monarquía y dio un paso poco corriente. Aprovechó una reunión del Consejo del

Reino el 2 de marzo de 1976 para dar a entender que, si la situación continuaba y el Gobierno persistía en su parálisis deliberada, haría uso de su prerrogativa de gobernar por decreto.

En una charla informal con un periodista extranjero, el 15 de marzo de 1976, don Juan Carlos decía: «No me importaría tener en mi contra a todos los periódicos españoles, siempre que tuviese la televisión de mi lado. Hay en España unos cuatro millones de televisores, lo que significa que unos dieciséis millones de personas la miran. Pero la televisión española no está de mi lado. Hace unos días, estaba sentado viendo el telediario con la Reina. Emitieron una nota sobre las huelgas, seguida de otra en la que se decía que yo estaba esquiando y, a continuación, más noticias sobre huelgas. La intención, sin duda, era hacer ver que lo único que me preocupa es el deporte. No era un hecho accidental, sino algo bien preparado... Escuchar este ataque contra mí fue una bofetada en plena cara». De la prensa extranjera comentó que «escribe sobre España como si Franco viviera aún». Por ejemplo, en la prensa británica no hubo mención alguna de la recepción multitudinaria que se le brindó en Barcelona, lo que fue para el Rey motivo de especial alegría, sobre todo porque le había pedido al jefe de la policía que no quería un despliegue de fuerza para protegerlo.

El Rey procuraba contrarrestar las deficiencias de aquel gobierno adicto al pasado, recorriendo el país tan extensa e informalmente como le era posible, decidido a demostrar al menos en un campo –el de la relación entre el jefe del Estado y el pueblo– que las cosas habían cambiado considerablemente. Entre febrero y mayo, don Juan Carlos y la Reina visitaron Cataluña, Andalucía y Asturias, con un mínimo de aparato, distancias o protocolo, burlando todas las normas de seguridad: se mezclaban con la gente, estrechaban millares de manos y se mostraban dispuestos a escuchar quejas y agravios. En algunas ocasiones, como durante la visita a las minas de Río Tinto, en Huelva, encontraron manifestaciones hostiles de grupos organizados, que protestaban por las condiciones laborales y que casi llegaron al descontrol.

Pero tales ocasiones eran raras y la mayoría de las visitas tuvieron un gran éxito. Por primera vez tras aquellos años interminables y silenciosos, el Rey estaba en condiciones de mostrarse tal como era ante su pueblo. Y al pueblo le gustó lo que veía. La juventud, la espontaneidad natural, la humanidad y la auténtica preocupación por la justicia social le ganaron amplias simpatías. El contraste con la forma en que se habían organizado las visitas de altos funcionarios durante el antiguo régimen no podía ser mayor: Arias, de hecho, se enfurecía con el Rey al ver cómo ignoraba todas las medidas de seguridad; en su opinión, ya que hacía sólo tres años que ETA había asesinado al jefe del Gobierno, el Rey se exponía a riesgos innecesarios. Sin embargo, sordo a esos argumentos, don Juan Carlos seguía configurando un nuevo estilo de relaciones entre el rey y su pueblo. Como explicaba más tarde, no ve motivo «para cambiar mi forma de vida sólo porque alguien, en algún lado, puede tener la idea de matarme».

Una de las visitas de mayor resonancia fue la que hizo a Cataluña. El Rey había decidido pronunciar su discurso en catalán, una lengua vetada por Franco en represalia por las fuertes simpatías republicanas de toda esa tierra. Los asesores de don Juan Carlos, temerosos de que se pensara que el Rey apoyaba el separatismo, lo persuadieron de que no lo hiciese. Pero en el último minuto, convencido de que tenía razón, pensó que debía seguir su instinto y terminó sus palabras en catalán. «La devoción del pueblo catalán por la libertad es legendaria, como también lo es su heroísmo. Estas virtudes deberían ser ejemplo para todos los españoles», afirmó, ganándose con ello una ovación casi apoteósica. Este incidente es un indicio temprano de la proverbial intuición del nuevo Rey –«tan precisa y aguda como la de una mujer», según la Reina–, que le permite decir la palabra justa en el momento justo y, así, anticiparse a los deseos del pueblo.

A pesar de los éxitos de sus visitas por el país, el Rey era lo bastante sagaz como para saber que no podía depender durante mucho tiempo tan sólo de la buena voluntad que estas visitas suscitaban. Debía dar lo antes posible pruebas tangibles de su determinación de cambiar el país y transferir la soberanía al pueblo. En abril concedió una entrevista franca y extensa a Arnaud de Borchgrave, de *Newsweek*, en la que describió la situación por la que pasaba España y se refirió a Arias como a «un desastre sin paliativos». La secretaría del presidente del Gobierno reaccionó negando que hubiera tenido lugar esa entrevista y prohibió la venta del número correspondiente de la revista en España.

Pero La Zarzuela no desmintió ni la entrevista ni el contenido del artículo. Entre tanto, todo el mundo, desde don Juan hasta diversos dirigentes, pedía al Rey que se librase de Arias si no quería que la restauración de la monarquía fracasara.

El Rey sabía que tenían razón. Uno de los peligros más inmediatos provenía de la actitud del Partido Comunista, cada día más estridente y provocativa. En una conferencia de prensa organizada en París, Carrillo predijo que el Rey sería conocido en la historia de España como «Juan el Breve» y en otra entrevista, concedida a Oriana Fallacci y publicada en la revista *L'Europeo* a fines de 1975, poco después de la proclamación del Rey, había declarado que el príncipe era «una marioneta, un inepto sin rastro de dignidad ni sentido político. Un idiota que está metido hasta el cuello en una aventura que le costará cara. Si hubiera roto a tiempo con Franco, tendría ahora por lo menos una base de apoyo. Pero ya no tiene ni eso y es despreciado por todos. Yo preferiría que hiciese las maletas y que declarara: "pongo la monarquía en manos del pueblo".

Por su parte, la derecha se endurecía cada día más y el Ejército estaba cada vez más inquieto. El Rey decidió que debía convencer a Carrillo de sus verdaderas intenciones y, en bien de las circunstancias, pedirle que fuera paciente. Pero, ¿cómo? El contacto directo era imposible, aun en la España posterior a Franco. Había que hacerlo a través de un intermediario, alguien que tuviera influencia en el dirigente exiliado. Pero don Juan Carlos no tenía contactos en Rusia, y tampoco los tenían los líderes occidentales importantes. De pronto se le ocurrió una idea: el presidente Ceaucescu de Rumania, a quien había conocido en 1971 durante las celebraciones del tercer milenio del trono persa, en Persépolis, y que entonces era el Hombre de Oro de Occidente por su actitud independiente ante la Unión Soviética. Se sabía que su influencia sobre Carrillo era considerable.

A Ceaucescu y al por entonces Príncipe de España les habían correspondido tiendas contiguas en Persépolis, y gracias a ello sostuvieron muchas conversaciones informales, en las que el presidente rumano se mostró muy interesado por el futuro de España y genuinamente impresionado por la personalidad y las ideas del príncipe. Al despedirse, sus palabras fueron: «Si alguna vez me necesitáis, hacédmelo saber». Era obvio que éste era el momento ideal de recordarle sus palabras. El siguiente paso consistía en encontrar un emisario de absoluta discreción y fidelidad para conectar con el presidente rumano, alguien digno de confianza, capaz de improvisar y tener iniciativa en situaciones excepcionales, además de no estar comprometido en política. Una vez más la elección recayó en su amigo Manuel Prado, un hombre de negocios con contactos en todo el mundo.

«El Rey me llamó a La Zarzuela a fines de 1975 y me explicó que era esencial convencer de algún modo a Carrillo de que, a causa del peligro de provocar la reacción del Ejército, sería difícil legalizar el Partido Comunista desde el principio del proceso de reforma; pero que debía saber que don Juan Carlos estaba decidido a ocuparse del tema en cuanto viera que se podía llevar a cabo sin peligro. También me pidió que transmitiera a Carrillo lo esencial de su filosofía: estaba dispuesto a entregar al pueblo los poderes absolutos que había heredado de Franco y a convertir la suya en una monarquía constitucional. Por tanto, no le correspondía a él empeñar su palabra de legalizar el Partido Comunista, porque en su momento habría un Gobierno elegido por el pueblo. Sin embargo, lo que el Rey podía prometer era que trataría de convencer al Gobierno de que era mejor tener un Partido Comunista abierto y oficial, en lugar de un grupo clandestino de agitadores, constantemente perseguidos por la policía. Después me habló de cómo había conocido a Ceaucescu en Persépolis y terminó por preguntarme: "¿Por qué no vas a verlo?" "¿Cómo lo hago? Tendríais que llamarlo antes o escribirle." "No. Tampoco en este caso te conozco. Tendrás que arreglártelas solo".»

Prado se estrujó el cerebro y por fin recordó a un amigo suyo, el famoso torero Luis Miguel Dominguín, quien tenía un hermano excéntrico que solía sustentar los puntos de vista exactamente opuestos a los que prevalecían de modo oficial en cada momento (cuando todos eran de derechas, él pasaba a la izquierda y viceversa). Por tanto, habló con su amigo y le dijo que necesitaba que su hermano le organizara una entrevista con el embajador rumano en París —«en aquellos días cualquier contacto con los rumanos estaba fuera de toda posibilidad en España»—, porque creía que era posible mejorar las relaciones económicas entre los dos países y porque era un ferviente cazador y le habían dicho que aún se podían cazar jabalíes en Rumania. «Luis Miguel Dominguín sugirió que fuéramos a París, donde organizaría una entrevista con su hermano. Una vez allí, nos reunimos para cenar (también asistió a la cena el escritor Jorge Semprún, futuro Ministro de Cultura del Gobierno socialista– y Domingo Dominguín, tal como había prometido, arregló un encuentro con el embajador rumano.»

En cuanto estuvo en presencia del embajador, Prado fue al grano: «Excelencia, no estoy aquí para mejorar las relaciones comerciales con su país ni para organizar cacerías de jabalíes. Estoy aquí por orden del Rey de España y necesito ver al presidente Ceaucescu.

»El embajador me miró como si yo estuviera loco y me preguntó si tenía cartas o documentos que probaran lo que decía, o un número de teléfono de palacio, para hablar con el Rey. Le respondí que comprendía su reacción, pero que debía aceptar que yo era quien decía ser y que debía hacer lo que le había dicho que debía hacer. Al cabo de una hora me respondió: "No me fío de usted, no le creo, me parece que usted está loco y que ha venido aquí con algún juego dañino entre manos. Lo mejor será que vuelva a su hotel y espere a que yo lo llame". Tres o cuatro días después, supongo que cuando ya había comprobado mis antecedentes, me llamó y me dijo: "De acuerdo, tendrá su entrevista. Habrá un vuelo especial para llevarlo a Rumania; lo que debe hacer es lo siguiente: vaya a Le Bourget sólo con un bolso de mano y compre un billete para cualquier lugar que le parezca; pase el control de pasaportes y, cuando esté en la sala de embarque, vaya al mostrador y diga al personal del aeropuerto que no se encuentra bien y que, como sólo lleva un bolso de mano, ha decidido no viajar. Al salir de la sala, compre un periódico o revista en el quiosco de prensa. Alguien se le acercará para pedirle que lo siga: hágalo".

»Antes de partir de París, llamé al Rey y le dije: "Voy a ver a mi capitán y creo que estaré de regreso para tal fecha. Si no es así, será que debo quedarme más tiempo". El Rey me dijo: "No, tienes que estar de regreso para esa fecha, porque de lo contrario empezaré a preocuparme". Así que fui a Le Bourget, compré un billete para Londres e hice exactamente todo lo que me habían dicho. Después de explicar al personal del aeropuerto que no me encontraba bien, sellaron el billete con un *Not Flying* y me indicaron por dónde debía salir. En el quiosco de prensa un hombre se acercó y me pidió que lo siguiera. Me llevó a un gran avión Ilyushin que aguardaba. Cuando subí, vi que sólo viajaban cinco personas: un hombre del ministerio de Asuntos Exteriores, adjunto a la presidencia, y otros cuatro que tenían todo el aspecto de ser de la policía secreta. Tres horas después, a las cuatro y media de la tarde, llegamos a Bucarest. Recuerdo que la noche era hermosa, de luna llena, con las calles cubiertas de nieve. Un gran coche esperaba al pie de la escalerilla del avión y me invitaron a subir. Uno de los policías se sentó frente a mí y otros dos, uno a cada lado; iban vestidos con chaquetas de cuero. Uno de ellos hablaba español y me dijo que era hijo de españoles.

»El coche nos llevó hasta una villa, en un barrio arbolado de la ciudad, parecido al madrileño de El Viso; en la casa la calefacción estaba al máximo. Me sirvieron la cena, me llevaron a una pequeña sala de proyecciones, en el sótano, y me dijeron: "Ahora le haremos conocer Rumania". Les dije que no había ido a conocer Rumania sino a ver a su presidente. Me aseguraron que haría las dos cosas. Así fue como empezaron a mostrarme una película tras otra sobre el país, su industria, sus artes y artesanías, etcétera, durante tres o cuatro horas. Entonces me dijeron que me acostara y que ellos volverían al día siguiente. Un caballero muy cortés, que dijo ser el subsecretario de Asuntos Exteriores, se quedaría en la casa conmigo. Me metí en la cama bastante nervioso.

»A la mañana siguiente, poco después de las once, me llevaron el desayuno a mi habitación. Entonces se presentó el subsecretario y hablamos detenidamente de los detalles de mi misión. Traté de ser lo más prudente posible y de dar a conocer la menor cantidad de información. Después me sirvieron la comida y aquel hombre me anunció que volverían al día siguiente. Pero esa misma tarde regresaron todos y me dijeron que vería entonces al presidente. En esa época yo no escribía nada jamás, memorizaba todo. Pero me sentí tan impresionado por aquel ambiente a lo James Bond que puse en marcha una grabadora especial que llevaba dentro del calcetín, para tener la certeza de que no olvidaría una sola palabra de la entrevista.

»Salimos en un coche y al cabo de unos veinte minutos llegamos a una villa, no un palacio, sólo una villa corriente pero grande; entramos en una oficina muy amplia, en uno de cuyos extremos estaban sentados el presidente Ceaucescu y su secretario de Asuntos Exteriores, a quienes fui presentado por el subsecretario que me acompañaba. Ambos estaban en pie en la parte anterior de aquel cuarto enorme. Me acerqué al escritorio y saludé a Ceaucescu, que me preguntó quién era y a qué iba. Se lo expliqué lo mejor que pude. Me contestó: "Usted comprenderá que es difícil creer su historia"; no se mostraba muy cortés sino, en realidad, bastante agresivo, y dijo que no estaba allí para perder el tiempo. Le recordé que él y don Juan Carlos se habían conocido en Persépolis y que le había asegurado al Rey que podía contar con su ayuda. Me respondió que así era y que le dijese qué quería exactamente.

»Respondí que sabíamos cuánta influencia tenía sobre Carrillo y que queríamos que lo convenciera de la sinceridad de la posición del Rey respecto del PCE; que su majestad no se podía comprometer a actuar de un modo específico en el futuro, pero que, en cambio, sí se comprometía a explicar al nuevo Gobierno las razones por las que había que legalizar el PCE, aunque sin garantizar nada. La conversación, a través del intérprete de español, duró unas cuatro horas. Tras decir que España debía convertirse en un país socialista y, por tanto, debía dejar de ser una monarquía, me pidió que esperara un momento. Salió del salón y volvió al cabo de unos minutos. Aunque no puedo probarlo, tuve la sensación de que Carrillo estaba en algún cuarto de esa casa, porque cada vez que Ceaucescu abandonaba el salón, volvía con más argumentos contra la idea de enviar ese mensaje a Carrillo, unos argumentos que eran los que en general usaba el dirigente comunista en esa época.

»Al día siguiente tuvimos otra reunión más o menos del mismo tipo. Al terminar, Ceaucescu dijo: "De acuerdo, lo pensaré y le haré saber mi decisión". Al volver a mi alojamiento, abrí la ventana para que entrara algo de aire en aquel cuarto tan caldeado y vi que unos soldados paseaban abajo. De inmediato traté de abrir la puerta y la encontré cerrada. Empecé a ponerme muy nervioso, de modo que saqué el magnetófono de mi calcetín y lo escondí bajo el borde de un armario. A la media hora escuché un ruido horrible. Varias personas irrumpieron en el cuarto y me exigieron que les diese la cinta. Entonces empezaron a gritar y a insultarme: "Ha venido a petición suya, hemos sido amistosos, le hemos ayudado y ahora descubrimos que ha venido a espiarnos". Tuvimos una fuerte discusión y me obligaron a entregarles la cinta. Les dije que, por increíble que resultara, no había tomado notas durante el viaje y había decidido grabar mis conversaciones con el presidente para tener la certeza de que recordaría todo con precisión, hasta el último detalle. Entonces se marcharon.

»Dos horas después me llevaron algo de comida. Para entonces ya se había pasado la fecha planeada para mi regreso a Madrid. Empecé a preguntarme qué iban a hacer conmigo, si me iban a mandar a Siberia o qué –porque para nosotros los españoles, en esos tiempos, los comunistas eran unos ogros–, y me pasé dos noches sin dormir, fumando sin parar y pensando en mi familia, mis hijos, el Rey, qué llegaría él a saber por fin de todo esto y ese tipo de cosas. Pero, gracias a Dios, mis temores no tenían fundamento. Al cabo de dos días volvieron para decirme: "Bien, ahora lo llevaremos al aeropuerto". Me embarcaron en el primer vuelo a Ginebra y, tan pronto como aterrizamos, llamé al Rey. "Gracias a Dios que estás de regreso, estaba muy preocupado", exclamó con un tono de infinito alivio.»

La brillante y atrevida idea del Rey de enviar a Prado a Rumania tuvo buenos dividendos: Ceaucescu logró convencer a Carrillo para que modificara la actitud de su partido y pusiera fin a la agitación. En ese mismo mes de marzo de 1976, la Junta Democrática, dirigida por Carrillo y Tierno Galván, se unió a la Plataforma Socialista dominada por el PSOE para configurar un amplio frente de oposición que se llamó Coordinadora Democrática. Pero el pueblo no tardó en bautizarla «Platajunta», un sobrenombre que unía parte de ambas denominaciones.

Esta asociación fue importante para el Partido Comunista, porque rompió su aislamiento: desde ese momento tenía el apoyo de todas las agrupaciones de la oposición y, por tanto, dejaba de ser el único partido que la derecha quería excluir de toda participación en el proceso de reforma. No obstante, Manuel Fraga, en una muestra de belicosidad y reaccionarismo crecientes –poco antes había pedido poderes extraordinarios contra los vascos, asegurando, contra toda razón, que «con tribunales militares y la pena de muerte nos quitaremos de encima el problema vasco al cabo de un año, cueste lo que cueste»–, respondió a esa fusión encarcelando a algunos líderes de la Platajunta, incluido el dirigente sindical Marcelino Camacho, que acababa de salir de la cárcel como consecuencia de una amnistía otorgada cuando don Juan Carlos subió al trono. Ante las protestas horrorizadas de Areilza, Fraga respondió que la única manera de mantener tranquilo al Ejército y abrir el camino para una reforma parcial era dejar al Partido Comunista en la ilegalidad (Areilza sospechaba que el motivo verdadero era conseguir el apoyo del Búnker como sucesor futuro de Arias). La extrema derecha, bajo el liderazgo de Blas Piñar, jefe del partido neofascista Fuerza Nueva, y dirigentes fanáticos como Girón, Nemesio Fernández Cuesta y Alejandro Rodríguez de Valcárcel, organizaron manifestaciones sonadas, en las que declararon que el único régimen aceptable para ellos era el del 18 de julio, es decir, un franquismo sin Franco.

En medio de esta tensa situación, el Rey y la Reina partieron, en su primera visita oficial al extranjero, hacia Estados Unidos, donde se celebraba el bicentenario de la Independencia. El viaje estuvo muy bien preparado por Areilza, gracias a los excelentes contactos que conservaba de su época de embajador de España en Washington y por el artículo publicado en *Newsweek*. La pareja real encontró una acogida calurosa en todas partes, incluida la Casa Blanca. En una carta fechada el 17 de junio de 1992, el ex presidente Ford me hacía los siguientes comentarios:

«Sentí gran admiración por el rey Juan Carlos al ver con qué rapidez y eficacia tomó medidas para restaurar la democracia en España después de tantos años de dictadura franquista. El Rey y la Reina mostraron una fortaleza excepcional y un juicio sereno en esta crisis.

»En 1976 el rey Juan Carlos I y la Reina visitaron Estados Unidos con motivo de la celebración del bicentenario. Los recibimos en la Casa Blanca y nos impresionó mucho su encanto personal y su carácter. En ambos se resume lo mejor de la realeza en el siglo XX.

»No recuerdo si el rey Juan Carlos me habló durante su visita a Washington de que pensara en destituir al presidente del Gobierno Arias a su regreso a Madrid.»

El punto culminante de la visita[1] fue el discurso que el Rey pronunció ante el Congreso, ocasión en la que reiteró su determinación a convertir la suya en una monarquía constitucional y democrática, semejante a la de otros países europeos. «No habrá obstáculos en el camino de llegar a un sociedad cada vez más próspera, justa y auténticamente libre en España, donde la democracia ha de ser tan total y amplia como en otras naciones europeas occidentales, con la Corona como garantía del acceso natural y ordenado al poder por parte de diversas opciones de gobierno, de acuerdo con la voluntad del pueblo libremente expresada.» Tras su discurso, el Rey recibió una gran ovación de todos los asistentes, puestos en pie. Era una ocasión histórica: por primera vez un rey español se dirigía a la nación más importante del mundo libre, y don Juan Carlos sabía que su discurso se reproduciría fielmente en España.

Pero mientras el Congreso, la opinión pública y los medios de comunicación aplaudían la promesa de reforma del Rey, en las conversaciones privadas que mantuvo con dirigentes norteamericanos todos le advertían de que debía ir despacio. Estados Unidos temía una desestabilización en la estratégica zona de Gibraltar, y Kissinger señaló a Areilza que era preciso tener cuidado de no caer en la tendencia de otros países europeos que defendían los principios democráticos «con exceso. Si España decide legalizar el Partido Comunista, no pondremos objeciones. Pero si el Gobierno español decide esperar unos años más, tampoco nos parece mal esa medida. En realidad, esto sería lo más conveniente», según relata Areilza en sus memorias. «Y no convoquéis elecciones tampoco –continuó Kissinger– sin que el Gobierno tenga su propio partido y se encuentre en condiciones de ganar las elecciones.» Según Areilza, el Rey informó a Kissinger y al presidente Ford de que a su regreso a Madrid (el 6 de junio, con una nueva aureola de prestigio) obligaría a Arias a dimitir como presidente del Gobierno (pero Gerald Ford, en la carta antes mencionada, declara que no recuerda que el Rey le informara de ello).

Meses atrás, el Rey había confiado a su padre que daría a Arias un plazo hasta el verano para introducir las reformas; al regresar de Estados Unidos, fijó como fecha límite el 1 de julio. El y Torcuato Fernández Miranda habían puesto sus ojos en el joven y poco conocido Adolfo Suárez, Ministro del Movimiento, con quien ambos se habían reunido regularmente en los meses anteriores. Suárez, cuyo pasado franquista le garantizaba la confianza de la derecha, había sido elegido por Arias para defender la Ley de Asociaciones en las Cortes, donde el mismo Suárez presumía que el Búnker la atacaría ferozmente. El Rey se encontraba en Burgos asistiendo a unas maniobras militares el día en que Suárez debía hablar en las Cortes (9 de junio). Pero encontró el momento para llamarle y desearle suerte, subrayando la importancia que tendría su intervención.

Adolfo Suárez estuvo brillante: por una parte alabó los logros de la dictadura al llevar la paz y la prosperidad material al país, presentó la reforma no como una destrucción sino como un medio de completar la obra de Franco, mientras que, por otra, hizo hincapié en que España era en esos momentos una sociedad pluralista y en que la nueva ley lo que hacía era legitimar «la realidad de la calle», es decir, las fuerzas ya existentes. El discurso impresionó a todos y obtuvo el resultado deseado. Tan sólo 91 procuradores a Cortes, o sea una quinta parte, votaron en contra. (Es significativo, dados los acontecimientos posteriores, que de los quince generales que había en las Cortes sólo uno, el vicepresidente del Gobierno, votó a favor de la ley).

Sin embargo, por la tarde, cuando las Cortes debían votar la Ley de Reforma del Código Penal, que después del éxito de la mañana tendría que haber pasado sin problemas, el ambiente había cambiado mucho, tal vez caldeado por la noticia de que un jefe local del Movimiento había sido asesinado en el País Vasco. Para no correr el riesgo de una derrota y siguiendo el consejo de Suárez, Arias decidió retirar la ley y enviarla de nuevo a la Comisión de Justicia para que volvieran a redactarla. La situación era ridícula: ¡España tenía una ley que autorizaba los partidos políticos y un Código Penal que los prohibía! La credibilidad del Gobierno bajó a cero. Pero el Rey, sin embargo, estaba ya preparado para la acción.

Don Juan Carlos explica que en un primer momento pensó en Torcuato Fernández Miranda como sustituto de Arias. «Le pregunté: "¿Qué prefieres, ser presidente del Gobierno o conti-

nuar como presidente de las Cortes y del Consejo del Reino?"
Creo que es la única vez en mi vida de Rey en que pude ofrecer
a alguien tamaña elección con la absoluta confianza de que elegiría el cargo desde el que pensaba que me sería de mayor ayuda. Me respondió: "Al hombre político que soy le gustaría más
ser presidente del Gobierno. Pero en este momento, en que vais
a embarcaros en un proceso de reforma en el que necesitaréis
ayuda de verdad, os seré mucho más útil como presidente del
Consejo del Reino y de las Cortes. En este cargo, puedo preparar al Consejo para que, cuando Su Majestad proponga un nombre para el cargo de presidente del Gobierno, lo acepten y lo voten.
Asegurar esto será mi tarea. Después, cuando tengamos una constitución, podrán votar libremente. Ahora, lo que necesita Su
Majestad es que acepten al hombre elegido por el Rey, el hombre que penséis que puede llevar adelante el proceso de reforma".» De hecho, con una magistral dirección de las reuniones
del Consejo del Reino durante los días 1 y 2 de julio, Fernández
Miranda llevó a cabo lo prometido.

El Rey había decidido pedir a Arias su dimisión el 1 de julio,
y prefirió citar al presidente del Gobierno no en el palacio de La
Zarzuela, su domicilio personal, sino en el Palacio Real, en el
corazón de Madrid, donde se celebran las ceremonias oficiales.
Lo convocó a las 13.15, hora en que terminaría la ceremonia de
presentación de credenciales de nuevos embajadores, a la que
también acude el Ministro de Asuntos Exteriores. Areilza recuerda que, antes de que Arias entrara, el Rey le dijo: «Las cosas no
pueden seguir como están porque terminaremos en una catástrofe. He tenido que tomar una decisión difícil, pero ya la he tomado. La pondré en marcha inmediatamente y cogeré a todos por
sorpresa».

Aquel «todos» incluía también a Arias, que de modo natural pensaba que había sido convocado a una reunión de rutina
y, dada la hora y el lugar, a algo referido a asuntos exteriores.
Pero después de unos minutos de audiencia con el Rey, que
vestía su uniforme de gala de Capitán General de las Fuerzas
Armadas, comprendió para qué lo había convocado el monarca. Sorprendentemente, lo que don Juan Carlos había temido que
fuera un enfrentamiento penoso y prolongado terminó en pocos
minutos. Arias dijo que comprendía a la perfección las razones

del Rey y se ofreció a dimitir en el acto. Después de almorzar, como tenía planeado, con algunos amigos en el conocido restaurante Jockey, este personaje extraño y no carente de rasgos quijotescos se trasladó al Valle de los Caídos para rezar ante la tumba de Franco.

Ese mismo día, Torcuato Fernández Miranda anunciaba al Consejo del Reino la dimisión de Arias, en una reunión que todos creían de rutina. Sobre los consejeros caía entonces la tarea de elaborar una terna de tres nombres, de entre los cuales el Rey elegiría al siguiente jefe del Gobierno. A Fernández Miranda –tal como él mismo había previsto– le correspondió ocuparse de que el nombre que don Juan Carlos deseaba fuese propuesto y permaneciera en la lista hasta el fin. El Rey y él mismo habían decidido, con acierto, no intervenir directamente en la elección, de modo que por primera vez en su historia el Consejo podría adoptar una decisión por sí mismo. Se analizó una lista de treinta y un candidatos y trece quedaron eliminados sin haber sido votados por los consejeros, que estaban divididos en tres grupos: falangistas, tecnócratas y democristianos. De los dieciocho candidatos restantes pronto quedaron fuera siete, entre ellos los nombres de los sucesores considerados «obvios», Fraga y Areilza. Este último era considerado un candidato tan probable que los periodistas se habían congregado frente a su casa, a la espera de que el Rey lo llamase. Fraga, por su parte, sólo obtuvo cinco votos. Era una verdadera suerte, porque ambos podrían haber provocado intensos antagonismos: Fraga era inaceptable para la oposición liberal y Areilza, a pesar de sus pasadas concomitancias con Franco, disgustaba a los franquistas por su actitud liberal y por su prolongada relación con don Juan.

Tras manejar con habilidad el tortuoso procedimiento de voto, Fernández Miranda consiguió la terna deseada: dos antiguos ministros –Federico Silva Muñoz, un demócrata cristiano cuya familia se relacionaba con los jesuitas; Gregorio López Bravo, miembro del Opus Dei–; más el entonces ministro del Movimiento, Adolfo Suárez. Fernández Miranda anunció a los periodistas que montaban guardia que ya estaba «en condiciones de dar al Rey lo que me ha pedido».

Con la lista de los tres nombres en su poder, el Rey llamó por teléfono a Adolfo Suárez, que estaba en Madrid, en su casa de Puerta de Hierro. «¿Qué tienes que hacer esta tarde, Adolfo?» «Nada, señor, sólo tengo que revisar unos papeles.» «Pues entonces, ¿por qué no te vienes por aquí para charlar un rato?» «Ahora mismo, señor.» Suárez subió al modesto Seat que usaba para moverse en Madrid y en diez minutos estaba en La Zarzuela. Mientras lo conducían a presencia del Rey, se cruzó con Fernández Miranda, que se marchaba. Sonriente, el Rey le dijo: «Adolfo, quiero que me hagas un favor. Quiero que seas presidente del Gobierno».

NOTAS AL CAPITULO VII

1) Se dice que el hecho de que el Rey eligiera Estados Unidos como país de su primera visita de Estado incomodó a los franceses, para quienes la primera visita oficial tendría que haber sido, obligadamente, a su país, ya que a la proclamación real había asistido su presidente, en tanto que los americanos habían enviado a su vicepresidente. Sin embargo, como ya se ha dicho, esta circunstancia se debió tan sólo a que la muerte de Franco coincidió con la visita de Ford a China; de otro modo, tal como Henry Kissinger aseguró a Manolo Prado, también Estados Unidos habría enviado a su presidente.

Capitulo VIII

La reforma adquiere fuerza
Desmantelamiento del franquismo y primeras elecciones libres en España
(julio de 1976 - junio de 1977)

«Elegí a Suárez porque representaba la juventud. Era una cara nueva, un hombre que no suscitaría fuertes reacciones contrarias en el régimen y en la Falange y al que, a los ojos de todos los demás, como elegido del Rey, se le concederían seis meses de gracia para probar a la oposición que llevaría a cabo la apertura y se encaminaría hacia la democracia», dice don Juan Carlos cuando se le pregunta por qué eligió a ese hombre joven, apenas conocido, para un cargo tan importante en un momento tan difícil. «Por supuesto que los integrantes de la vieja guardia nos miraban como traidores a ambos. Pero me pregunto si esas personas eran "leales" realmente o si sólo estaban resentidas porque ya no tenían cargos y no podían hacer lo que se les ocurriera. Los sentimientos desempeñan un gran papel en estos casos, como en la mayoría de las circunstancias...»

El nombramiento de Suárez, a quien en general se consideraba un producto leal al franquismo, tomó por sorpresa al país y fue recibido con mucho desánimo por todos, con excepción de la derecha. En el periódico más influyente de España, *El País*, apareció el titular «¡Qué error, qué inmenso error!»[1]. La bolsa bajó de golpe. Uno de los amigos de la infancia del Rey lo llamó por teléfono para decirle disgustado que «con ese nombramiento había arrojado la monarquía al cubo de la basura». «Nunca creí que se pudiera sufrir tanto», recuerda el Rey. «Todos estaban contra mí; ni siquiera me concedían seis meses de plazo para ver si mi elección era acertada o no.»

El director de uno de los periódicos más importantes del país explica que la decisión del Rey «fue tomada seguramente en contra de la opinión de alguno de sus consejeros más cercanos, como el marqués de Mondéjar y el general Armada, que tenían muchas amistades en el régimen franquista y abogaban por una especie de democracia controlada que mantendría buena parte de la situación existente. Eso era lo que deseaban en esos tiempos los norteamericanos. Pero el Rey –un hombre inteligente, abierto, muy intuitivo y muy pragmático– eligió personalmente a Suárez para llevar a cabo lo que era necesario hacer y ambos iniciaron un proceso de improvisación inspirada: decidían lo que se debía hacer sobre la marcha. No había un plan concreto, y quizá en eso estriba la verdadera genialidad de la operación y eso mismo era su mejor defensa».

Un ex diplomático acreditado en Madrid en aquellos días agrega: «Pero en ese momento no comprendimos por completo la sutileza que significaba el tener a alguien que desmantelara el sistema desde dentro». Fraga escribió al Rey una carta furibunda de protesta y él, Garrigues y Areilza se negaron a formar parte del Gobierno de Suárez. (Cuando comprendió los motivos del Rey, Areilza lamentó su decisión, pero era demasiado tarde: Suárez ya había nombrado en su lugar al joven y brillante diplomático Marcelino Oreja).

Hasta cierto punto, las reacciones del pueblo eran justificadas. Como señala el diplomático recién citado, los antecedentes de Suárez «se asemejaban mucho a los de un *Apparatchik* partidista, estilo soviético» y todo parecía indicar que era camisa vieja de verdad. El ascenso de Suárez en las filas del antiguo régimen había sido rápido y continuado; hijo de una familia de clase media baja, había nacido en 1933 en Cebreros, Avila, en el corazón de Castilla la Vieja, y después de completar la carrera de Derecho en Madrid, trabajó en el despacho del gobernador civil de Avila, Fernando Herrero Tejedor, quien se convertiría en su mentor y seguiría siéndolo hasta su muerte, ocurrida en 1975. En 1967 Suárez fue elegido Procurador en Cortes por Avila y al año siguiente recibió el nombramiento de gobernador civil de Segovia; durante el desempeño de este cargo conoció al príncipe Juan Carlos. Un año después fue nombrado director de Radio Televisión Española, desde donde mantuvo contactos frecuentes con el Príncipe, «cuya imagen traté de promocionar; esto significaba que nuestro contacto se iba haciendo cada vez más "político"», recuerda Suárez. Poco antes de su muerte, Herrero Tejedor, que era Ministro del Movimiento, nombró secretario a Suárez. Otra prueba de la profunda confianza que en él tenían los franquistas resultó aparente cuando, en mayo de 1976, fue eligido miembro del Consejo Nacional del Movimiento por 66 votos contra 25, con los que superó al propio yerno de Franco.

Como producto del franquismo, Suárez conocía los mecanismos y a los integrantes del régimen a la perfección. Sin embargo, como era el caso de gran parte de la juventud que se había abierto camino en las filas franquistas, esto no significaba necesariamente que compartiera aquella ideología. Como ocurría con algunos «leones jóvenes» del Movimiento, por ejemplo el duque de Primo de Rivera, a Suárez le preocupaba mucho el futuro de España. «Siempre tuve la certeza de que el cambio sólo podría producirse después de la muerte de Franco y sólo desde dentro del aparato legal existente», explica Suárez. «A menudo se lo dije así al Príncipe a lo largo de las numerosas conversaciones que sostuvimos durante esos años. Yo sentía que el objetivo principal era un proceso de reforma que debía comenzar inmediatamente después de la muerte de Franco. No estoy de acuerdo con los que creían que lo que los españoles querían era la libertad. La libertad era algo que nunca habíamos experimentado y, por tanto, resultaba difícil de definir. Nuestra historia contenía tan poco de ella que seguramente nuestros genes habían olvidado cómo transmitirla. Lo que reinaba en la mente de todos era el miedo a otro enfrentamiento. Este miedo era uno de los principales motivos por los que España consiguió superar sus problemas históricos y lograr una reforma pacífica.» Juan Luis Cebrián, por entonces director de *El País*, está de acuerdo con este análisis y confirma que «nadie, incluida la gente que rodeaba a Franco, quería una guerra civil. Pero todo y todos estaban completamente desorganizados. El Rey aprovechó hábilmente esa situación y ese miedo, y con cautela y mesura lo manejó todo muy bien».

Entre tanto, todos pensaron que Suárez accedía al cargo con el objeto de ralentizar el proceso de reforma, cuando en realidad lo que se pretendía era lo contrario: su consigna era acelerarlo y así lo haría, con un vigor y una velocidad pasmosos. Sabía que debía actuar con rapidez para convencer a la oposición de que sus intenciones iban en serio y, así, tenerla de su lado. El mismo día en que su nombramiento sufrió el ataque de *El País*, apareció en televisión (no en su despacho de jefe del Gobierno, sino en el sofá de su casa) y anunció que todos los grupos políticos tendrían acceso al poder y que los gobiernos futuros serían elegidos libremente y por sufragio universal... Hasta ese momento, la «realidad de la calle» sería reconocida y respetada. «La Corona estaba decidida a construir una democracia moderna basada en la justicia y la libertad.» Aunque el recién nombrado gabinete de Suárez no contaba con personalidades muy conocidas (exceptuando al vicepresidente Alfonso Osorio, del que se dijo que era menos que de segundo orden, bajo el mando dinámico del presidente del Gobierno), en menos de quince días empezó a mostrar una mayor unidad y eficacia que el del Gobierno anterior.

De acuerdo con los deseos del Rey, Suárez debía cumplir con la práctica internacional corriente en los gobiernos democráticos occidentales de hacer una declaración de principios que resumiera sus metas y convicciones, y así lo hizo el 16 de julio. Afirmó que la soberanía reside en el pueblo, que sin tardanza se buscaría una verdadera reconciliación nacional y que se aceptaría el pluralismo, tanto político como regional. (En otras palabras, el polo opuesto al credo franquista). La Ley de Reforma Política propuesta se sometería a juicio popular en un referéndum, al que seguirían elecciones generales en junio del año siguiente; además, las libertades civiles estarían garantizadas por un poder judicial independiente.

En esta ocasión la oposición se paró a pensar y tomó nota: quizá debían revisar, después de todo, su juicio sobre Suárez porque, como lo explicó uno de los dirigentes del Partido Comunista, ésta era la primera declaración realmente positiva de un gobierno nacido del franquismo. Suárez explica que la semilla de su plan ya constaba en su discurso pronunciado el 9 de junio ante las Cortes (del que hablamos en el capítulo anterior). El Gobierno quería y debía reconocer lo que era ya una realidad en las calles del país: el pluralismo cultural, ideológico y religioso aguardaba la legalización. «Todos éramos muy conscientes de que ésas tenían que ser las líneas directrices del Gobierno. Teníamos que lograr ese objetivo, por grandes que fueran las dificultades, y debíamos hacerlo respetando los mecanismos y procedimientos vigentes en las Cortes franquistas. La meta siguiente era la aprobación por el viejo régimen de una ley de reforma política, que después se sometería a referéndum popular, y más tarde se convocarían las elecciones generales. Una vez elegidos, los representantes del pueblo español se reunirían para elaborar una constitución que, en su momento, debería aprobarse, o no, en otro referéndum popular. En un esfuerzo combinado, el Rey, Torcuato Fernández Miranda y yo mismo lo hicimos. Por primera vez en su historia, el pueblo español fue dueño de su propio destino.»

Muy pocas personas creían en aquellos momentos que esos objetivos fueran factibles. El diplomático británico antes mencionado pensaba que las posibilidades del Rey y Suárez eran un cincuenta por ciento y era más optimista que la mayoría. Suárez recuerda muy bien que un jefe de Estado extranjero le aseguró que su meta era «inalcanzable» y señaló que nunca había habido una transición tranquila sin levantamientos de un régimen autoritario a uno democrático en ningún país. Muchos dirigentes políticos locales y extranjeros pensaban lo mismo. «Le expliqué que por entonces había dos corrientes primordiales de opinión en España–, recuerda Suárez. –Una que incluía a casi todos los partidos democráticos y abogaba por una ruptura total con el régimen y otra, en la que estábamos Fernández Miranda y yo, que creía en lo contrario, en una transformación desde dentro. Otros miraban al pasado y nosotros sentíamos que lo que teníamos que hacer era mirar al futuro. Debíamos ser capaces de elaborar una constitución en la que, por primera vez en nuestra historia, intervendrían todas las fuerzas políticas del país para que fuera válida para todos. El líder extranjero me dijo que eso no lo había intentado nadie jamás. Le respondí que los hechos hechos son y que hay que mirarlos con criterio pragmático y no conceptual ni filosófico. La cuestión era establecer un precedente. Yo me sentía preparado para ser el instrumento de ese precedente.»

Suárez no tardaría en cumplir las promesas hechas el 16 de julio. En un consejo de ministros celebrado el 30 de julio en La Coruña y presidido por el Rey, se decretó una amnistía para todos los presos políticos no culpables de delitos de sangre, un total de unas cuatrocientas personas. En marzo habría otra amnistía más amplia y una tercera en octubre de 1977. Ya se olía un cambio en el aire: algunos comunistas veteranos que habían pasado un cuarto de siglo en la cárcel y que llevaban años siendo puestos en libertad para ser arrestados nuevamente de inmediato fueron amnistiados, como lo fueron también los oficiales de la Unión Democrática Militar (que se había formado, como ya hemos mencionado, en respuesta a la revolución portuguesa de abril de 1973).

De este modo, al cabo de tres semanas del nombramiento de Suárez, ya se había avanzado más en el camino de la reforma que en los siete meses anteriores. El Rey y Fernández Miranda contaban ahora con un aliado que no sólo estaba de acuerdo por completo con sus fines y la estrategia a aplicar, sino que resultaba un buen estratega y un brillante táctico. Sus antecedentes franquistas aún le servían para inspirar un sentimiento de presunta seguridad a la derecha, al menos hasta que ya fue demasiado tarde. Del mismo modo, su juventud, su evidente sinceridad cuando hablaba de una sociedad plural, su obvia decisión de establecerla tan pronto como le fuese posible y su prontitud para admitir negociaciones atrajeron a la oposición. «Lo que se necesitaba por encima de todo era que fuésemos transparentes en nuestros fines de resistencia ante la idea de una ruptura absoluta con el régimen y de establecimiento de un diálogo con las diversas fuerzas políticas del país», dice Suárez.

Durante su primer mes de gobierno, con el conocimiento y apoyo del Rey, Adolfo Suárez se entrevistó con políticos prominentes: demócrata cristianos como Gil Robles o Ruiz Jiménez –a quienes las posteriores elecciones mostrarían como figuras del pasado– y social demócratas como el catalán Jordi Pujol, hoy presidente de la Generalitat de Catalunya. En el mes de agosto se entrevistaba con el joven dirigente del todavía ilegal Partido Socialista, Felipe González. La reunión tuvo lugar en casa del ministro de Agricultura, Fernando Abril Martorell. «Le pedí que organizara una entrevista personal con él para explicarle lo que me proponía hacer: legalización de todos los partidos políticos, convocatoria de elecciones generales, el referéndum y el texto de la constitución a través de un consenso. Fue un encuentro muy positivo y, aunque hubo mucha desconfianza inicial por parte de él, nuestra conversación resultó muy interesante. Pero González sencillamente no se creyó que yo iba a llevar a cabo lo que le proponía.» Poco después de hablar con González, Suárez se entrevistó con el profesor Tierno Galván –quien, como todos aquéllos a los que se les había quitado la cátedra, estaba de nuevo dando sus clases– que se sintió muy bien impresionado por él: «No sólo estaba ante una inteligencia rápida y vivaz, sino también ante una persona que me pareció, fundamentalmente, buena»[2].

En opinión de Suárez, el establecimiento de un diálogo con las fuerzas de la oposición presuponía cierta flexibilidad y, además, la aceptación específica del hecho de que «ninguno de nosotros estaba en posesión única de toda la verdad política; lo más importante era llegar a un acuerdo que dejara de lado nuestras diferencias políticas». Esto requería, además de sinceridad, un trato muy «personalizado». Aunque la oposición clandestina era democrática en su mayoría, otros grupos, en especial los afiliados al antiguo régimen, querían una forma de gobierno más autoritaria y, no obstante, pretendían aparecer como reformadores. «Mi cometido era conseguir que esos grupos tan diferentes convergieran en una meta común: llegar a la coexistencia democrática en nuestro país. La estrategia tenía que ser distinta con cada grupo político. Pero aunque diversas, ambas estrategias tenían un mismo fin y debían realizarse simultáneamente, en silencio y con discreción, entre bambalinas. No dejamos casi nada por hacer...»

Gracias al buen oficio de José Mario Armero, Suárez también estableció contactos con Santiago Carrillo. Durante un tiempo, Armero hizo de mensajero y mantuvo a ambos al corriente de lo que el otro pensaba. La jefa del despacho de Suárez, Carmen Díez de Rivera, también actuó como intermediaria; ella y Armero insistieron en que era tiempo de que ambos líderes hablaran cara a cara. El Rey también apoyó esta iniciativa, en este caso sin la aquiescencia de Fernández Miranda, quien, temeroso de que esa entrevista comprometiera al jefe del Gobierno, se ofreció a ir en su lugar. Por fin, se estableció la fecha del 27 de febrero. El lugar elegido fue la casa de verano de Armero, en Pozuelo, un municipio en la periferia de Madrid, prácticamente desierto en esa época del año. Como precaución añadida, Armero dio día libre a los guardeses y al jardinero. La mujer de Armero fue a recoger a Carrillo y, dado el clima que prevalecía aún en el país, consideró necesario dar varios rodeos, por si alguien la seguía. Por cierto que sin que ella lo supiese, el hijo de Carrillo los siguió en su coche, por si su padre iba a caer en una trampa. Por fin, a las cuatro de la tarde, llegaron a Pozuelo.

«Muy bien, ¿vamos a hablar de política con mayúsculas?», preguntó Carrillo mientras se estrechaban las manos. «Así lo espero», respondió Suárez. La entrevista duró hasta las once de la noche. Ambos hablaron con franqueza y pusieron sus cartas sobre la mesa. Carrillo aseguraba que, si no se permitía que el PCE participara en las elecciones futuras, los socialistas apelarían al boicot como forma de protesta. (En esto Carrillo se equivocaba: los socialistas no estaban preparados para llevar su solidaridad a tal extremo). Pero lo esencialmente cierto era que, si se excluía al PCE, gracias a sus amplios contactos internacionales él conseguiría que las primeras elecciones libres desde 1936 se convirtieran en un escándalo sin precedentes. También prometió a Suárez que, si lo legalizaban, el PCE se transformaría en un partido respetuoso de la ley, aceptaría incuestionablemente la monarquía constitucional y desempeñaría a fondo su papel en la reconciliación nacional que el Rey y el Gobierno querían llevar a cabo.

En síntesis, el Gobierno no tenía nada que temer de un Partido Comunista que estuviese legalizado: el PCE no contaba con posibilidades de obtener una mayoría parlamentaria y lo más probable era que fuese un partido minoritario durante largo tiempo. Además, argumentaba Carrillo, el Gobierno tendría sin duda interés en llevar adelante una política destinada a descubrir la fuerza y la amplitud exactas de PCE en el país; si lo mantenía en la clandestinidad, sólo conseguirían aumentar su prestigio. Suárez, que en privado estaba de acuerdo con esa argumentación, quedó impresionado por el pragmatismo y el sentido de la responsabilidad de Carrillo. Le explicó que su única dificultad era reunir el apoyo judicial suficiente para esa medida. Se separaron en términos excelentes, de acuerdo en lo básico y deseosos de concertar los detalles tácticos.

Sin embargo, aunque en ese momento Carrillo ya había aceptado por entero la idea de un monarquía constitucional, ocho meses antes, cuando se produjo el nombramiento de Suárez, ni él ni Felipe González la consideraban válida. Por su parte, Suárez tenía una fe absoluta en la monarquía y en el plan del Rey. «Estaba totalmente convencido de que era viable porque era lógico y natural y, por último, porque creía que lo que es necesario siempre es posible. En ese momento preciso, la reforma era de absoluta necesidad y el Rey, era absolutamente necesario para la reforma. Pero lo que también era necesario era buena voluntad por mi parte para aceptar la hostilidad que, sin duda, surgiría en ciertos sectores.»

La hostilidad que despertó Suárez en la extrema derecha fue, por cierto, feroz. Como ya lo dijera el Rey, los protagonistas de la transición española a la democracia –él mismo, Fernández Miranda y Suárez– resultaban traidores para el régimen que los había alimentado y llevado al poder. Los franquistas declarados se negaban a aceptar o considerar el hecho de que, en aquellas circunstancias, ser obediente al franquismo significaba ser traidor a España y a su futuro. Algunos partidarios no extremistas del régimen comprendían estas razones en el fondo de sus corazones. Tal vez por ello aprobaron la Ley de Reforma Política preparada y presentada por Fernández Miranda el 10 de septiembre de 1976; incluso los ministros militares –del Ejército, la Marina y las Fuerzas Aéreas– votaron afirmativamente.

Suárez, que defendió con brillantez esa ley en la televisión, había sido lo bastante inteligente como para mantener entrevistas previas individuales con los ministros militares y explicarles cuál era el contenido del texto; les aseguró (aún no se había reunido con Carrillo) que el Partido Comunista no estaría entre las agrupaciones legalizadas. Sólo el Ministro de Defensa, el general Fernando de Santiago, dimitió a modo de protesta, porque comprendió que esa ley implicaba el suicidio de todas las instituciones franquistas, y en su reemplazo se nombró a un liberal, el general Manuel Gutiérrez Mellado. A las instituciones del Régimen iban a suceder dos cuerpos elegidos por sufragio universal, y los de las Cortes franquistas serían reemplazados por un verdadero parlamento, el Congreso de los Diputados, con 350 miembros y por un Senado, que contaría 207 miembros. La Ley de la Reforma Política establecía que las elecciones debían celebrarse no más tarde de julio de 1977.

Los debates sobre la ley duraron tres días, 16, 17 y 18 de noviembre de 1976, en sesiones plenarias de las Cortes. El voto no fue secreto sino a mano alzada. El texto estaba redactado con tanta inteligencia por Fernández Miranda y Suárez que la única posibilidad era votarla o rechazarla en su conjunto, algo que pocos estaban preparados para asumir en público. La ley se aceptó por 379 votos contra 59. Así, las Cortes franquistas votaban su propia disolución en la que sería la última de sus reuniones. El siguiente pleno sería el de un parlamento elegido en las urnas, por entero democrático y de tipo occidental.

El país aprobó la Ley de Reforma por una amplia mayoría, en un referéndum convocado el 15 de diciembre de 1976. A pesar de la campaña de la izquierda, que pedía la abstención o el voto negativo, el porcentaje de votantes llegó al 77,4 y el «no» llegó sólo al 2,6 por ciento. Suárez, un gran comunicador televisivo, encabezó una campaña gubernamental incansable a favor del «sí», mientras que la oposición, aún ilegal desde el punto de vista técnico, no tuvo acceso a los medios de comunicación. Pero la izquierda ignoró a sus dirigentes y el resultado fue una prueba más de la madurez política del electorado y de la exactitud con que el Rey había comprendido los deseos y las aspiraciones de la mayoría de su pueblo. Con la perspectiva del tiempo, un observador no alcanza a comprender por qué los dirigentes de la Platajunta, con muy poca amplitud de visión, se decidieron a atacar una ley que buscaba incorporarlos a la legalidad y convertirlos en participantes de la creación de una nueva España. Al parecer, querían boicotear el referéndum porque las reformas venían impulsadas por un Gobierno que aún no los había reconocido como interlocutores.

No obstante, una semana antes Suárez había permitido que el Partido Socialista celebrara su primer congreso desde 1932, que era el vigésimoquinto de su historia. Para dar a la ocasión el valor que tenía, acudieron a Madrid líderes socialistas de todo el mundo, como Willy Brandt, Olof Palme, Michael Foot y Pietro Nenni. Aunque el congreso se vistió con los ropajes de la confrontación –estandartes rojos, la Internacional e incluso, por unos momentos, la bandera tricolor republicana–, se resolvió rechazar la demanda de una ruptura completa con el pasado y adoptar la política del «compromiso constitucional» con el Gobierno. Tres días después de la celebración del congreso socialista, Santiago Carrillo llegaba oficialmente a Madrid y convocaba una conferencia de prensa, en la que expresó el deseo de entrevistarse con el Rey, a quien reconocía como jefe del Estado. Pero como el Partido Comunista era todavía ilegal y no se había pedido un permiso previo a las autoridades (aún no se habían reunido Suárez y Carrillo), el dirigente comunista fue detenido y encarcelado durante una semana. Philippe Nourry relata que, cuando la policía se presentó para arrestarlo, Carrillo se quitó la peluca que llevaba y dijo que ya no la necesitaría. «Así es, don Santiago», respondió el inspector de policía que debía llevarlo a la cárcel, «acaba de legalizar su situación en España». Una semana después, Carrillo estaba en libertad.

En las navidades de 1976, un año después de la muerte de Franco y cinco meses después del nombramiento de Suárez, España era ya irreconocible. Después de la inacción y frustración de los primeros seis meses, el proceso de reforma se desarrollaba a velocidad de vértigo. Pero el impacto psicológico e institucional que generó aquel ritmo fue demasiado para algunos. Por unos días, a principios de 1977, existió la sensación de que el país se desestabilizaba deliberadamente con el fin de provocar una intervención de los militares y, durante enero, el mes más violento desde la época de la Guerra Civil, prevaleció la impresión de que estos intentos tenían el éxito deseado y de que cobraban vida los peores terrores del Rey.

La mayoría de los diplomáticos acreditados en Madrid por entonces esperaban que se produjera un golpe militar en cualquier momento. «No nos preguntábamos si se iba a producir sino cuándo se iba a producir. Muchas personas, no ya neofascistas ni extremistas, sino personas habituadas a vivir con comodidad dentro del antiguo régimen, veían las reformas de esos días como un presagio del caos», recuerda uno de aquellos testigos. «Pero el Ejército se mantuvo quieto. Cuando intervino, en febrero de 1981, era demasiado tarde.»

La extrema derecha había reaccionado con violencia ante la idea de que la soberanía pasara al pueblo, incluso antes del referéndum. El 12 de diciembre había organizado el secuestro del presidente del Consejo de Estado, Antonio María Oriol, integrante de una familia importante en el mundo de la banca y la industria. Se hacía responsable del hecho el GRAPO, una organización hasta entonces desconocida. El 14 de enero hubo otro secuestro, el del general Villaescusa, presidente del Tribunal Superior de Justicia Militar. El GRAPO, alegando que su finalidad era la amnistía general, amenazaba con asesinar a ambos rehenes si no se liberaba y enviaba a Argel a ciertos terroristas. La policía logró rescatar a los secuestrados el día 11 de febrero, pero antes, el 23 de enero, moría alcanzado por un disparo un estudiante argentino mientras participaba en una manifestación que pedía la amnistía general; otra joven estudiante cayó víctima de una bomba de la policía el día 25 y esa misma tarde se producía uno de los atentados más brutales y repugnantes cometidos desde los tiempos de la Guerra Civil: en el corazón de Madrid, cinco abogados laboralistas que trabajaban para Comisiones Obreras, la organización sindical controlada por los comunistas, morían ametrallados a sangre fría en su despacho de Atocha, por un comando integrado por miembros de Fuerza Nueva y de otros grupos neofascistas. La masacre se había planeado en la oficina de Francisco Albadalejo, un importante miembro de los sindicatos franquistas «verticales», como represalia contra una huelga del transporte urbano convocada por Comisiones Obreras. El dirigente sindical comunista responsable de la convocatoria de huelga era una de las posibles víctimas, ya que se suponía que debía estar esa tarde en el despacho, pero escapó a la muerte porque llegó tarde a su cita.

Esta atrocidad, culminación de la escalada de violencia, hundió al país en un clima no sólo de repulsa sino también de miedo e incertidumbre. Los que recordaban la Guerra Civil decían que la capital no había presenciado tal serie de asesinatos desde la tremenda semana del 26 de julio, en la que se desataron las hostilidades de la Guerra Civil. Muchas personas temían que los primeros pasos de España hacia la democracia quedaran aplastados por una nueva intervención del Ejército: entre ellas, José Mario Armero, quien tanto había hecho para promover la reforma. «Estaba desmoralizado por completo. Pensé que todo se venía abajo. Había manifestaciones diarias en la ciudad, estaba ETA, estaba esa nueva banda, el GRAPO, estaba el Ejército y también la prensa, muy hostil a Suárez por entonces, estaba la extrema derecha neofascista. Pero Suárez, un personaje excepcional, mantuvo la sangre fría. Al principio ni él ni el Gobierno sabían exactamente con quién tenían que entendérselas ni quién se ocultaba tras ese nuevo grupo. Me encargaron que tratase de averiguarlo. Aterrados ante la idea de que los militares tomaran la situación como una excusa para intervenir, los comunistas prestaban su apoyo sin reparos cuando se les pedía. En esas circunstancias, debo decir que mostraron una madurez notable.» Hay que señalar que Carrillo y su partido desplegaron considerable mesura en la manifestación que siguió a la matanza de Atocha, durante la cual varios miles de afiliados y simpatizantes del PCE desfilaron por Madrid de un modo disciplinado, sin provocar incidentes.

Poco a poco, tanto Suárez como el Ministro de Defensa, general Gutiérrez Mellado, tuvieron la seguridad de que el GRAPO, lejos de ser el grupo de extrema izquierda que todos pensaban que era, estaba en realidad financiado y dirigido por la extrema derecha, que también había fundado el periódico neofascista *El Alcázar*, secretamente distribuido en todos los cuarteles del país durante la noche. El objetivo, claro está, era terminar con la transformación de España e introducir una nueva dictadura, tal vez con algunas modificaciones. «Ahora todos dicen que el proceso de reforma era inevitable y que todo estaba muy claro», prosigue Armero. «Pero no era así, yo incluso pensé que no saldríamos de aquello y que el Ejército volvería a hacerse con el poder. Después de la legalización del Partido Comunista y de las primeras elecciones libres, ya me sentí más tranquilo. El país seguía en el desorden y el clima general era de insatisfacción, pero a pesar de eso había cierta estructura: estaban los partidos políticos, había una Constitución e incluso los comunistas tenían su papel definido, y esto me tranquilizaba.»

Por fortuna, la violencia se mitigó enseguida. El GRAPO, que no era sino un grupo extremista minoritario y aislado, y ETA, ya sin la base de un apoyo regional absoluto, no representaban una amenaza seria. Los estallidos de violencia de enero no fueron más que las espasmódicas explosiones de frustración de unos extremistas que veían cómo se les escapaba el poder de las manos.

El Rey ocupaba gran parte del tiempo en mantenerse informado sobre la opinión del Ejército y en aplacar el encrespamiento de los militares, exasperados ante un proceso de desintegración que se veían obligados a proteger. Para obtener esa información, don Juan Carlos mantenía un flujo constante de audiencias que se habían convertido, desde comienzos del reinado –y antes aún–, en uno de los rasgos más innovadores y valiosos de su monarquía.

En tiempos de la transición y durante varios años más, los lunes de don Juan Carlos estaban reservados a las audiencias militares; escuchaba entonces una amplia diversidad de puntos de vista y manifestaba los suyos a un importante grupo de generales y oficiales de alto rango. Su estrecho contacto con sus antiguos condiscípulos, algunos de los cuales, como ya se ha dicho, estaban a punto de ocupar posiciones importantes, era el instrumento que le servía para mantenerse al tanto de la opinión que reinaba en las filas. En todo ese período, el Rey desempeñó un papel clave en calmar los temores del Ejército y en evitar que hubiera un intento por su parte de recuperar la función política que los militares estaban a punto de perder.

Mientras tanto, en un esfuerzo por elevar la moral del país y restaurar la confianza en el Gobierno y en el programa de reforma, Suárez apareció en televisión el 29 de enero y declaró que la ola de terrorismo desatada en el país no tendría ningún efecto en el proceso de reforma aprobado por la nación en el referéndum del mes anterior. Por el contrario, el Gobierno seguiría adelante en la eliminación de los últimos puntos fuertes del franquismo, los sindicatos verticales y el Movimiento Nacional. Los conocidos tribunales de Orden Público se habían eliminado el 4 de enero. Pocos extranjeros, y menos aún los españoles de las generaciones jóvenes, pueden imaginar hasta qué punto llegaba la potestad que esa organización, corazón del franquismo, había impuesto en el país. La pertenencia al Movimiento –tal vez sólo comparable a la pertenencia a los partidos comunistas de los países del bloque del este– había constituido un salvoconducto en la vida profesional y política, una garantía de trato preferencial en cualquier actividad. Por tanto, sus muchos integrantes tuvieron que tragar una amarga píldora con la disolución del Movimiento.

El dominio del Régimen sobre todos los aspectos de la vida nacional se ilustra muy bien con las palabras de Nuria Espert, que había fundado en 1959 su propia y famosa compañía de teatro, con la que hizo giras en todo el mundo, y que tuvo que trabajar dentro de las estrictas y a menudo absurdas leyes de censura del Régimen. «Cada obra debía ser presentada a los censores, que a menudo la rechazaban. Debieron rechazar unas cincuenta obras al cabo de los años. También podían, sin más, suprimir los pasajes que consideraban objetables. En ese caso, se presentaban en el ensayo general para seguir el texto palabra por palabra y ver si habíamos eliminado los pasajes controvertidos. Tenían derecho a interrumpir la función o, en algunos casos, la producción entera si un escote les parecía demasiado bajo, una falda demasiado corta o veían demasiada pasión en un abrazo... Cada representación estaba llena de dolor, desesperación y riesgos. Los artistas éramos la resistencia. Algunos actores de la compañía querían que yo fuera más lejos, pero en esas situaciones desarrollas un instinto especial que te dice hasta dónde puedes llegar. Todo esto resulta muy lejano de la España de hoy, uno de los países occidentales más libres del mundo, tanto que a veces pienso que todo aquello fue un mal sueño y no la realidad de mi país hace diecisiete años. Después de la muerte de Franco, todo cambió casi de la noche a la mañana. Nadie podía imaginarse que sucedería tan rápidamente y sin dolor. Los españoles somos un pueblo primitivo, una nación de extremistas emocionales y yo había pensado que nuestra transición a la democracia sería violenta, pero gracias al Rey no ha sido así.»

Pero los menos extremistas y más realistas entre los partidarios del franquismo ya empezaban a unirse a partidos políticos, sobre todo a Alianza Popular, la agrupación recién formada por Fraga. Era el único camino que tenían abierto ante sí para conservar su voz en el concierto del país: en este sentido, su decisión fue una aceptación tácita del proceso democrático. A su vez, los partidos de izquierda, el Socialista y el Comunista, presentaban sus solicitudes de reconocimiento ante el Ministerio del Interior en el mes de febrero, con el objeto de presentarse a las futuras elecciones. Pero sólo el Tribunal Supremo podía decidir si la solicitud del Partido Comunista era aceptable dentro de los límites de las leyes penales españolas. Tras la matanza de Atocha, Suárez estaba decidido a impulsar la plena legalización del Partido Comunista. Había quedado muy impresionado por Carrillo, durante su entrevista secreta, y en especial por su liderazgo responsable y por el control que ejercía sobre los elementos más subversivos de sus filas. Sin duda, el dirigente maduro y realista de este momento era un hombre que había cambiado, que poco tenía que ver con la personalidad del temible comisario que había esparcido el terror en el Madrid de 1936. Suárez no veía motivos para excluirlo de la vida política del país. Como preámbulo a la legalización, el Gobierno autorizó la reunión de una cumbre comunista en Madrid los días 2 y 3 de marzo, a la que asistieron figuras como Georges Marchais y Enrico Berlinguer, ambos en desacuerdo con Moscú por esa época. Lo único que quedaba por hacer era elegir el momento psicológico adecuado para dar a conocer la legalización del PCE en un país que ni siquiera se lo sospechaba.

Suárez decidió aprovechar las cercanas vacaciones de Pascua y soltar la bomba de la legalización del PCE en un momento en que a todos les resultara imposible cualquier acción precipitada: el Sábado Santo, mientras el Ejército y los dirigentes políticos disfrutaban de sus vacaciones en distintos puntos del país. En una carrera para lograr que se cumplieran las formalidades antes del puente festivo, altos funcionarios del Ministerio de Justicia se reunieron y decidieron que el fiscal general anunciara la legalización del PCE de Carrillo. La noticia se dio a conocer por radio y televisión a las ocho de la noche. El secreto había sido tan bien guardado que sorprendió a Carrillo pasando las vacaciones de Pascua con su mujer en Cannes, huésped de su amigo Teodulfo Lagunero, de donde no pudo regresar, por falta de billetes, hasta el Lunes de Pascua. Al regresar, se decidió por una celebración en modo menor: pidió a los miembros del partido que se abstuvieran de manifestaciones estrepitosas de alegría y de cualquier actitud que pudiera interpretarse, siquiera vagamente, como una provocación «por la que el pueblo español, la clase trabajadora y la democracia en general podrían pagar un alto precio».

Entre tanto, el Rey y el general Gutiérrez Mellado hacían todo lo que les era posible para persuadir al Ejército de que debían avalar el más amargo de los tragos: aceptar como integrante de la vida política en términos de igualdad al mismo enemigo contra el que con tanta saña habían combatido. A un extranjero le resulta muy fácil pontificar afirmando que se trataba de algo inevitable al fin e incluso deseable, pero no era fácil pedir a quienes habían pasado por las desdichas de la Guerra Civil que cambiaran su actitud y sus reacciones de la noche a la mañana[3]. Como reconocimiento a todo lo que hizo el Rey para mantener tranquilo al Ejército y debido a que sólo él podía haberlo hecho, Santiago Carrillo declaró que aceptaba sin reservas la monarquía constitucional en la primera reunión oficial del recién legalizado PCE.

Pero aunque de momento se contuviera, el Ejército echaba humo. El blanco de sus iras era Suárez, que había prometido a los jefes militares, al explicarles el alcance de la Ley de Reforma Política, que jamás se legalizaría al Partido Comunista. De este modo, el jefe del Gobierno había quedado como hombre falaz y traidor. Nadie puede aducir que Suárez hubiera dicho que tal cosa jamás iba a ocurrir y es verdad que, en esos días, no tenía intención de legalizar a los comunistas. Pero ni él ni nadie podía imaginar entonces con cuánta rapidez se precipitarían los acontecimientos, una vez que el proceso de reforma cobró impulso. El cambio de las circunstancias le llevó a cambiar su punto de vista, tal como Carrillo tuvo que cambiar el suyo, llegar a un compromiso y aceptar la monarquía constitucional. El 29 de abril, poco después de la legalización del PCE, se legalizaron los sindicatos y el inicio de la campaña electoral se fijó para el 22 de mayo. El país ya navegaba firmemente hacia la democracia y todos comprendían que el Rey había sido, según la acertada frase de José María de Areilza, «el motor del cambio».

El Rey sabía que el Ejército jamás iba a tolerar una amenaza a la unidad de España, lo único que Franco, en su lecho de muerte, le había pedido que nunca pusiera en peligro. En aquellos momentos, el nacionalismo reverdecía en Cataluña, donde un grupo del separatismo extremista parecía capaz de conseguir una cantidad respetable de votos en las próximas elecciones locales. El Ejército, según la información que tenía el Rey, planeaba intervenir si los extremistas conseguían obtener el 15 por ciento de los votos. La única cosa que podía satisfacer el sentimiento nacionalista catalán y neutralizar a los extremistas para siempre era devolverles el estatuto de autonomía de 1932. Lo había dejado claro la multitud reunida para la Diada, la fiesta nacional catalana que, por idea de Suárez, se celebró por primera vez desde la época de la República el 11 de septiembre de 1976. A cambio, el vicepresidente del Gobierno regional aseguró a Alfonso Osorio, el segundo de Suárez, que esa comarca tradicionalmente republicana estaba dispuesta a reconocer la monarquía constitucional.

El presidente de la antigua Generalitat era Josep Tarradellas [4], quien vivía con gran modestia desterrado en Francia desde la Guerra Civil. El Rey pensó que había que llamarlo para que asumiera el cargo para el que fue elegido en 1954 por un grupo de compañeros también exiliados y reunidos en México, y convenció a Suárez de que iniciara negociaciones preliminares con el *president* en Francia; poco después se preparó una reunión de ambos en Madrid, para el 28 de mayo de 1977. Al principio, no lograron ponerse de acuerdo y Tarradellas se mostró descorazonado. Pero en la siguiente entrevista, una audiencia con el Rey puso las cosas en vías de obtener una solución duradera para el problema catalán. El Rey –que al recibir a Tarradellas pasaba por alto las protestas del capitán general de Cataluña, general Francisco Coloma Gallegos, furioso ante la perspectiva de que el Rey recibiese a «ese rojo derrotado»– le escuchó con atención y quedó bien impresionado por la personalidad de Tarradellas. Cuando ya terminaba la conversación, pidió a Tarradellas que volviera a Barcelona. «Sólo como President de la Generalitat», respondió el interesado. El Rey entonces habló con Suárez para concertar otra entrevista durante la cual ambos llegaron finalmente a un acuerdo sobre todos los temas básicos.

Tarradellas regresó a Barcelona el 23 de octubre, y Adolfo Suárez estaba allí entre la multitud entusiasta que lo recibió. La repatriación de Tarradellas fue una de las intuiciones más acertadas del Rey, porque aseguró la derrota total de los separatistas en las elecciones. Poco después de su retorno, Tarradellas anunció en Barcelona que estaba tan convencido del papel del Rey como garantía de la autonomía catalana y de la unidad general de España, que «si me entero de que algo le ha pasado al Rey, me vuelvo de inmediato al exilio».

A la concesión de la autonomía a Cataluña siguió, en enero de 1978, el reconocimiento de la autonomía del País Vasco; pronto hubo otros estatutos autonómicos: Galicia, Navarra, Andalucía y otras regiones, aunque en muchas de ellas no predomina un fuerte sentimiento regionalista. Aunque esto hace que las administraciones locales resulten mucho más caras, no obstante, desde el punto de vista político, era muy rentable, porque al anticiparse al separatismo, el Gobierno lograba silenciar los nuevos brotes en diversas comarcas. Sigue siendo una excepción el País Vasco, donde el terrorismo etarra sigue activo hasta el presente.

El terrorismo de esta banda, que comenzó como un movimiento de resistencia contra la centralización sofocante del régimen franquista, también contiene un fuerte elemento de lucha de clases, además del sentimiento nacionalista. Aunque no es este lugar el adecuado para desarrollar con amplitud el tema, resulta significativo que, como veremos en el capítulo siguiente, el 55 por ciento del electorado vasco se abstuviera en el referéndum constitucional del 6 de diciembre de 1978.

Pero dejando aparte esta espina, el rápido avance del país hacia la democracia impresionó y regocijó a don Juan, que era un demócrata a carta cabal. Poco después de la muerte de Franco, había prometido que, si su hijo conseguía encaminar el país hacia la democracia, renunciaría a los derechos dinásticos y a su posición de jefe de la familia real en favor de don Juan Carlos. Ya en 1976, el conde de Barcelona había declarado a un periodista británico muy relacionado con la familia que estaba «encantado con las cualidades personales demostradas por el Rey, en especial por su paciencia». En esos días, había expresado un cierto desencanto ante la lentitud del avance hacia la democracia, «¿pero qué se puede esperar después de cuarenta años de franquismo?» Continuó explicando que veía el papel del Rey como el de una garantía para la democracia y también afirmaba que su hijo sería una excelente embajador de España en el mundo. Don Juan agregó: «En este momento soy Gran Maestre de la Orden del Toisón de Oro como jefe de la familia real, aunque espero renunciar pronto a favor de mi hijo». Esa concesión tenía una enorme importancia, porque implicaba que don Juan estaba preparado a reconocer a su hijo como jefe de la Familia, algo que no podía hacer sin renunciar simultáneamente a sus derechos al trono de España, lo que convertiría a don Juan Carlos en el foco exclusivo del sentimiento monárquico. En la primavera de 1977, consideró que había llegado el momento de cumplir su promesa.

En una breve ceremonia emotiva, que se llevó a cabo el 14 de mayo de 1977 en el palacio de La Zarzuela, en presencia de toda la Familia Real y del Gobierno, don Juan renunció a todos sus derechos al trono, a su posición de jefe de la familia y de la Orden del Toisón de Oro; él habría preferido que esa ocasión dinástica de tanta importancia tuviera como marco el Palacio de Oriente, donde se celebraban todos los acontecimientos de Estado.

Pero algunos altos funcionarios, y en especial Torcuato Fernández Miranda, insistieron en una ceremonia escueta y tan privada como fuese posible, temiendo de que don Juan buscara comprometer la situación actual o que, por el solo hecho de legitimar la posición de su hijo desde el punto de vista dinástico, pudiera parecer que ponía en duda la legitimidad de todos los logros conseguidos.

Evidentemente, como él mismo lo confesó más tarde, Fernández Miranda no conocía a aquel hombre. En una declaración sencilla, llena de emotividad (que se había negado a cambiar para dar gusto a Fernández Miranda), don Juan –quien siempre dijo que había un undécimo mandamiento: «no pondrás a nadie en apuros»[5]– declaró que renunciaba a todos los derechos dinásticos heredados de su padre en favor de su hijo, el rey Juan Carlos I. Al terminar, inclinó la cabeza y con voz estremecida de emoción concluyó: «Majestad, por España, todo por España». Desde ese momento quiso que sólo se le llamara conde de Barcelona y que sus restos descansaran en el monasterio catalán de Poblet.

En su respuesta, igualmente conmovida, el Rey aludió a los sacrificios que ambos habían debido hacer a lo largo de sus vidas por el bien de España, empezando por su separación de la familia, de niño, algo muy difícil de sobrellevar, aunque fuese la primera lección de servicio a su patria que aprendiera de su padre. Agregó que conocía la abnegación y absoluta falta de intereses egoístas que fundamentaban el acto de renuncia de don Juan. Un año después, concedió a su padre el título de Almirante de la flota. Así terminó el papel activo en la vida nacional de esta histórica figura, tan importante en la configuración del destino de España, un hombre cuya talla y nobleza de espíritu no pueden suscitar más que admiración y respeto.

El destino no había sido bueno con él y tampoco lo sería con su oponente Torcuato Fernández Miranda. Había llegado el momento en que el presidente del Consejo del Reino debía ser elegido democráticamente y, para no perturbar al Rey ni abusar de la gratitud que éste experimentaba hacia el arquitecto de la reforma, Fernández Miranda dimitió de sus dos cargos el 15 de junio, poco antes de la disolución de las Cortes. Como prueba de reconocimiento por la magnitud de sus servicios al país y al

Rey en persona, don Juan Carlos le hizo duque y le otorgó la orden del Toisón de Oro. Cuando murió, tres años después, su funeral fue celebrado en el Palacio Real.

En contraste con la gerontocracia de la era franquista, España presentaba al mundo una cara joven: su rey tenía treinta y nueve años; su presidente de Gobierno, cuarenta y cuatro, y el líder de la oposición rondaba los treinta y cinco. Como Suárez había previsto, las elecciones de 1977 se ganaron en la televisión; su partido, Unión de Centro Democrático (UCD), obtuvo el 35 por ciento de los votos, y con ese porcentaje, 165 diputados y 106 senadores; el PSOE y Felipe González se llevaron el 29 por ciento de los votos, es decir, 118 escaños en el Congreso de los diputados y 48 en el Senado, según el sistema de representación proporcional, que Suárez había defendido con ardor al establecer el sistema electoral de España. Los comunistas obtuvieron el 9 por ciento de los votos y 20 actas de diputados, algo más que el 8 por ciento de Fraga y sus 16 escaños. El Búnker no consiguió ni un solo representante. El PSP de Tierno Galván consiguió un escaso 4 por ciento de los votos, y los separatistas vascos y catalanes sumaron 20 escaños en el Congreso de los Diputados. A diferencia de lo ocurrido en el decenio de 1930, en que los electores se habían decantado por los extremos, ahora había una convergencia hacia el centro. Suárez tenía razón: el clima no era el de confrontación. El país quería y necesitaba hombres jóvenes, moderados, que no hubiesen intervenido en la Guerra Civil ni en la etapa subsiguiente, propensos a enterrar el pasado, y eso es lo que obtuvo.

«En realidad, gente muy, muy joven dirigía el país tanto política como económicamente. Era como si todos hubieran estado esperando que Franco muriese. Nadie que no haya vivido la era de Franco puede comprender la magnitud de los cambios que ahora experimentamos», señala un distinguido periodista. «En los años cincuenta la mayoría de la gente no podía conseguir un pasaporte para viajar al extranjero. En los años sesenta, cuando fue más fácil hacerse con un pasaporte, todos empezaron a salir hacia Europa, tan grande era la necesidad de inspiración y estímulo intelectual. Era como si todos hubiéramos esperado el fin de Franco para empezar a vivir. La comunidad económica tenía todavía una mentalidad provinciana. El verdadero poder estaba en la calle. El Rey lo usó muy bien y era el único que podía hacerlo, manteniendo al Ejército en su sitio.»

Desde entonces, la idea de la monarquía ha arraigado. Sin el compromiso directo del Rey y de la Corona, el proceso de transición no habría sido posible, como también señala Suárez. «Lo que necesitábamos era un punto común de referencia al que todos los españoles pudieran mirar y que fuera aceptable para todos. Así es como yo quería que todos viesen la monarquía y que supiesen que podían tomarla como referencia, más allá de su propia ideología política. Yo creo que lo conseguimos. Hubo quienes pidieron que se hiciera un referéndum para elegir entre monarquía y república, pero yo me opuse terminantemente.[6] Lo que hicimos fue promulgar el Decreto de Reforma Política, que no era un referéndum pero actuó como tal: al refrendarlo, se establecía directamente un firme papel para la monarquía, porque todas las instituciones estaban en relación indirecta con el Rey, con la Corona.»

SS. AA. RR. los Condes de Barcelona con sus hijos, en Suiza, en 1942. S.A.R. infanta doña Pilar; S.A.R. el príncipe don Juan Carlos –hoy S.M. el rey don Juan Carlos–; S.A.R. la infanta doña Margarita y S.A.R. el infante don Alfonso.

S.A.R. el Conde de Barcelona jugando al futbolín con su hijo el príncipe Don Juan Carlos (hoy Su Majestad el rey de España don Juan Carlos).

S.A.R. el Conde de Barcelona con su hijo el príncipe Juan Carlos, por el año 1950-51, en Estoril (Portugal).

Su Majestad don Juan Carlos con su hermana la infanta Doña Pilar, en Estoril (Portugal), por los años 1950-51.

Antes del crucero "Agamenón" donde Juan Carlos se encontraría por primera vez con la princesa Sofía: Una ocasión para todos los jóvenes príncipes de Europa de conocerse unos a otros.

Primera visita de S.A.R. don Juan Carlos de Borbón al El Alcázar de Toledo, antes de su reconstrucción, acompañado de Miguel Primo de Rivera y Urquijo (1955).

El príncipe Juan Carlos y la princesa Sofía con sus hermanos, la princesa Irene y el príncipe (después rey) Constantino de Grecia.

Sellos emitidos clandestinamente en los que se puede observar el trato de Juan III de España dado al Conde de Barcelona, don Juan.

Arriba, una de las ganadoras del concurso nacional "Qué es un rey para tí" presenta su dibujo a S.M. el Rey en una audiencia.

Abajo, uno de los dibujos premiados en el año 1991.

Imagen que presenta una de las mayores aficiones de Su Majestad el Rey, la fotografía.

El príncipe Felipe y la reina Sofía.

La reina Sofía.

(Fotografías realizadas por S. M. el Rey).

NOTAS AL CAPITULO VIII

1) El artículo estaba firmado por el historiador Ricardo de la Cierva, que más tarde sería ministro del Gobierno de Suárez, como también lo serían otros dos críticos acérrimos.

2) Esta misma impresión me causó Suárez tras una conversación prolongada, en junio de 1991.

3) Una anécdota mundana quizás ilustre con mayor elocuencia que cualquier teorización profunda la hondura del rechazo que, en muchos sectores de la sociedad española, despertaban aún los comunistas. Varios años después de la legalización del PCE, la mujer de un aristócrata muy relacionado con el Ejército y con el Rey se negó a sentarse junto a Carrillo en un banquete oficial; tras descubrir que la habían colocado junto al dirigente comunista, cambió su tarjeta subrepticiamente con la de una amiga, porque no podía soportar la idea de sentarse junto al «verdugo de Paracuellos».

4) Antes y durante la Guerra Civil, Tarradellas había sido el número dos y principal ayudante del presidente de la Generalitat Lluis Companys. Después de la derrota de la República, ambos huyeron a Francia, pero el Gobierno de Vichy extraditó a Companys, que fue fusilado por orden de Franco. Sólo la intervención personal del obispo de Niza impidió que Tarradellas corriese la misma suerte. Desde entonces, se había convertido en héroe nacional y en presidente en el exilio de la Generalitat, según lo decidido en 1954 por un grupo de catalanes reunidos en México.

5) Philippe Nourry, "Juan Carlos, Un Roi pour les Républicains".

6) No está claro si el Ejército habría permitido ese referéndum o respetado sus resultados.

CAPITULO IX

De monarca absoluto a rey constitucional
Junio de 1977 - diciembre de 1978

Se aproximaba el momento en que el Rey entregaría al pueblo los poderes que había heredado, ya que las instituciones funcionaban ya correctamente. De acuerdo con la Ley de Reforma Política, la principal tarea con que se enfrentaba el parlamento recién elegido era la elaboración de la primera constitución democrática española, que se sometería a referéndum popular.

Tras las elecciones, por iniciativa de socialistas y comunistas y después de debatir diversas alternativas, se decidió que la mejor manera de redactar un proyecto del texto constitucional sería nombrar un grupo de siete miembros, en el que estuvieran representados todos los partidos políticos. Ese grupo estaría bajo el control de la comisión parlamentaria de asuntos constitucionales y libertades públicas, formada por 36 diputados.

El comité en cuestión se estableció el 1 de agosto de 1977 con: Manuel Fraga, por Alianza Popular; Gregorio Peces Barba, el abogado que había defendido a los cinco de Burgos y que en 1982 se convertiría en el presidente del primer Congreso de Diputados con mayoría socialista, por el PSOE; Jordi Solè Tura por los comunistas; Miquel Roca por los nacionalistas catalanes y vascos; Miguel Herrero y Rodríguez de Miñón, Gabriel Cisneros Laborda, tiempo después asesinado por ETA, y José Pedro Pérez Llorca por el Gobierno.

Los miembros del comité trabajaron en colaboración estrecha y, en general, en armonía, a pesar de las diferencias que sobre ciertos asuntos mantenían sus partidos, como la religión y la educación –los socialistas se oponían a la enseñanza privada, casi toda ella en manos de órdenes religiosas–, por la necesidad de expresar de palabra un talante que complaciera a las tendencias republicanas de un sector del socialismo. Fieles a su compromiso, los comunistas no se opusieron al sistema monárquico: su representante sólo señaló que la constitución debía recortar los poderes que el Rey había heredado de Franco. En cambio, por razones de principios, el socialista Peces Barba insistió en una cláusula –eso sí, tras haberse asegurado de que no sería aprobada–, en la que reafirmaba la ideología republicana de su partido.

Aun cuando gracias a la buena voluntad de los miembros de aquel grupo estas diferencias se limaron, causaron un considerable retraso. Seis meses pasaron antes de que el borrador de la Constitución estuviera preparado para su publicación y sometida a la cuidadosa lectura de la comisión de 36 diputados. Después de estudiarla a fondo elaboraron un total de más de mil enmiendas y lo devolvieron al comité, que a su vez empleó dos meses más en estudiar los cambios. En julio de 1978, un año después de la primera reunión del comité, el texto con sus enmiendas se sometió a votación en el pleno del Congreso de los diputados, donde se aprobó por 325 de un total de 350 votos. (Es interesante señalar que los que votaron en contra provenían de la extrema derecha del partido de Fraga, Alianza Popular, y de los separatistas vascos, a los que también se achacaron las abstenciones). Esta opinión resultó significativa en el futuro, ya que suponía un repudio total del nuevo Estado por parte de algunos sectores de opinión. A continuación, se sometió el texto al Senado, cuyos miembros presentaron más de mil doscientas enmiendas y nombraron otro comité para que las incorporara. El borrador final tuvo la aprobación del Senado a fines de septiembre.

Activa aunque indirectamente, el Rey participó en la última etapa del procedimiento. La Ley de Reforma Política establecía que el monarca podía nombrar una quinta parte de los 207 senadores –es decir, 41– por designación directa. Su elección, típica de su mentalidad tan original, sin convencionalismos, reunió a varios de los mejores cerebros de España: el escritor Camilo José Cela, años después premio Nobel de literatura; el filósofo Julián Marías; el economista Enrique Fuentes Quintana, además de eminentes catedráticos de derecho, periodistas y un puñado de políticos, como Torcuato Fernández Miranda, de banqueros y de empresarios. La más asombrosa fue la inclusión de Justino

Azcárate, antiguo Ministro de Asuntos Exteriores de la República, que acababa de regresar de Venezuela tras cuarenta años de exilio[1]. «Señor, soy un republicano de toda la vida», arguyó Azcárate, «he vivido en el exilio». «Por eso mismo me permito pedirle que acepte», respondió con calma el Rey. La designación de Azcárate, un signo de que el Rey quería poner a todos los españoles bajo su protección, «tenía un significado histórico como gesto de reconciliación con los que habían tenido que abandonar el país a causa de la dictadura», explica Jaime Carvajal, uno de los tres amigos personales del Rey incluidos en la lista; los otros eran el duque de Primo de Rivera y Manuel Prado, por entonces presidente de Iberia.

«En la elección del Rey subyacía la idea de que, en un período constitucional, sería útil que analizaran las cosas personas que, en circunstancias corrientes, no se presentarían a unas elecciones pero que, no obstante, podían aportar las diversas experiencias de sus tan distintos mundos y actividades», prosigue Jaime Carvajal. «Otro elemento importante era la imparcialidad: al estar allí por nombramiento real, queríamos mantenernos independientes para no dar la impresión de que o siempre votaríamos con el Gobierno o siempre estaríamos con uno u otro partido. De inmediato decidimos que cada uno de nosotros tendría libertad para votar como quisiera en cada uno de los temas. Recuerdo que un día me crucé con Adolfo Suárez y vi que estaba incomodado conmigo. "No puedo comprender tu modo de votar en el Senado", me reprochó. "Y yo no puedo comprender por qué no puedes comprender que vote como lo hago", le respondí; él me miró sorprendido, desconcertado.»

Los senadores reales no recibieron ningún tipo de directriz del Rey en cuanto al voto o a su conducta. El duque de Primo de Rivera explica que eso no entra en el estilo de don Juan Carlos. «El Rey nunca da instrucciones exactas y mucho menos órdenes. Siempre deja todo a tu criterio y tú tienes que captar lo que él quiere que hagas. Si te equivocas, el error es tuyo. Pero hay una manera de comprender sus deseos sin que los exponga en detalle.» Manolo Prado (que había pedido sin éxito al Rey ser «liberado» del grupo de senadores reales), recuerda que poco después de su designación el Rey lo llamó desde palacio y le dijo: «Estoy muy orgulloso de que todos vosotros, de campos de actividad tan diversos, me representéis. Pero desde el primer momento tiene que quedar bien clara una cosa: no voy a daros instrucciones, ni una sola. Tendréis que actuar según vuestra conciencia y guiaros por vuestro amor al país.» Y el Rey cumplió su palabra. «Ni una sola vez, a lo largo de los dieciocho meses que llevaron a la firma de la Constitución, interfirió ni intentó influir en nosotros. Tuvimos total libertad de voto y creo que puedo hablar en nombre de todos cuando digo que siempre votamos por el bien de la nación y por encima de las consideraciones políticas.»

En el parlamento español, diputados y senadores integran grupos independientes –en cada grupo el número mínimo es de diez–, bajo el control general de su partido. Por tanto, también los senadores reales debían organizarse en pequeños grupos. Jaime Carvajal tuvo «la suerte de ser el único hombre de negocios en un grupo de intelectuales, encabezado por Justino Azcárate, a quien conocía bien porque desde su regreso de Venezuela estaba asociado a mi banco» (se trata del Banco Urquijo, que cuenta con una activa fundación propia). Entre otros, integraban ese grupo: Camilo José Cela, Julián Marías, el catedrático de economía Fuentes Quintana, el escritor José Luis San Pedro, un profesor de derecho que más tarde sería presidente del Tribunal Constitucional, y el presidente del periódico *El País*, José Ortega Spottorno, hijo del filósofo José Ortega y Gasset. «Aunque nuestro grupo era el más reducido del senado, fue muy activo y propuso muchas iniciativas en el campo cultural. Una de ellas fue traer a España el famoso Guernica de Picasso. Considerábamos que nuestro nuevo parlamento democrático, como representante del pueblo español, debía tomar la iniciativa de traer de regreso ese cuadro. Así lo propuso nuestro grupo al senado, que se hizo cargo oficialmente del asunto y, por fin, tuvimos el Guernica en España.» Esto último ocurriría en 1981. «Cuando el borrador de la Constitución se presentó al senado para su aprobación, también aportamos una cantidad de propuestas y enmiendas, algunas puramente lingüísticas, porque en particular Camilo José Cela estaba muy empeñado en asegurar que el español que se usara en el texto constitucional fuese el más puro.»

Por fin, el 31 de octubre el Senado aprobó la Constitución. La mayoría del electorado había perdido, en mayor o menor medida, el interés a lo largo del proceso, por el tedio de las infinitas idas y venidas de los diversos borradores entre la junta de ponentes, la comisión y las dos cámaras. Cuando se sometió a referéndum, el 6 de diciembre, la abstención subió al 32 por ciento. En el País Vasco, la cifra fue del 55, es decir, más de la mitad de los votantes. Pero dentro del 68 por ciento del electorado, el 88 por ciento votó a favor y el Rey firmó solemnemente la Constitución el 27 de diciembre.

El artículo 1 del texto establece la monarquía parlamentaria y dice que el Rey «es el jefe del Estado, símbolo de su unidad y permanencia, arbitra y modera el funcionamiento regular de las instituciones» y «asume la más alta representación del Estado español en las relaciones internacionales». Asimismo, determina que su persona es inviolable. Las funciones del Rey, definidas en el artículo 62, son: sancionar y promulgar las leyes; convocar y disolver las Cortes Generales y convocar a elecciones en los términos previstos en la Constitución; convocar a referéndum en los casos previstos en la Constitución (es decir, a petición del presidente del Gobierno o del Parlamento); proponer el candidato a presidente del Gobierno pero sólo después de consultas con los distintos grupos parlamentarios y siempre que el nombrado tenga la aprobación de los diputados; nombrar a los miembros del Gobierno propuestos por el presidente del Gobierno; presidir el consejo de ministros en caso de necesidad y ser informado sobre los asuntos de Estado por el presidente de Gobierno –con el que despacha semanalmente, en general los martes por la tarde o por la noche–; por último, le corresponde el mando supremo de las Fuerzas Armadas. En junio de 1978, el Rey declaró al primer ministro británico, durante una visita, que mantendría entre sus poderes reservados el mando supremo de las Fuerzas Armadas para poder intervenir en caso de algún quebrantamiento en la situación política. Casi tres años más tarde, los sucesos demostrarían el valor profético de la preocupación de don Juan Carlos.

En resumen, el Rey no gobernaría sino que reinaría. Hasta ese momento, había usado los poderes soberanos heredados para devolver la soberanía al pueblo, en quien ahora residen, y había evitado ejercer cualquier tipo de presión sobre los ponentes del texto constitucional para conservar alguno de sus poderes anteriores. Al desprenderse de la mayor parte de ellos, fue lo bastante inteligente, escribió un jurista en esos días, como para comprender que las personas bien intencionadas que querían ver ampliados los poderes reales eran los peores enemigos de la futura consolidación de la monarquía. También era el precio del apoyo duradero de los Partidos Comunista y Socialista, un apoyo que tardó en llegar y que no se otorgó más que a un rey estrictamente constitucional, sin poderes ejecutivos. Muy consciente de todo ello, en una entrevista del 12 de enero de 1978, el Rey decía al periodista José Oneto: «Creo que tendré menos poderes que el rey de Suecia, pero si esto contribuye a que todos los partidos políticos acepten que la monarquía como institución forme parte del Estado, estoy dispuesto a aceptarlo».

Ante un periodista británico que lo visitó en mayo de 1978, cuando el borrador de la Constitución se discutía en la comisión parlamentaria, y que lo felicitó por su habilidad para influir en todos los partidos, riendo el Rey hizo la imitación de un hombre que caminaba por una cuerda floja con los brazos abiertos. El periodista prosiguió diciendo que la causa de la fama del rey Jorge V como monarca británico había sido que, gracias a su confianza y consideración hacia el primer gobierno laborista, en 1924, había hecho que de republicano, el partido laborista pasara a ser monárquico. Don Juan Carlos estuvo de acuerdo en que ése era también su papel y agregó: «Puedo llamar por teléfono a Carrillo, y lo hago, para pedirle que venga a verme. Sólo en ocasiones esto se comenta en público, pero don Santiago ha estado aquí más veces de las que muchos sospechan».

Por cierto que Carrillo fue el más ardiente abogado del Rey en el Congreso durante el debate constitucional, en contraste con el apoyo poco entusiasta, frío, de los socialistas. «Si el Partido Comunista hubiera suscrito la moción de incluir la cuestión republicana, nos habríamos embarcado en una aventura catastrófica, en la que casi sin duda no habríamos ganado una república sino perdido con certeza nuestra democracia», afirmaba y proseguía condenando la posición demagógica del PSOE al decir que «en la medida en que la monarquía respete la Constitución, nosotros respetaremos a la monarquía. Esto no significa que olvidemos la historia de la institución que en tantas ocasiones ha sido dañina para España, sino que implica que daremos un voto de confianza plena a un hombre joven que tiene todo el aire de identificarse más con la España de hoy que con la del pasado». El valiente apoyo que el Rey había prestado a la legalización del Partido Comunista estaba dando altos intereses.

Esos dividendos aún no eran visibles para todos. El Rey recuerda que, cuando el presidente Giscard hizo una visita oficial a España, en junio de 1978, quedó estupefacto al ver a Carrillo en la cena oficial. «Como siempre lo hago, invité a todos los líderes de los partidos a la cena oficial. Desde el comienzo de mi reinado me esforcé en que la gente se sintiera en palacio como en su propia casa, la casa de todos los españoles. En fin, es fácil decirlo pero mucho más difícil hacerlo y ponerlo en práctica. Pero si se elige a quienes han de acudir a cenas y recepciones y se procura que pertenezcan a todos los partidos, el pueblo verá que quiero que todos estén representados allí. Cuando Giscard vino en su visita oficial de 1978, tras la cena de gala me dijo: "Señor, ¿cómo es posible que Santiago Carrillo y toda esa gente acuda a palacio?" Le dije que era así porque ellos son españoles y yo soy su Rey, que todos sientan que pueden venir aquí porque yo no pertenezco a ningún partido y que realmente resultaría mucho más difícil para un presidente, que él sí es miembro de un partido. Giscard dijo: "Sí, es verdad, yo nunca invito a mis socialistas o comunistas al Elíseo". Pero cuando fui a Francia, invitó a socialistas y comunistas y fue la primera vez que los recibía en el Elíseo. Supongo que esto demuestra que a veces se puede dar ejemplo e influir en otras personas[2].»

La influencia o, como dice él mismo, «poder moral» que ejerce el Rey, tanto en el campo nacional como en el internacional, es muy grande a pesar de que, al convertirse en un monarca constitucional, como otros monarcas occidentales, perdió todos sus poderes ejecutivos. «No he conservado más poderes que el mando supremo de las Fuerzas Armadas. Según la Constitución, no tengo poderes. Sólo un poder moral. Muchos me preguntaron por qué renunciaba a los poderes que había heredado. No se trata de renunciar, pienso que tener una Constitución significa que hay que dar poderes normales a las instituciones.»

Pero el ascendiente del Rey como portador y defensor de la democracia significa que puede usar su gran prestigio e influencia por el bien del país. «Es verdad que en ningún punto de la Constitución se dice que debo actuar como lo hice la noche del golpe del 23 de febrero. En situaciones como ésa, es como si uno tocara de oído.» Aunque por fortuna no hubo otras crisis de semejante magnitud que exigieran su inmediata intervención, don Juan Carlos explica que, para implantar una nueva monarquía, «es preciso crear ciertos hábitos y costumbres[3]. La Constitución consta de cláusulas A, B, C, y X, Y, Z. Pero en ninguna dice, por ejemplo, que debo hablar al país por la televisión en las navidades o pronunciar un discurso ante las Fuerzas Armadas el 6 de enero, cuando celebramos la pascua militar. Pero si la gente sabe que lo haré, están a la expectativa desde varios días antes, lo aceptan y esto se convierte en una costumbre. Lo hago todos los años. Como es natural, sé que no puedo "usar" mi presencia en televisión para decir lo que quiera. Siempre hago saber con anticipación al Gobierno lo que voy a decir; si hay algún desacuerdo, en general logro convencerlos de la validez de los motivos por los que creo que tengo que decir esto o lo otro.»

Un conocido periodista español considera al Rey como «un hombre activo, más que un temperamento reflexivo; tiene una gran inteligencia e intuición y un notable "sentido político", lo que es una gran virtud pero, al mismo tiempo, un peligro, porque tengo a veces la sensación de que sufre al no poder ya intervenir en política de forma directa. Trabajó mucho en ese plano durante la transición, en la que desempeñó un papel absolutamente clave. Pero después de eso, entregó el noventa por ciento de sus poderes a las instituciones. Hoy aún es un poder, pero un poder institucional. Claro que todavía puede controlar al Ejército desde su cargo de Capitán General. De cuando en cuando tengo la sensación de que se siente un poco solo».

«Desea ser un rey constitucional, pero quiere ser una figura activa, no sólo protocolaria», dice el director de uno de los más distinguidos periódicos españoles. «Entre 1976 y 1982, La Zarzuela fue el centro de todo, un activo poder político en el país. Hoy sigue siendo un poder, pero más bien institucional. A veces tengo la impresión de que el Rey se siente algo triste o, como suele decirse, infrautilizado.» Jaime Carvajal está de acuerdo en que «la actividad de esos cinco años fue fantástica... Pero es bueno que ya no haya tanta, porque tuvimos que vivir momentos

-202

muy difíciles. Ahora las cosas son mucho más estables. Es evidente que el papel del Rey y el de la monarquía cambiaron después de la transición. Así debía ser. Hoy don Juan Carlos desempeña una función moderadora, es un moderador de las instituciones. Por supuesto, se trata de un término vago, porque mucho depende de la personalidad de cada rey y de su experiencia, su autoridad personal, su discreción, carisma y grado de cooperación con los dirigentes políticos. En la práctica, como en el caso de nuestro rey de hoy, puede ser muy importante. Don Juan Carlos tiene una gran autoridad y sigue desempeñando un papel muy importante. Claro está que no se habla de ello en los informativos, pero cuando despacha con el presidente del Gobierno, procura que las cosas se mantengan en la buena dirección, no en términos de intereses de partido, sino por el bien general de España. Siempre se interesa por que las instituciones judicial, legislativa y ejecutiva trabajen conjuntamente y también se preocupa por la imagen española en el extranjero. En esto tiene un papel muy importante, como también en los temas de defensa, para los que se le consulta sobre las líneas generales de acción y los nombramientos más importantes, además de los temas tecnológicos, porque tiene muy buena cabeza para la tecnología».

Ciertamente el Rey está muy bien informado no sólo en temas tecnológicos, sino también en asuntos internacionales, en los que su instinto y agudeza le permiten emitir juicios sensatos, precisos e incluso increíblemente proféticos: durante nuestro primer encuentro, en diciembre de 1988, mucho antes de la caída del Imperio Soviético, don Juan Carlos expresó preocupación por el peligro futuro de los regionalismos en el ámbito internacional. Richard Nixon se mostró impresionado ante ese don, tanto durante la visita oficial del Rey a Washington, en 1976, como en su entrevista privada de La Zarzuela, en 1978, cuando Nixon ya había dejado el cargo. «Como rey de una monarquía constitucional, tiene relativamente poco poder y, por tanto, no es preciso que esté muy informado de los asuntos internacionales. Pero el rey don Juan Carlos es una excepción. Yo lo definiría como un *homme serieux*, para usar palabras de De Gaulle.»

También es uno de los pocos monarcas de la historia lo bastante inteligentes y sensatos como para entregar un poder casi absoluto por propia iniciativa. En la mayoría de las ocasiones –en la propia historia británica, vienen a la memoria la Carta Magna y el Parlamento de Simon de Montfort–, parece como si el poder hubiera sido arrebatado en el minuto extremo, cuando ya el pueblo aporreaba las puertas. «Siempre he pensado que fue así porque, seguramente, ninguno de ellos se encontró en la misma situación, también hay que ser justo con esos reyes», dice don Juan Carlos. Sin embargo, ninguno tuvo la suma de previsión, sensibilidad y astucia necesarias para hacerlo con elegancia y antes de que se lo exigiesen, lo que sin duda habría sido más significativo y digno. «Sí, eso sí. Yo tuve la sensación de saber que la gente quería algo y después llegué más allá de lo que pedían, y la gente sabía que yo era la única persona capaz de lograrlo. En mí habían puesto, de verdad, toda su confianza, toda su fe.»

Para no traicionar esa confianza conservando más poderes para sí, don Juan Carlos, según dice Juan Luis Cebrián, «perdió el noventa por ciento de su poder, pero conservó el cien por ciento de su prestigio y autoridad personal ante el pueblo. Tuvo la inteligencia de comprender que esa vía era el único futuro de la monarquía».

NOTAS AL CAPITULO IX

1) Justino Azcárate había trabajado durante muchos años en la prestigiosa Fundación Mendoza, en Venezuela, y más tarde recibió el nombramiento de director del Museo de El Prado, con Jaime Carvajal como vicedirector.

2) Mientras hablábamos de Carrillo, el Rey se tomó unos momentos para contarme otra anécdota. «Cuando Giscard vino a visitarnos, se celebró en su honor un banquete oficial en el Palacio de Aranjuez y el hotel o restaurante que normalmente se ocupa de las cenas oficiales había tenido un mal día o algún problema, porque todo salió mal, muy mal. Todo lo que pueda decirle es poco. ¡Aquello no se podía creer! La sopa estaba fría, la carne demasiado dura; personalmente no me preocupo mucho por la comida, yo como poco, pero ¡en una cena oficial para un presidente francés! Los franceses, tan acostumbrados a Maxim y lugares así. Me volvía loco, me sonrojaba, sudaba... Al día siguiente asistimos a la cena oficial de Giscard, en Aranjuez, porque por entonces aún no estaba en condiciones El Pardo, y todo era perfecto hasta lo inimaginable. Es decir, Maxim por aquí y por allí, vinos, vinos franceses, todo perfecto. Yo pensaba, Dios mío, ¿qué van a decir de los españoles, qué van a pensar de nuestra comida y de la comida que el Rey dio a su presidente? No me importaba por mí, sino por los demás. Yo como muy poco. ¿Que no soy un gourmet? Sí, sí que lo soy, ¡pero no quiero engordar! Pues estaba pensando que debíamos resolver ese problema en el futuro y quizás hacer una licitación entre hoteles y restaurantes de Madrid, cuando el jefe de mi casa, el marqués de Mondéjar, se acercó para decirme que Santiago Carrillo, el secretario general del Partido Comunista de España, lo había tomado por el brazo para decirle: "Marqués, ésta debe ser la última vez que nuestro Rey ofrezca una cena así. No puede ser que el Rey dé una comida tan mala en una cena oficial. Es una vergüenza ¡Todos estamos representados aquí y es muy malo para nuestra imagen nacional que nos vean comer tan mal!"». Además de gracioso, el incidente resulta muy peculiar, porque demuestra que el líder del Partido Comunista se preocupaba a fondo del prestigio de la nueva España.

3) En 1977, para contribuir al arraigamiento de la monarquía en las mentes de los niños, cuyos padres se habían criado durante la dictadura, se estableció un concurso escolar anual con el título de «¿Qué es un rey para ti?», en el que pueden intervenir niños de todas las escuelas, con un cuento, una poesía, una composición, dibujos, pinturas, esculturas o cómics. Los ganadores de cada categoría, junto con sus profesores, reciben cada año una invitación para presentar sus trabajos –de los que aquí se reproduce una bonita selección– al Rey y a la Reina en La Zarzuela. El concurso fue idea de un monárquico ferviente, Luis de Zunzunegui Redonet y su Fundación Institucional Española (FIES).

CAPITULO X

De la Constitución al golpe del 23-F
(Diciembre de 1978 - febrero de 1981)

Había quienes no estaban de acuerdo con el juicio del Rey en cuanto a lo que el pueblo quería. Eran una minoría, pero poderosa: en su mayor parte provenían del Ejército, de la extrema derecha y de algunos sectores de la sociedad, incluidos, como señala un importante periodista, «muchos aristócratas que habían sufrido mucho durante la Guerra Civil y se mantenían al margen del franquismo y, especialmente, los militares que provenían de la aristocracia. Para ellos, legalizar el PCE era dar albergue al enemigo por cuya oposición ellos existían». Por cierto que el Rey no ignora que en algunos círculos, por esos tiempos, se le llamaba «el rey comunista». Algunas de esas personas, para las que la soberanía popular merecía sólo anatema, no rechazaban la idea de imponer su voluntad sobre el resto del pueblo, incluso por la fuerza de ser necesario, ya que no podían ejercer ninguna influencia a través de las instituciones, una vez instaurado con firmeza el mecanismo constitucional. Es decir, que la fuerza era el único camino abierto ante ellas. La mayor parte de la oficialidad sintonizaba con este grupo.

El 17 de noviembre de 1978, unas tres semanas antes del referéndum sobre la constitución y en vísperas de la partida del Rey hacia América del Sur para una amplia visita que se iniciaría en México, las Fuerzas de Seguridad recibieron un soplo sobre una conspiración que planeaba cercar el palacio de la Moncloa, residencia oficial del jefe del Gobierno, durante un consejo de ministros y tomar prisionero al Gobierno en pleno. Habían forjado este plan, que se conoció bajo el nombre de «operación Galaxia» por la cafetería donde se reunían los conspiradores, dos oficiales de la Guardia Civil: el capitán Sáenz de Ynestrillas (tiempo después asesinado por ETA) y el coronel Antonio Tejero Molina, quien sería uno de los dos cabecillas del golpe del 23 de febrero de 1981.

Se había pensado que doscientos hombres, reclutados en distintas unidades del Ejército, intervendrían en el cerco a la Moncloa. De inmediato, creía Tejero, varias unidades de la importante división acorazada Brunete, instalada en las afueras de Madrid, se sumarían al golpe. El objetivo –que, como también la estrategia y las tácticas, tenía una notable semejanza con el golpe del 23-F– consistía en instaurar un nuevo gobierno de salvación nacional dirigido por un militar y así presentar al Rey, que por entonces estaría en el extranjero, los hechos ya consumados. La conjura se descubrió porque uno de los oficiales de baja graduación con los que contactó Tejero tuvo dudas y consideró adecuado planteárselas a su superior, quien, a su vez, informó al general José María Bourgon, jefe del servicio de información dependiente del ministerio de Defensa (el CESID), quien de inmediato ordenó el arresto de Ynestrillas y Tejero. Esto es una prueba de que el Ejército, a pesar de su descontento, no era sedicioso.

El Gobierno de Suárez y la prensa prefirieron minimizar el asunto, porque temían alarmar sin motivo al país en vísperas del referéndum. Además, el aspecto y el comportamiento del coronel Tejero lo convertían en un personaje de opereta –tiempo después Felipe González diría de él que era un «personaje de vodevil»– y propiciaban la actitud de subestimarlo. Algo fácil y peligroso. Por muy absurda o inverosímil que pareciera su argumentación, es probable que reflejase, a pesar de todo, la opinión general de buena parte de los cuarteles del Ejército y la Guardia Civil. La prueba de la visceral simpatía que el Ejército sintió por los conjurados es el hecho de que les permitiera sacar gratis su conspiración. Después de mandar que fuesen arrestados, el Gobierno no quiso despertar hostilidad entre los militares y permitió que los conspiradores permanecieran a la espera de ser juzgados por un Tribunal Militar bajo arresto domiciliario, sin imponer restricciones a las visitas. Finalmente, el Tribunal Militar que se ocupó del caso en el verano de 1980, los encontró culpables de conspiración, ¡pero los condenó a siete meses de cárcel! Como ya habían pasado más tiempo que el fijado en la sentencia bajo arresto domiciliario, quedaron en libertad. Esa misma noche los fotógrafos de prensa los mostraban mientras brindaban con champaña para celebrarlo.

Esa sentencia ridícula, equivalente a una autorización oficial a la rebeldía, fue un insulto tanto para el Gobierno como para la opinión pública democrática. Ya se sabe que los años transcurridos entre la promulgación de la Ley de Reforma Política y el golpe del 23-F fueron una etapa de constantes complots y conspiraciones militares. En la temprana fecha de noviembre de 1977, cuando se discutía la Ley de Reforma Política, que fue el principio del desmantelamiento del estado franquista, los Servicios de Seguridad descubrieron que un grupo de generales y ex ministros militares –incluidos el almirante Pita da Veiga y el general De Santiago, que había renunciado al cargo de Ministro de Defensa durante el primer Gobierno de Suárez– habían mantenido una reunión secreta en Játiva con el capitán general de Valencia, Milans del Bosch –futuro organizador del golpe del 23-F–, y con el general Coloma Gallegos, el hombre que había protestado cuando el Rey recibiera a Josep Tarradellas, «ese rojo derrotado»; en aquella reunión pretendían organizar exactamente el gobierno de salvación nacional que tuvieran en mente Ynestrillas y Tejero. Lo único que debían hacer ambas corrientes sediciosas era unirse.

El Rey tenía buena información sobre la opinión y la moral del Ejército, pero todo lo que podía hacer en esas circunstancias era apartar a los sospechosos de los puestos de importancia. Por ejemplo, resultaría providencial para el fracaso del 23-F que, a petición personal del Rey, se cambiara al general Torres Rojas, al mando de la División Acorazada Brunete, por el general Juste, quien en la noche del golpe alertó al Rey sobre la identidad de uno de los cabecillas del complot. De mayor peso futuro fue el nombramiento, también hecho por el Rey, del general Guillermo Quintana como capitán general de la región de Madrid. La lealtad inamovible de Quintana iba a ser un factor capital en el fracaso del golpe del 23-F. El Rey era muy consciente de que, tras haber implantado la democracia con éxito, debía mantenerse vigilante para asegurar su consolidación.

Sin duda, la causa del descontento del Ejército era su amargura ante la pérdida del poder a favor de las instituciones democráticas que, como señalaba el Rey en un comentario recogido en el capítulo anterior, lo apartaban de su posición de gobernador y árbitro del país para limitarlo a la de defensor de la nación. El elemento inmediato de irritación era la escalada de violencia sin precedentes del año anterior: la delincuencia aumentaba –en las calles de Madrid, por primera vez, eran frecuentes los asaltos– y ETA había lanzado una campaña terrorista de ferocidad sin límites. Sus víctimas eran casi exclusivamente miembros de las Fuerzas Armadas, la policía y la Guardia Civil. De modo que, tal vez, no era del todo inaceptable ni antinatural que añorasen los buenos tiempos viejos. En los siete años finales del franquismo y en los dos y medio iniciales de la monarquía, fueron 190 las víctimas de ETA. Desde enero de 1978 hasta fines de 1980, ese número subió a 327; sólo en 1978 la banda terrorista asesinó a 78 personas.

Hasta ese año de 1978, la mayoría de los asesinatos de ETA casi se limitaban al propio País Vasco, o a personas directamente implicadas en los asuntos vascos. Pero desde esa fecha en adelante se expandieron a Madrid y a todas las regiones españolas. Ante esto, cabe preguntarse: ¿acaso algunos elementos de la extrema derecha o neofascistas empezaban a tomar ETA como subterfugio, precisamente para desestabilizar el país? A lo largo del verano de 1978 hubo varios atentados con bomba en diversos puntos del Mediterráneo; en Madrid, en el mes de julio, morían asesinados en su coche el general Sánchez Ramos y su ayudante, ninguno de los cuales tenía ninguna conexión con el problema vasco. Pocos días después, otra bomba estallaba en Madrid para dejar cinco muertos y cientos de heridos[1]. La campaña tenía el fin concreto de provocar un levantamiento y una ruptura del Ejército, para que frenara, o mejor destruyera, la democracia incipiente. La eficacia de ese plan demoníaco se puede ver en otro incidente sucedido el mismo día en que Tejero y su cómplice fueron arrestados.

El Ministro de Defensa, general Gutiérrez Mellado –que junto a Suárez era el hombre más odiado en España por el Ejército y la extrema derecha–, hacía una visita oficial a la base naval de Cartagena, con el objetivo de explicar la Constitución a los oficiales y cadetes y a sus mandos, como lo había hecho en muchas otras bases y cuarteles, por lo común sin problemas. Pero en esta ocasión, interrumpió a la mitad la disertación del ministro un oficial, capitán de fragata, que leyó un documento en el que se denunciaba la Constitución por su carácter ateo e inmoral. Los militares, ultraconservadores, estaban en contra del divorcio y de la legalización del aborto, además de no aceptar la libertad política. De inmediato se produjo un intercambio airado de palabras, durante el cual el general Juan Atares Pena –a quien en Pamplona asesinaría un comando de ETA en 1985–, jefe de la Guardia Civil de la región, se puso en pie y gritó: «¡La Constitución es la gran mentira! ¡Arriba España! ¡Viva Franco!» El ministro ordenó al general Atares que saliera del salón y, cuando le oyó gritar insultos como «¡traidor, cerdo, masón, espía!», en una muestra de típica paranoia franquista mientras se alejaba por el corredor, envió al general Milans del Bosch, capitán general de la región, para que arrestase a Atares.

Gutiérrez Mellado dijo entonces a sus oyentes que situaciones como ésa beneficiaban de manera directa a ETA –«eso es lo que ellos quieren: desestabilizar el país»– e hizo un reproche a todo el Ejército. «Todo el Ejército no, general. Muchos pensamos como usted y estamos de acuerdo con el Gobierno.» Sin embargo, tanto el Gobierno como la persona de Suárez perdían popularidad día a día. Aparte del problema terrorista, había un clima general de desencanto en el país. Después de los eufóricos años de la transición, la gente ponía pie en tierra. Sí, la dictadura había desaparecido y se había establecido la soberanía popular. Pero en lugar de la utopía que todos habían esperado, las cosas estaban muy lejos de la perfección. La economía, seriamente descuidada en los primeros años del decenio de 1970 y desastrosamente afectada por la crisis del petróleo de 1973-1974, era un caos temible. No obstante, Suárez no podía concentrarse en ella antes de que las reformas políticas estuvieran en marcha. Sólo después de las elecciones de junio de 1977 se sintió en condiciones de dar al tema económico la prioridad que exigía con urgencia. Para ello, nombró al conocido economista y catedrático Fuentes Quintana para que elaborase un programa de austeridad que lograra combatir el índice de inflación –un 30 por ciento–, el déficit de la balanza de pagos, que crecía de un día para otro, y el descenso de la productividad.

Pero el programa de Fuentes Quintana, en el que se incluía un recorte de salarios y del crédito, no podía funcionar sin el consentimiento de los partidos de la oposición, que controlaban a los sindicatos, en vista de que durante el año anterior el número de huelgas que se hicieron en España había superado incluso el récord mundial de Italia en la materia. En octubre de 1977, Suárez reunió a todos los líderes de la oposición en el palacio de la Moncloa y les pidió que apoyaran un programa de austeridad y que aconsejaran lo mismo a los sindicatos. Todos aceptaron el compromiso –los comunistas de inmediato, los socialistas con menor presteza– y el acuerdo, conocido como Pacto de la Moncloa, se firmó en una solemne sesión. Con esto, el Gobierno tenía las manos libres para tratar de controlar la economía, aunque su éxito sería sólo parcial.

El Rey era consciente de que el apoyo al jefe del Gobierno se debilitaba. En mayo de 1978, declaraba a un periodista británico que Suárez estaba en una posición delicada: banqueros, empresarios, la sociedad, todos estaban en su contra. Los únicos en quienes podía confiar eran los comunistas, los catalanes y el sector no violento de los vascos. Para describir las condiciones inestables existentes, el Rey decía que acababa de oír que en Bilbao la policía había encontrado armas, incluidas ametralladoras, en la sede central del Partido Socialista; esas noticias no se habían difundido. No obstante, el Rey se mostraba complacido de que el país tuviera el valor de hacer frente a sus problemas en lugar de acudir al Gobierno en busca de ayuda para resolver problemas industriales o laborales, como se había hecho en los tiempos de Franco; a pesar de los problemas del País Vasco, había una sensación creciente de seguridad política en toda España.

En esto último pronto se llevaría una dura desilusión: inmediatamente después de la firma de la Constitución, a fines de diciembre, ETA respondía con otra ola de asesinatos. Era como si declarara la guerra a un Gobierno que, con todo, se disponía a cumplir con buena parte de las demandas de los vascos y ya negociaba con el Partido Nacionalista Vasco (PNV) el borrador de un estatuto de autonomía similar al catalán. Ese estatuto se ratificó en el Congreso y fue firmado por el Rey en diciembre de 1979. Por él se otorgaban más poderes y privilegios que los concedidos en 1936 bajo la República; el texto se sometió a referéndum regional y obtuvo el 90 por ciento de los votos. Pero el índice de abstención –el 44 por ciento del censo electoral– volvía a ser muy alto: en términos reales, significaba que sólo la mitad de la población vasca aceptaba formalmente su autonomía dentro de la unidad española.

Tan pronto como se ratificó la Constitución, Suárez disolvió el parlamento, elegido sólo para redactar ese texto, y convocó nuevas elecciones generales para el mes de marzo. A pesar del «desencanto» y del clima de temor desatado en el país por la campaña terrorista, las elecciones tuvieron un resultado similar al de junio de 1977. Una vez más, el pueblo se apartó de los extremos y se decantó por el centro. Lo que en los últimos dos años y medio había logrado Suárez era casi único y, una vez más, su brillante presentación televisiva aseguró la victoria a su partido. Aunque el resultado, en esencia, fue muy semejante al de 1977, el porcentaje de abstención fue mayor: a pesar de que la edad mínima para votar pasó de los 21 a los 18 años, sólo dos tercios del electorado se presentó en las urnas.

A lo largo de ese turbulento período, el Rey mantuvo la certeza absoluta de que todo saldría bien al fin. Al respecto, declaró al periodista Baltasar Porcel[2] que estaba convencido de que España lograría la recuperación económica y la estabilidad política. «Mi confianza en el pueblo español era, y es, absoluta y mis palabras y actos de esa época la reflejan.» Sin embargo, ¿no hubo momentos muy peligrosos? «No puedo concebir la vida de una persona o de un pueblo en la que las cosas, en especial las importantes, no hayan parecido a veces estar pendientes de un hilo o al borde de un precipicio.» ¿Significa eso que el Rey ve el peligro, los riesgos, como un elemento integrante de importancia en el desarrollo individual o histórico? «Sí, pero me refiero al riesgo no como una pirueta o aventura vacía, sino como una respuesta consciente y valerosa a los desafíos a los que las circunstancias o la naturaleza nos expone sin cesar. El gran historiador Arnold Toynbee basó toda su obra "El estudio de la historia" en este precepto.»

El mensaje estaba claro: a pesar del clima general de desencanto, que más tarde se sabría cuidadosamente cultivado por fuerzas siniestras, la mayoría del país quería la democracia y estaba contento con ella. La gente que ya no podía influir en los acontecimientos a través de las instituciones legales empezó a conspirar para hacerlo por otros medios. Esperaban el momento oportuno mientras minaban la moral y la confianza públicas, a la vez que explotaban el hecho de que, después de un año de terrorismo incesante, el país estuviera comprensiblemente alterado. Sabían que todo eso caía sobre Suárez y su Gobierno, que en efecto empezó a perder popularidad de modo sostenido. Además, el jefe del Gobierno, tras las elecciones de 1979, declaró que la etapa del consenso había llegado a su fin y que todos los partidos eran libres de elaborar su propia política y atacar al Gobierno. Los socialistas, que gracias a sus alianzas con los comunistas habían obtenido notables victorias en las elecciones locales posteriores a las generales de marzo de 1979, se internaron por el camino de la guerra. La propia UCD de Suárez empezó a fracturarse en facciones enfrentadas, también en este caso con la participación de siniestras fuerzas ocultas, de cuya existencia pocos eran conocedores en esa época.

A pesar del voto de confianza en el Congreso de los Diputados, Suárez recibía golpes de todos los sectores: el Ejército, la extrema derecha, la Iglesia, el Opus Dei, la prensa, la banca. El hombre que junto al Rey había llevado la democracia a España ya no parecía estar en condiciones de mantener con firmeza las riendas de la situación. Con la idea de que se había convertido en un problema para su partido, deseoso de salvar las instituciones por cuya implantación él y don Juan Carlos habían peleado tanto, y cansado de los ataques constantes a los que estaba sometido, se decidió a dimitir como jefe del Gobierno y de su partido, ya preparado para aceptar al sucesor elegido, Leopoldo Calvo Sotelo, hombre de posición algo más derechista que la de Suárez. De esta manera, era de esperar, se evitaría la crisis política.

Estaba claro que se cernía una crisis política. «Se podía oler en el aire», afirma un observador. El periódico *El Alcázar* publicó varios artículos firmados por «El Almendro» (en alusión a los del himno falangista Cara al sol, uno de cuyos versos los menciona nuevamente florecidos), en los que se insinuaba que en la primavera se produciría un golpe de Estado. Cuando Suárez descubrió que incluso algunos socialistas suscribían la idea de un «golpe suave» para desembarazarse de él, decidió que permanecer en el poder no merecía ese riesgo. Uno de los miembros más prominentes de la ejecutiva del PSOE, Enrique Múgica, por entonces secretario de relaciones políticas del partido, especialista en temas militares, mantuvo contactos estrechos con Alfonso Armada, con quien, según *El País* del 19 de noviembre de 1991, había comido el 22 de octubre de 1980 en la casa del alcalde de Lleida. El Ministro de Defensa de Suárez, Agustín Rodríguez Sahagún, se interesó por conocer el contenido de esa conversación y citó al general Armada a su despacho. También aprovechó una entrevista con Múgica, destinada a otros asuntos, para preguntarle por lo hablado durante la comida con Armada[3].

En noviembre de 1980, según un documento elaborado por los Servicios de Seguridad estatales, titulado «Panorama de operaciones en curso» y publicado en *El País* en el décimo aniversario del 23-F, se tenía conocimiento por entonces de tres complots militares diferentes. El informe aseguraba que ese movimiento se apoyaba en un grupo formado por militares y civiles, con experiencia en el campo, y por un grupo de distinguidos generales aún en servicio, dueños de un pasado glorioso y gran poder de convocatoria. También, se decía, había que utilizar un mecanismo formalmente constitucional, para que se mantuviera una mínima apariencia de legalidad, a fin de evitar que la operación se definiera como «un golpe». La planificación del operativo había comenzado un año antes, es decir, justo en el momento en que el Gobierno de Suárez empezaba a verse bajo el ataque constante de todos los sectores, y se llevaría adelante con presiones concéntricas de diverso origen –a través de las estructuras financiera, eclesiástica, militar y parlamentaria, de la prensa y de personalidades individuales– para provocar la caída de Suárez. No es extraño que, tras el discurso de despedida televisado de Adolfo Suárez se dijera que, a pesar del mandato claro de los electores, él dimitía por las presiones ejercidas por determinados sectores de poder, los «poderes fácticos».

El documento prosigue explicando que el gobierno impuesto por el Ejército estaría encabezado por un general y que en su composición entrarían, a partes iguales, militares y civiles, procedentes de la UCD, del PSOE y de una coalición democrática, pero sobre quienes el Ejército ejercería un derecho de veto. Tendría que ser un gobierno de salvación nacional y en su programa se incluiría una reforma de la Constitución, una reorganización drástica de la legislación y de la estructura regional, nuevas leyes electorales, nuevas leyes laborales y de orden público, la erradicación del terrorismo y la ilegalización del Partido Comunista: en otras palabras, era un retorno al franquismo. Al final de su mandato, ese gobierno convocaría elecciones. Mientras tanto, los distintos grupos tendrían que unirse, para evitar una dispersión de fuerzas, y aumentar la presión sobre Suárez, la Corona y los distintos partidos. El documento concluía diciendo que la viabilidad de la operación era alta y que se produciría, descartadas circunstancias imprevistas, antes de la primavera de 1981.

Seguía con la afirmación de que la primera de esas conspiraciones estaba en manos de un grupo de generales –los que habían participado en la reunión de Játiva–, que hasta el momento se habían limitado a hacer análisis críticos de la situación pero que poco tiempo atrás «habían asumido un papel más preponderante» y cuyo contacto político potencial era Manuel Fraga. La segunda era el "plan de los coroneles", que organizaba un golpe para un año y medio o dos más tarde, momento en el que, pensaban, tanto la UCD de Suárez como el PSOE de Felipe González se habrían quemado por sí mismos. El informe, tomado de los archivos de un antiguo ministro, dice que los conjurados eran «fríos, racionales y metódicos»; además insiste en que su número crecía día a día, en que no eran monárquicos y en que, si la situación se desarrollaba según sus planes, el daño sería irreparable, aunque les preocupaba la inexistencia de un partido político que concordase con su forma de pensamiento.

En tercer lugar, estaba la «operación de los espontáneos», cuyo fin era golpear en el centro neurálgico del poder. No se aclaraba la identidad de los implicados, pero el documento hace una referencia al precedente de la operación Galaxia, en la que había intervenido el coronel Tejero. El informe tampoco menciona el objetivo mismo del ataque, aunque habla de la Moncloa y de ciertos ministerios clave y no nombra el Congreso de los Diputados. También explicita un detalle interesante: «desde el momento en que el golpe del comando terminase con éxito, el grupo espontáneo se pondría a las órdenes de los comandantes militares que darían la forma definitiva al golpe»: en otras palabras, ¡exactamente lo que Tejero intentaría hacer el 23-F!

Con esa información tan precisa entre manos, ¿por qué el Gobierno no actuó para detener a los conspiradores en el camino, como se hizo en noviembre de 1978 con la operación Galaxia? Tras inquirir en varias fuentes, *El País* supo por un alto funcionario del Ministerio del Interior, quien reconocía la pasividad del Gobierno, que por entonces el partido perdía sus fuerzas en las disputas internas. Con la perspectiva que da el tiempo, se puede entender que las fuerzas oscuras aludidas en ese documento secreto provocaban y atizaban esas disputas. Esta situación llegó a tal extremo que el general Gutiérrez Mellado se sintió obligado a advertir al Gobierno, en términos ásperos, de que si no corregían ese comportamiento iban a terminar «en medio de la mierda»[4]. Pero las preguntas siguen en pie: ¿los funcionarios del Ministerio del Interior y de la Seguridad del Estado comunicaron a Suárez lo que sabían? Sin duda no lo habían hecho hasta el 26 de enero cuando, cuatro días antes de anunciarlo al país, el presidente del Gobierno dijo a los líderes de su partido, reunidos en la Moncloa, que tenía la intención de renunciar y agregó: «al menos, os he resuelto el problema militar»[5].

Suárez había anunciado al Rey su decisión el 25 de enero, y tenía la idea de hacerla pública en el próximo congreso de su partido, que se celebraría en Palma de Mallorca. Pero el congreso se pospuso a causa de una huelga y la noticia empezó a filtrarse, por lo que decidió darla a conocer por televisión el día 29 de enero. Después de comentar que era víctima de los «poderes fácticos» –y tenía razón, como lo prueba el documento antes citado–, aunque sin negar sus propios errores, Suárez terminó declarando, casi como una premonición, que se iba porque no quería que «el sistema democrático de convivencia sea, una vez más, un paréntesis en la historia de España». Al cabo de menos de un mes, se correría el riesgo de llegar, precisamente, a eso.

Pocos días después del anuncio de la dimisión de Suárez, el Rey y la Reina empezaban el mes de febrero –durante el que don Juan Carlos tendría que pasar por algunas de las pruebas más duras de su vida, tanto en lo político como en lo personal– con una muy planeada visita a la sede del Parlamento Vasco, en la histórica ciudad de Guernica. Ningún monarca español había puesto sus pies en la Casa de Juntas vasca en quinientos años. La visita del Rey no tenía tan sólo el valor de una forma de enmendar esa omisión, sino también el de un modo de resaltar su propio papel de símbolo de unidad entre esa comarca, de tan fiero individualismo y tan decidida a mantener su identidad separada, y España.

Al llegar a la Casa de Juntas en compañía de sus tres hijos, la pareja real recibió el aplauso de los 300 miembros del parlamento y de los funcionarios que escucharon la Marcha Real. Pero cuando el Rey inició su discurso, cuarenta separatistas vascos, pertenecientes a las filas de Herri Batasuna, la rama política de ETA, se pusieron en pie y empezaron a cantar el himno vasco con aire desafiante, alzados los puños. El Rey se detuvo, pero permaneció impávido. Se enfrentó a los provocadores y se llevó una mano al oído, como si no pudiera escuchar bien, como para pedirles que, por favor, gritasen más fuerte. El incidente duró varios minutos, hasta que los encargados de la seguridad arrastraron a los manifestantes fuera de la sala. En un agregado a su discurso, don Juan Carlos declaró: «Ante quienes practican la intolerancia, desprecian la convivencia, no respetan las instituciones ni las normas más elementales de una ordenada libertad de expresión, yo quiero proclamar, una vez más, mi fe en la democracia y mi confianza en el pueblo vasco»; a continuación estalló una ovación clamorosa en la sala. Más tarde, los Reyes recibieron una cálida bienvenida en el centro de Bilbao.

Desde Euskadi, los Reyes fueron a Baqueira Beret, para pasar el fin de semana esquiando. Pero poco después de llegar a la estación de los Pirineos, la Reina recibió el aviso urgente de que debía volver a Madrid: su madre, la reina Federica de Grecia, había sufrido serias complicaciones cardiacas tras una operación menor. Cuando doña Sofía llegó, su madre había muerto. Después de la partida de la Reina, el general Armada –que por entonces era aún gobernador de Lleida, donde se encuentra Baqueira Beret– pidió ser recibido por el Rey. No había nada raro en eso, porque el general tenía en su haber muchos años de servicio leal. Como la Reina ya había partido hacia Madrid, se anuló la cena encargada en el conocido restaurante Casa Irene y se organizó otra en el chalé del Rey, donde la infanta Elena hizo de anfitriona preparando una improvisada tortilla. Armada se mostró furioso por el insulto que el Rey había sufrido en el Parlamento Vasco –un caso evidente de mostrarse «más realista que el Rey», quien se había tomado el incidente con tranquilidad–, porque, en su opinión, aquello culminaba una situación que sin duda escapaba al control del Gobierno.

Sus puntos de vista despertaron ciertas sospechas en el Rey, pero, como tiempo después lo explicaría a Philippe Nourry, en ese momento no vio en Armada trazas de sedición, y, desde un enfoque psicológico, estaba en lo cierto. Según cuentan sus amigos, uno de los pocos defectos del Rey es su excesiva lealtad a los que le han servido bien durante largo tiempo. Claro está que no podía saber que el general era la fachada de hombres sediciosos de verdad. Por tanto, cuando a principios del año el Jefe de la Junta de Jefes Estado Mayor (JUJEM), general Gabeiras, había pedido a Armada que acudiese a Madrid como su segundo, el Rey no puso objeciones.

El hecho de que Armada fuera a Madrid tenía un enorme valor para los instigadores del golpe, el coronel Tejero y el general Milans del Bosch, que además de capitán general de Valencia era miembro de una de las familias de militares más distinguidas del país, cuyos antepasados se remontaban a las guerras napoleónicas. Milans era uno de los más respetados héroes de la Guerra Civil, en la que había intervenido en el legendario sitio del Alcázar de Toledo. Se dice que el Rey no lo consideraba demasiado bien dotado intelectualmente. No obstante, Milans tenía la inteligencia necesaria para comprender que las mayores posibilidades de éxito estaban en reunir las dos distintas corrientes sediciosas, la de los generales y la de los coroneles. Por un intermediario estableció contacto con el coronel Tejero, en Madrid, ya en julio de 1980, cuando tenía diseñada su estrategia primordial, que después se conocería en detalle en el informe de los Servicios de Seguridad, antes citado.

Mucho antes, en 1977, Suárez había apartado a Armada de su cargo de secretario general del Rey, porque dudaba de él. El general, en aquellas circunstancias de 1980, se sumó a la conjura. Hacía tiempo, y así lo prueban sus encuentros con otros militares y con distintas figuras –Enrique Múgica, por ejemplo– que se veía como el posible jefe de un gobierno de salvación nacional, impuesto por el Ejército para sacar al país del caos imperante. La idea incluso había aparecido en letras de molde, en un artículo firmado por Emilio Romero, conocido periodista y antiguo miembro de la Falange. No obstante, el Rey parecía desconocer las intenciones de Armada, aun cuando había demostrado que su criterio era muy agudo en materia de detectar a posibles conspiradores.

Que Armada estuviese junto al Rey era de importancia capital para los planes de Milans del Bosch: pretendía usarlo como un reclamo para convencer y arrastrar a los demás jefes militares a su complot, el cual, para tener éxito, tendría que ampararse en el nombre del Rey. Por tanto, cuando se reunieron, el 18 de enero, los conspiradores decidieron esperar hasta el mes siguiente, momento en que se concretaría el traslado de Armada a Madrid. También esperaban que Suárez no obtuviera el voto de confianza. Pero la dimisión les daba una oportunidad incluso mejor: según la Constitución, el Parlamento debía aprobar la elección de Calvo Sotelo como sucesor y la votación se había fijado para el día viernes 20 de febrero.

El miércoles 18 de febrero, después de consultar con Armada, Milans preguntó a Tejero si podía poner en práctica la ocupación del Congreso de los Diputados el día 20, cuando debía empezar la votación para confirmar a Calvo Sotelo. Tejero respondió que, al ser viernes, le resultaría difícil movilizar a sus números. Era mejor posponer el asalto hasta el lunes, cuando sus hombres estarían de regreso en el cuartel y los diputados se reunirían en el Congreso para votar. Así se estableció la fecha definitiva: lunes 23 de febrero de 1981, una fecha que para siempre quedó impresa en la mente de todos los españoles que vivieron esos acontecimientos.

NOTAS AL CAPITULO X

1) Pocos días antes del asesinato del general Sánchez, en el aniversario del 18 de julio, que siempre fue fiesta nacional en la era franquista, la extrema derecha había reunido a 20.000 simpatizantes en la plaza de toros de Madrid, donde escucharon los discursos de Blas Piñar y el neofascista italiano Giorgio Almirante, mientras el periódico El Alcázar *se mostraba más agresivo e histérico cada día.*

2) La Vanguardia, *19 de julio de 1988.*

3) El País *afirmaba, en el número citado, que pocos días después de su encuentro con Armada, Múgica se había reunido en la Casa dels Canonges, junto al Palau de la Generalitat de Barcelona, con Jordi Pujol y el portavoz de los nacionalistas catalanes en el Congreso, Miquel Roca, ocasión en la que, se dice, sugirió la posibilidad de un gobierno encabezado por el general Armada. Al respecto, pidió a los dirigentes catalanes que dejaran en manos de los socialistas la búsqueda de una salida a la crisis política. Su propuesta tuvo una acogida fría. El periódico afirma que Múgica informó a Felipe González por escrito de su conversación con Armada. La oficina de prensa del PSOE, ante la solicitud de los periodistas para ver ese documento, respondió que «si alguna vez existió, no se conserva en los archivos del partido». Pero* El País *declaró que tenía pruebas de que Múgica había informado verbalmente a otros miembros de la ejecutiva del PSOE. Al menos uno de ellos, cuyo nombre no se cita, se asombró de que Múgica no hubiera rechazado de inmediato toda insinuación que implicara un apoyo del Partido Socialista a la idea de reemplazar al jefe del Gobierno por un militar. Diez años después de esas conversaciones, Múgica, desde su cargo de Ministro de Justicia, se negó a contestar a* El País *para aclarar aquellos hechos.*

4) El País, *18 de febrero de 1991.*

5) El País, *19 de febrero de 1991. Durante toda la semana, el periódico publicó una admirable investigación de José Luis Barbería y Joaquín Prieto sobre los antecedentes del golpe de Estado.*

Capítulo XI

El golpe del 23 de febrero
El supremo momento del Rey

El lunes por la mañana, Milans y Tejero estaban preparados para movilizarse con 288 hombres, incluidos 15 oficiales reclutados en un cuartel madrileño, y seis autobuses escolares comprados expresamente para transportar a esa fuerza; el dinero, mantuvo siempre el coronel, provenía de una herencia de su mujer, pero no se puede dudar que algunos grupos financieros hicieron una inversión importante en el golpe, tal como lo habían hecho en *El Alcázar* durante años. Tejero, pues, se aprestaba a asaltar el Congreso de los Diputados. El coronel que estaba a cargo del cuartel, también comprometido en la conjura, permitió que Tejero soltara un «discurso» a su tropa, hombres a los que se había dicho que eran voluntarios que iban a una «misión especial de excepcional importancia patriótica» que «salvaría el honor de España»; él mismo había recibido los autobuses y, para asegurarse de que los hombres tuvieran su armamento completo, organizó una revista de armas para las cuatro en punto. Una vez embarcados en los autobuses, la infortunada tropa, que tal vez no sabía en qué se metía, oyó otra arenga de sus oficiales, quienes dijeron que iban a «salvar a España ocupando el Congreso, donde el Gobierno y los diputados estaban prisioneros de ETA».

A las 6.20 de la tarde, los diputados estaban en plena sesión: se celebraba la votación, por orden alfabético, que debía confirmar al nuevo jefe del Gobierno, Leopoldo Calvo Sotelo. El presidente del Congreso, Landelino Lavilla, había llegado al número ciento catorce de la lista, cuando su voz quedó ahogada por los gritos que provenían de los pasillos. «¿Qué pasa?» preguntó, y mandó a un ujier para que lo averiguara. Pocos segundos después, aterrado, el ujier volvió a la sala gritando que allí estaba «la Guardia Civil con armas». Tras sus talones, irrumpió Tejero tocado con el tricornio, pistola en mano y seguido por sus hombres, con armas automáticas, que dispararon ráfagas al aire; el coronel subió a la tribuna de oradores y ordenó a gritos: «Todo el mundo quieto. No pasa nada. ¡Al suelo, todo el mundo al suelo!»

Un hombre erguido, canoso, se levantó de los bancos del Gobierno: era el general Gutiérrez Mellado, vicepresidente del Gobierno; se acercó a Tejero y le ordenó que entregara las armas. «Entregue las armas. ¿A las órdenes de quién está usted, quién es su comandante?» «Quédese donde está», respondió el intruso. «Estamos a las órdenes del general.» «¿Qué general? ¡Aquí el único general soy yo y le ordeno que deponga las armas!» El coronel Tejero Molina empujó rudamente al ministro hacia el banco del Gobierno y, mientras disparaba al aire, volvió a gritar: «¡Al suelo todo el mundo!»

Los 350 espantados legisladores se tiraron al suelo. Todos menos tres: Adolfo Suárez, que aún era el Presidente del Gobierno de España y tenía clara conciencia de la dignidad de su cargo y de todo lo que representaba; Santiago Carrillo, el veterano dirigente comunista, sabedor de que, si eso era el preámbulo de un golpe militar, a él lo fusilarían de todos modos y por tanto lo mejor era morir de pie; y el general Gutiérrez Mellado, al que Tejero, tras bajar de la tribuna, había intentado poner una zancadilla y echar al suelo. Suárez trató de intervenir en ayuda de su colaborador, que aún se resistía, pero ambos quedaron dominados y tuvieron que volver al banco azul.

Por una increíble casualidad, y sin que fuese advertida por los asaltantes, una cámara de televisión grababa en directo, dentro del circuito cerrado del Congreso, toda la escena; a la vez, desde la galería de prensa, los periodistas de la radio transmitieron, en voz baja, lo que estaba pasando hasta que los guardias civiles los descubrieron. Así fue como el asalto al Congreso de los Diputados llegó a todos los hogares, coches y bares de España. Cuando se oyeron los disparos, la mayoría de los españoles quedaron paralizados por el miedo. La primera reacción fue pensar que se trataba de otro atentado terrorista de ETA, después de la escalada de violencia de los meses anteriores. Cuando los comentarios de los periodistas de la radio dieron a entender que aquello era algo más siniestro aún, muchos sintieron pánico: nadie podía predecir en qué o cuándo terminaría ese asalto. ¿Era un golpe militar sangriento y, en tal caso, llevaría a otra dictadura, al renacimiento del franquismo? ¿O abriría el camino a un «gobierno de salvación nacional», es decir, a un franquismo con guantes de seda? ¿O, peor aún, era el preludio de otra guerra civil? El fantasma de la contienda, la pesadilla que casi todos los españoles —con la excepción de unos pocos extremistas desquiciados— querían evitar a cualquier coste, hizo que muchos se escondieran. En todo el país las calles quedaron vacías. Todo el mundo estaba pegado a la radio y al televisor.

Tejero, después de cortar las líneas telefónicas, permitió que los diputados se sentaran, con las manos a la vista sobre sus mesas. Cuando Suárez exigió una explicación, le dijo que actuaba por orden del general Milans del Bosch. En cuanto tuvo la sala bajo control, hacia las siete de la tarde, el coronel corrió a telefonear a Milans, que estaba en Valencia, para informarle del éxito obtenido en su parte de la operación.

El golpe se basaba en la estrategia de usar el hecho de que, por ser Armada un hombre cercano al Rey, se podía decir que la operación se hacía en nombre de don Juan Carlos. El planteamiento táctico era triple. Fase uno: Tejero ocuparía el Congreso y mantendría capturados a todos los representantes del país; esto se llevó a cabo por completo. Fase dos: Milans declaraba el estado de guerra en su región, se ocupaba del despliegue de los carros de combate de la División Maestrazgo —la segunda por sus fuerzas, después de la madrileña Brunete— por las calles de Valencia y de ordenar la ocupación de la emisora de radio local, que empezó a emitir el manifiesto en que el general convocaba a las restantes regiones a unirse a la rebelión en nombre del Rey. Esta fase se puso en marcha inmediatamente después de la llamada telefónica de Tejero. De regreso en el hemiciclo, el coronel ordenó a Suárez que fuera a una sala contigua, donde el presidente en funciones permaneció aislado y bajo custodia hasta primera hora de la mañana siguiente. Poco después encerraba en otra sala a Gutiérrez Mellado, Felipe González, Santiago Carrillo, Alfonso Guerra y al Ministro de Defensa, Agustín Rodríguez Sahagún.

Pero la parte más importante de ese plan era la fase tres: sacar a las calles de la capital a la famosa División Acorazada

Brunete, cuyos efectivos eran de 14.000 hombres. Esta fase jamás llegó a cumplirse, en parte por casualidad y en parte por la intuición del Rey, que había sacado del comando al general Torres Rojas –de quien tenía alguna sospecha– para poner al general José Juste al frente de esa división y, por fin, gracias a la lealtad del capitán general de Madrid, general Guillermo Quintana, que no dio la orden para que los carros de combate se desplegaran en la capital, cosa que había ocurrido en Valencia. El fracaso en la movilización de la División Brunete fue una de las causas capitales del fracaso de la intentona. La otra fue la negativa tajante del Rey a tomar parte en el golpe.

El general Juste tuvo un papel importante en el desarrollo de los acontecimientos al advertir al Rey, en una llamada telefónica, acerca del comportamiento sedicioso de Armada. Juste había salido de Madrid esa mañana para presenciar las maniobras militares en Burgos, en las que intervenían varias de sus unidades. Alertado por su segundo, el coronel San Martín, muy implicado en la conspiración, sobre la presencia en Madrid del general Torres Rojas, antiguo comandante de la división, Juste pensó que había algo raro y decidió volver a su cuartel de El Pardo. Allí se encontró con Torres Rojas y con otro conspirador, el coronel Pardo Zancada, de su propia división. Con la colaboración de San Martín, los rebeldes presionaron para reunirse con Juste en su despacho a las cinco de la tarde. Resultaría una fortuna que también asistiera a la reunión una quinta persona, el general Joaquín Yusty, comandante de la unidad de artillería de la división.

Los conjurados empezaron a exponer sus objetivos y planes tácticos y pidieron a Juste, en inferioridad de tres contra uno en ese momento, que sacara su tropa a las calles de Madrid. Juste aceptó la movilización de una sola unidad, que ocuparía la sede de Radio Televisión Española. En ese momento, el general Yusty intervino para sugerir que, antes de sacar a los hombres a la calle, sería mejor llamar a Guillermo Quintana, capitán general de Madrid, para preguntarle cuáles eran las órdenes del Rey. Los rebeldes consiguieron evitar esa llamada. Yusty insistió en que, al menos, intentaran localizar a Armada, el hombre cuya participación presuntamente garantizaba el apoyo del Rey. «Estamos perdiendo tiempo», respondieron los conjurados, pero, como

Armada estaba con ellos, no impidieron al general Juste, jefe de Yusty, llamar a La Zarzuela. Eran las seis y media de la tarde.

A las seis y veinte, mientras se producía el asalto al Congreso de los Diputados, el Rey, vestido con prendas deportivas, esperaba a un amigo para ir a jugar una partida de *squash* y revisaba algunos papeles en su despacho cuando oyó disparos en la radio. De inmediato tocó un timbre y llamó a su secretario general y principal consejero, el general Sabino Fernández Campo –un militar liberal que ocupaba ese cargo desde 1977, cuando se había destituido a Armada a petición de Suárez–, para decirle: «Sabino, ¿sabes qué pasa en el Congreso? Entérate, rápido».

En ese mismo momento se produjo la llamada del general Juste, que pedía hablar con el general Armada. En la centralita le dijeron que no estaba en palacio. ¿Podía, entonces, hablar con el general Fernández Campo? Le dijeron que el general estaba hablando por teléfono pero que lo llamaría en unos minutos, y así fue. «¿Cómo van las cosas por ahí?», preguntó con su calma proverbial Fernández Campo. «Pues ya te lo puedes figurar», respondió Juste. «Supongo que Armada te habrá dicho lo que pasa.» «¿Armada?» «Sí, Armada, ¿no está ahí?» preguntó Juste, sorprendido. En ese momento Fernández Campo se dirigió al despacho del Rey, a quien encontró en medio de otra conversación telefónica. Le hizo señas inquietas para indicarle que algo serio estaba ocurriendo y el Rey dejó su llamada en espera. Fernández Campo le explicó que tenía en línea al comandante de la División Acorazada Brunete, quien preguntaba si el general Armada estaba en La Zarzuela. «Estoy hablando con él», dijo el Rey. «Pero dile que no está aquí y que tampoco se le espera.» Cuando Juste oyó esa noticia respondió: «Vaya, eso cambia las cosas». Añadió que había habido una confusión y que había ordenado salir a una de sus unidades de carros de combate, pero que la haría volver al cuartel de inmediato.

Tan pronto como colgó el teléfono, Fernández Campo, un hombre habitualmente impasible, dejó oír un ¡Huy, huy, huy! y corrió hacia el despacho del Rey. Don Juan Carlos, aún al teléfono, dejó en espera la llamada y dijo: «Es Armada. Dice que quiere venir a explicarme lo que pasa». Fernández Campo movió de derecha a izquierda su índice derecho y contó en pocas palabras lo que Juste le había dicho. El Rey, con la advertencia de que su antiguo consejero estaba comprometido en la conjura, volvió a levantar el teléfono y dijo a Armada que no quería verlo. «Piensa cuánto tiempo durarías en un gobierno militar sin mí. Piensa cuánto duraría yo si me uno a ti. La respuesta es no.»

«Los organizadores del golpe querían demostrar que yo estaba tras ellos. En eso se cifraba todo, ése era el núcleo del asunto, hasta que yo pudiese probar que no estaba con ellos», explica el Rey. «Por eso tuve que evitar que el general Armada viniera a La Zarzuela; acababa de convertirse en segundo jefe dentro del Estado Mayor del Ejército y llamó para preguntarme si yo quería que viniese a verme y explicarme la situación. Empecé a sospechar cuando otro general, el comandante de la División Brunete, llamó para preguntar si Armada estaba en La Zarzuela. Mi secretario general le dijo que no y que tampoco se le esperaba. El comandante contestó que eso lo cambiaba todo y que volvería a llamar.» ¿Armada estaba convencido de que con su acción beneficiaba al Rey? «Según mi criterio, no. Pero para un hombre de su mentalidad, quizá sí. Desde su punto de vista tal vez se estaba convirtiendo en el salvador del país.»

Eran las seis y cuarenta y cinco, «y recuerdo la hora con exactitud porque, cuando me pusieron con el despacho del Rey, todos los relojes empezaron a dar los tres cuartos», dice Manolo Prado, que había llamado al Rey a las 6.22, al oír por la radio los disparos en el hemiciclo del Congreso. «¿Qué pasa?», preguntó. «Eso es lo que yo querría saber», respondió el Rey, y preguntó: «¿Dónde estás?» «En mi despacho.» Entre otras cosas, por entonces Prado era presidente del Instituto de Cooperación Iberoamericana, situado cerca de una de las salidas de Madrid, no muy lejos de La Zarzuela. «Quédate ahí y mantén la calma», le recomendó el Rey. «Prefiero estar nervioso en vuestro despacho, señor, antes que tranquilo en el mío.» El Rey se echó a reír y dijo: «Bien, vente para aquí». Así fue como Prado se quedó con el Rey hasta las seis de la mañana del día siguiente y fue testigo de todos los decisivos acontecimientos a medida que se producían.

Después de la llamada de Juste, el Rey entró en acción: tenía que hacer saber a todos los capitanes generales y gobernadores militares que los rebeldes mentían, que no sólo él no estaba con los golpistas sino que, además, consideraría la participación de cualquiera como alta traición. Su arma exclusiva era el teléfono: los sediciosos estaban tan seguros de que, si no lo apoyaba, al menos toleraría el golpe, que no habían cortado la línea telefónica de La Zarzuela. Don Juan Carlos reunió a todos sus colaboradores en su despacho y les asignó tareas específicas: el general Valenzuela, jefe de la Casa Militar del Rey, debía establecer contacto con el Regimiento de Paracaidistas de Alcalá de Henares; el marqués de Mondéjar, jefe de la Casa del Rey, debía ocuparse de llamar a las distintas regiones militares para que don Juan Carlos pudiese hablar personalmente con los comandantes.

Entre las ocho y las doce de la noche, el Rey habló con todos y cada uno de los comandantes regionales, recordándoles que le habían prestado juramento de obediencia como comandante supremo y pidiéndoles su lealtad absoluta. Sólo uno, el capitán general de Canarias, general González del Yerro, bien predispuesto para con los golpistas e ignorante del papel de Armada, por lo cual casi se veía a sí mismo a la cabeza de un gobierno de salvación nacional, tomó la iniciativa y llamó al Rey. Pero mientras no hubo hablado con todos, don Juan Carlos reconocería después que sintió total desesperación. Hacia las ocho, el príncipe Felipe, que por entonces tenía trece años, se presentó en el despacho de su padre y preguntó qué ocurría. «La monarquía se ha ido por los aires, como un balón gigantesco que está en el aire y que no se sabe de qué lado va a caer», respondió el Rey.

Las dos primeras llamadas de don Juan Carlos fueron para los dos hombres clave cuya lealtad inconmovible determinó el fracaso del golpe: el general Gabeiras, Jefe del Estado Mayor del Ejército (JUJEM), al que se pidió que mantuviera a Armada vigilado en todo momento, y el general Quintana, cuya misión, como capitán general de Madrid, consistía en detener cualquier movimiento de tropas en la capital. De inmediato Quintana hizo una lista de los distintos comandantes regionales, a cuyos nombres agregó un comentario personal sobre el grado de lealtad de cada uno a la Constitución[1]. Se deducía que sólo cuatro de los once comandantes eran leales al cien por cien. De los demás, algunos eran rebeldes activos y otros esperarían sentados a ver de dónde soplaba el viento.

Entre tanto, casi inmediatamente después de que los hombres de Tejero hubieran asaltado el Congreso, las tropas leales al mando del Director General de la Guardia Civil, general Armaburu, establecieron su cuartel general frente a las Cortes, en el Hotel Palace, para tratar de entablar negociaciones con Tejero o, en caso extremo, asaltar el edificio. Pero el general Aramburu entra en el edificio de las Cortes poco después de las siete para exigir a Tejero la rendición. El coronel responde: «Antes prefiero pegarme un tiro en la cabeza después de haberle matado a usted». Hacia las ocho, Gabeiras llama a Valencia para hablar con Milans y, como superior suyo, le ordena que retire las tropas de la calle. Milans se niega y anuncia que sólo hablará con Armada; algo semejante repetiría al hablar con el Rey; en aquel momento, hacia las ocho de la noche, cuando RTVE seguía cercada, porque la orden de Juste aún no se había transmitido, la situación era bastante grave. La central de RTVE iba a quedar libre un par de horas más tarde.

Por su parte, el Rey tuvo que adoptar dos decisiones vitales: para asegurar que se mantuviera la continuidad del Gobierno mientras ministros y diputados eran rehenes de los golpistas, ordenó a los secretarios y subsecretarios de Estado, en libertad porque no estaban obligados a acudir a las Cortes, que se reunieran en sesión permanente en el Ministerio de Interior, bajo la presidencia del joven y enérgico Director de Seguridad, Francisco Laína. Esta decisión de instalar un Gobierno civil y no uno militar, que era lo que exigían todos los implicados en la conspiración, no sólo era una prueba definitiva de que el Rey estaba del lado de la legalidad, sino también una verdadera bofetada en la cara de los sediciosos.

El segundo paso, relativamente poco conocido, fue el de establecer contacto con los dirigentes sindicales para pedirles que hablaran con los trabajadores y les dijesen que debían evitar todo tipo de movilización o manifestación callejera que pudiese servir de excusa para sacar las tropas a la calle. Fue un acierto, porque Marcelino Camacho, de Comisiones Obreras, y José María Zufiaur, de la Unión General de Trabajadores, estaban pensando seriamente en la posibilidad de movilizar sus fuerzas contra los rebeldes. Pero desde el despacho del Rey –a través de José María Maravall, el único miembro de la Ejecutiva del PSOE que estaba en libertad porque no era diputado–, se aconsejó que no lo hicieran. Los gobernadores civiles de todas las provincias, como declaró el Rey en su mensaje televisado, recibieron órdenes similares.

Hacia las diez y media de la noche, el edificio de RTVE ya no estaba ocupado y el Rey pidió que un equipo acudiera de inmediato a La Zarzuela, para transmitir un mensaje en directo al país. Llevó una hora reunir al equipo necesario, que se trasladó a La Zarzuela en tres vehículos separados para evitar sorpresas.

Así es como Pedro Erquicia, entonces subdirector de los Servicios Informativos de Televisión Española, componente y responsable del equipo que grabaría en la Zarzuela el mensaje del Rey a la nación, recuerda los hechos:

«Me encontraba en la sala de montaje, montando la entrevista realizada el día anterior al nuevo Presidente del Gobierno, Leopoldo Calvo Sotelo. De repente alguien se precipitó dentro de la sala gritando que había habido un golpe de estado. "¿Dónde?", pregunté "¿En Togo?" "¿En Guatemala?", "No" respondió. "Aquí". "¿Qué quieres decir con aquí?", dije. "Digo que aquí mismo, en España, en Madrid". Pensé que debía estar borracho, pero me llevó a una sala de proyección de vídeos, en el mismo piso, y observé incrédulo cómo Tejero asaltaba las Cortes. Volví entonces a mi despacho y miré por la ventana. Porque una de las reglas básicas en cualquier golpe de estado es ocupar las sedes de la Radio y de la Televisión. No observé ningún movimiento de tropas y pensé que era muy extraño. Pocos minutos después llegaron unos tanques y entró un sargento, pidiendo una radio a gritos. Luego salió al pasillo y gritó: "¿Dónde están las marchas militares?" Era obvio que consideraban su deber el retransmitir marchas militares. Pero como éstas no son precisamente las músicas más populares en una emisora, se tardó bastante en encontrarlas, por lo menos una hora, y, entretanto, el sargento se iba irritando cada vez más.

»Durante este tiempo, a los directivos de Televisión Española nos resultaba cada vez más difícil comunicarnos entre nosotros. El único sitio donde nos podíamos reunir era en el lavabo. Nos encontrábamos allí frecuentemente para poder hablar. Durante una de estas visitas al cuarto de baño alguien entró y nos dijo: "Estad preparados con uno o dos equipos y las cámaras para ir al Palacio de la Zarzuela para grabar algo, pero no sé el qué". Así que di instrucciones al responsable de los equipos de cámara para que se preparara a salir con dos coches por la puerta de atrás.

»No teníamos ni idea de lo que nos podría ocurrir en el camino. Sin embargo, llegamos sin problemas a la primera entrada de la Zarzuela, en Somontes, y no parecía que hubiera mucha acción por ahí. Había solamente un coche, estacionado al lado de la valla. Así que atravesamos el parque de los ciervos y, una vez en el Palacio, esperamos unos minutos en una antesala con Fernando Gutiérrez, Jefe de Prensa del Rey, y poco después nos introdujeron en el despacho del Rey, con nuestras dos cámaras: una para película y la otra de vídeo... La familia real en pleno estaba reunida allí y todos parecían muy tranquilos y serenos. No había traza alguna de tensión o nerviosismo.

»El Rey llegó vistiendo el uniforme de Capitán General de las Fuerzas Armadas. Ordenamos su escritorio, pusimos las luces, instalamos las cámaras y, mientras hacíamos esto, me enseñó su discurso. "Fantástico", le dije, "empecemos". Así que empezamos a rodar, y hacia la mitad hice un primer plano. Hicimos una toma bastante buena, pero, por experiencia, quise hacer una segunda toma para estar seguro. Así que dije: "Hagámoslo otra vez". "¿Por qué? ¿No ha estado bien?" preguntó el Rey. "Sí muy bien, pero por experiencia sé que es mejor que hagamos otra." La segunda toma resultó mejor y ésa fue la que transmitimos.

»En ese momento llegaron otras personas desde Prado del Rey (sede de Televisión Española) con un vídeo del golpe, y ésta fue la primera vez que el Rey y el resto de la familia real lo vieron, pues hasta entonces sólo lo habían oído por la radio.

»Después de esto volvimos a Televisión Española por dos rutas distintas, y acompañados por algunos hombres de la Guardia Real, armados con ametralladoras, por si acaso... Minutos más tarde el mensaje del Rey estaba en onda.»

Mientras se esperaba a los técnicos de televisión, Armada volvió a llamar al Rey, y durante esa conversación quienes estaban en el despacho advirtieron signos evidentes de desagrado y disgusto en la cara de don Juan Carlos. En determinado momento, el Rey anunció que pasaba la llamada al general Fernández Campo: Armada se proponía como jefe de un nuevo gobierno porque, decía, la mayor parte del Ejército estaba a favor de esa solución. Añadió que, creía, en palacio no habían entendido bien lo que ocurría, y que si no se aceptaba su solución, el Ejército se dividiría. «Puedo ir al Congreso en nombre del Rey, postularme como jefe del Gobierno y evitar la división», sugirió. «¿Pero cómo piensa convencer a los diputados de que voten por usted mientras están bajo amenaza militar?» «Tendrán que hacerlo», respondió Armada, dando por sentado que no se les daría otra opción. Fernández Campo lo conminó, por su honor, a no ir a las Cortes en nombre del Rey.

A su vez, Gabeiras y Aramburu decidían usar a Armada, a quien Tejero había nombrado como única persona con la que negociaría, para que fuera al Congreso y procurara acordar con Tejero las condiciones de su rendición. En compañía de Aramburu y del gobernador civil de Madrid, el general dio la contraseña –«Duque de Ahumada», el nombre del fundador de la Guardia civil– a los rebeldes y entró en el edificio. Una vez ante Tejero, Armada le dice que quiere dirigirse a los diputados y proponer un gobierno pluripartidario encabezado por él. «¡No, general! Esto no es lo que tenía planeado. ¡No he llegado tan lejos para que usted sea presidente de un gobierno compuesto de socialistas y comunistas!» Armada le explicó que las cosas no habían salido como estaban planeadas y ofreció a Tejero dos aviones para que él y sus compañeros viajaran a Argentina o a Chile. Tejero rechazó de plano la oferta. «Tengo náuseas» dijo, y sugirió que llamaran a Milans, quien le aconsejó que hiciera lo que Armada sugería.

Pero Tejero se negaba a marcharse y a liberar a los diputados. Agregó que cualquier intento de tomar el edificio por la fuerza convertiría aquello en un «nuevo Alcázar de Toledo». Esta reiterada referencia al cruel episodio de la Guerra Civil revela que aquel individuo patético y errado, que sin duda no carecía de valor ni de patriotismo, y sus compañeros de aventura aún estaban obsesionados por acontecimientos ocurridos casi medio siglo antes.

Los diputados, aún en sus escaños, advertían el nerviosismo de los guardias civiles, lo que sugería que las cosas no eran favorables a los golpistas. El ex vicepresidente Fernando Abril tenía una radio de pilas que un diputado llevaba por casualidad en el bolsillo y transmitía las noticias que oía a sus vecinos. Desde las diez y media de la noche en adelante, por los informativos se supo que, exceptuados los carros de combate en Valencia, el resto del país estaba en calma. En esos momentos, los rebeldes dejaron en libertad a un diputado enfermo y a una diputada encinta; esta última se apresuró a telefonear al Rey para informarle de lo que ocurría dentro del Congreso.

Hacia las diez de la noche, también don Juan logró comunicarse con La Zarzuela y supo que todo estaba bajo control. Los condes de Barcelona habían ido al cine en Lisboa en el momento en que se produjo la ocupación del edificio de las Cortes. (Por increíble que parezca, la película que vieron se titulaba «Los comandos del Rey»). En las horas siguientes, don Juan estuvo informado con regularidad, a solicitud del Rey, por la Reina y la infanta Pilar; al cabo de aquella jornada aseguró a su hijo: «Estoy, si es posible, aún más orgulloso de ti».

A esas horas, todos los miembros de la familia real residentes en Madrid estaban reunidos en La Zarzuela para acompañar al Rey en su despacho, donde la Reina y el príncipe Felipe pasarían toda la noche, en el caso del heredero por decisión de su padre, para que viera «lo que hay que hacer cuando se es rey». La infanta Margarita y su marido, el doctor Carlos Zurita, habían ido a La Zarzuela ante la imposibilidad de comunicarse por teléfono. Sus guardaespaldas, que en los dos últimos años estaban obligados a llevar a causa de la escalada terrorista de ETA, habían desaparecido, tal vez convocados a sus cuarteles. Más tarde también llegó la infanta Pilar, que encontró a su hermano vestido con el uniforme de Capitán General de las Fuerzas Armadas, sentado ante su mesa, «pálido como la ceniza, con el aire de haber envejecido cuarenta años. Me dio un vuelco el corazón al verlo así y nunca olvidaré sus palabras ni su gesto: "Pilar, es como arrancar una cereza, coges una y otras salen detrás". Estaba destrozado de verdad porque en esos momentos, desde luego, estaba claro que su ex profesor y secretario, el general Armada, había sido uno de los cabecillas de la sedición; había estado con él durante todos sus años en las academias militares, por eso era tan abrumador».

Un poco más tarde, cuando las cosas parecían por fin decantarse por sí mismas, se oyó a lo lejos un sonido sordo. «Aquí están», pensaron todos. «Aquí llegan los carros para el asalto.» La infanta Margarita, que tiene «una forma muy digna de dormitar sentada», se había despertado por un suave toque de su marido. «¡Despierta, Margo, vienen los carros!» Se despertó sobresaltada y dijo a su hermano: «Juanito, no puedo soportar esto con el estómago vacío. Pide que me traigan unos huevos fritos». La infanta asegura: «Tengo un estómago muy suyo. Cuando estoy nerviosa tengo que comer. Pero como todos, el Rey se quedó tan perplejo que ni siquiera pudo reír». Pocos minutos después todos suspiraron aliviados. Aquel sonido sordo no era el de una columna de carros de combate que avanzara hacia La Zarzuela, sino el zumbido de las unidades de aire acondicionado del edificio, que acababan de ser encendidas.

Por fin ya estaba todo preparado para que el Rey grabara su mensaje a la nación del que, por precaución, se habían hecho dos copias. «Al dirigirme a todos los españoles con brevedad y concisión en las circunstancias extraordinarias que en estos momentos estamos viviendo, pido a todos la mayor serenidad y confianza y les hago saber que he cursado a los capitanes generales de las regiones militares, zonas marítimas y regiones aéreas la orden siguiente:

»Ante la situación creada por los sucesos desarrollados en el Palacio del Congreso y para evitar cualquier posible confusión, confirmo que he ordenado a las autoridades civiles y a la Junta de Jefes de Estado Mayor que tomen todas las medidas necesarias para mantener el orden constitucional dentro de la legalidad vigente.

»Cualquier medida de carácter militar que, en su caso, hubiera de tomarse, deberá contar con la aprobación de la Junta de Jefes de Estado Mayor».

En el último párrafo de su alocución el Rey afirmó:

«La Corona, símbolo de la permanencia y de la unidad de la Patria, no puede tolerar en forma alguna acciones o actitudes de personas que pretendan interrumpir por la fuerza el proceso democrático que la Constitución votada por el pueblo español determinó en su día a través de referéndum.»

Para las 11.30 de la noche, habían llegado las confirmaciones que el Rey pidiera a los comandantes regionales y de inmediato se daban a conocer a todas las unidades. Antes de emitir su mensaje, el Rey había hecho otro intento de persuadir a Milans del Bosch, quien, aunque había reconocido su fracaso, aún no había retirado sus tropas de la calle ni anulado su proclama. El Rey volvió a llamarlo y, con el más enérgico de los lenguajes militares, le ordenó que se rindiera y ordenase a Tejero que hiciese otro tanto. «Tendrías que hacerme fusilar para lograr tus fines», dijo el Rey. En un télex, confirmaba a Milans: «Cualquier golpe de Estado no puede escudarse en el Rey, es contra el Rey. (...) Juro que no abdicaré la Corona ni abandonaré España. Quien se subleve está dispuesto a provocar una guerra civil y será responsable de ella».

Milans empezó a desmoronarse. A las cuatro de la madrugada llamaba para confirmar que había anulado su proclama y ordenado que las tropas volvieran a los cuarteles. El Rey lo puso en contacto con Fernández Campo, quien pidió a Milans que enviase por télex el texto de cancelación de la proclama, para remitirlo a todas las regiones y ponerlo en conocimiento de Tejero. Una hora más tarde llegó ese texto: con un gesto de infinito alivio, el Rey besó a su hijo y lo mandó a la cama.

El télex de Milans se dio a conocer por radio a las cinco y cuarto de la mañana. Al oírlo, Tejero procuró de inmediato ponerse en contacto con el general; como las líneas telefónicas del Congreso estaban cortadas, tuvo que usar el teléfono del Mercedes blindado del presidente del Gobierno. Pero Milans ya se había retirado a su domicilio, en espera de su arresto. En la mañana del día 24, Gabeiras le pidió que se presentara en la madrileña sede del Estado Mayor ese mismo día, donde llegó a las siete de la tarde y fue arrestado de inmediato. Tejero, según le habían aconsejado, trataba los términos de la rendición con Armada.

Por su parte, el general Gabeiras había enviado al coronel Eduardo Fuentes, uno de sus oficiales, desde el Ministerio de Defensa a las Cortes, porque él conocía a uno de los rebeldes, Pardo Zancada; su misión era conseguir que los insurgentes no se plegaran a las ideas de martirio heroico que sustentaba Tejero. Fuentes advirtió a los guardias civiles que cualquier derramamiento de sangre llevaría la vergüenza eterna a la Benemérita. Tejero, después de que en otro intento inútil de localizar a Milans en Valencia le dijeran que el general estaba otra vez a las órdenes del Rey, trató con Fuentes y Pardo Zancada las condiciones de su rendición, tras haber puesto en libertad a Suárez. (El presidente en funciones acudió sin tardanza a La Zarzuela, hacia las ocho y media de la mañana, y allí desayunó). En primer lugar, debía dejar en libertad a los diputados y luego partirían los rebeldes, sin prensa ni cámaras de televisión, hacia sus cuarteles en sus vehículos, como habían llegado. Una vez en sus unidades, entregarían las armas. Pardo Zancada quiso asumir la responsabilidad exclusiva, para que ninguno de sus hombres fuese juzgado, pero le dijeron que, si bien eso sería aceptable en el caso de los que tenían grado inferior al de teniente, los oficiales tendrían que asumir sus responsabilidades. Tejero firmó el acuerdo, con la condición de que también lo hiciera el general Armada, quien poco después llegó a las Cortes para estampar su firma.

Habían terminado dieciocho horas de prueba. Landelino Lavilla controlaba otra vez una sesión que había empezado a las cinco en punto de la tarde anterior; para la evacuación de la sede parlamentaria se procedió primero a la salida de los diputados, después, a la de los miembros del Gobierno y, por último, a la del personal de la casa. A modo de broma, Fraga recordó a Lavilla que aún no había declarado terminada la sesión. «La sesión queda formalmente cerrada», declaró el presidente de la cámara, y los diputados salieron hacia la luz de la mañana. Eran las doce del mediodía del martes 24 de febrero.

El último en marcharse fue Tejero, que, cigarrillo en mano, decía que iban a imponerle «treinta años por esto». Esa fue la sentencia que el tribunal militar les impuso a él y a Milans. Armada fue condenado a seis años, pero un tribunal civil –la única vez en la historia de España en que un cuerpo civil cambió una decisión judicial militar– lo condenó a treinta años[2].

El valor y la presencia de ánimo del Rey habían conjurado el peligro y salvado la vida de cientos de sus súbditos: para tener una idea del riesgo que habían corrido muchos dirigentes de izquierda, baste decir que en Valladolid, por ejemplo, los neofascistas habían preparado varios camiones en los que pensaban meter a los líderes comunistas, socialistas y sindicalistas de la ciudad. Como lo explica Manolo Prado, «esa noche, la más importante, dramática y estimulante de mi vida, me dio la ocasión única de ver al Rey tomando decisiones y enseñando a su hijo sus funciones, y debo decir que no creo que nuestro país pueda pagar nunca su deuda de gratitud a este hombre».

«El fracaso y consiguiente colapso del golpe se debió en parte a la ineficacia de los golpistas –comenta el periodista Pedro Erquicia–. Toda la organización del proyecto fue un desastre. Existían al menos tres golpes al mismo tiempo. Por eso no ocuparon el Palacio de la Zarzuela ni Televisión Española. Carecían de un líder que centralizara el mando. Estaban Milans, Tejero y Armada, pero Milans y Armada no se llevaban demasiado bien. Si hubieran atado las manos al Rey, el golpe habría triunfado. La actitud del Rey y las medidas que tomó, unidos al hecho de que la División Acorazada Brunete no tomó la calle, fueron las dos razones del fracaso del golpe».

En realidad, no estaba «escrito» en ninguna parte que el Rey debía actuar como lo hizo. Pero, como él mismo señala, «a veces hay que jugar el juego según sus propias reglas. Como resultado de las extraordinarias circunstancias del momento, tuve que actuar. Tenía que aparecer por televisión y decir exactamente lo que dije: que estaba contra los golpistas, contra los que estaban contra la Constitución. Tenía que salvarla y era el único que podía hacerlo, porque como Jefe de las Fuerzas Armadas era seguro que me arrestarían, si tenían éxito. Claro que sabía que eso generaría una tormenta, porque el Ejército se enfrentaría en tal caso a una situación muy difícil. Pero lo que las Fuerzas Armadas estaban diciendo de verdad era "haremos lo que el Rey nos ordene". Entonces, dije a los capitanes generales y a todo el Ejército que la acción de los insurgentes iba contra mi voluntad, contra la Constitución, que era algo que yo jamás aceptaría. Y ellos respondieron que estaban de acuerdo conmigo[3]».

Don Juan Carlos había frustrado el golpe usando la herencia franquista para imponer sus convicciones democráticas. Ningún otro rey que no fuera él podría haberlo hecho. Se necesitaba a una persona de convicciones democráticas fuertes y dotado de la voluntad y del coraje imprescindibles para defenderlas. Pero también había que contar con alguien que hubiera heredado la posición de jefe de una cadena estática de mando y de lealtad personal inamovible que, a la hora de la verdad, fuese firme. Aun los no monárquicos admitieron que la estatura personal del Rey se había multiplicado y que don Juan Carlos era imprescindible, sin duda alguna, para el país. No sólo había implantado y consolidado la democracia, sino que también había demostrado que era capaz de defenderla hasta el fin, contra cualquier contingencia. Alfonso Guerra –que había escuchado el discurso del Rey en el Congreso con los brazos cruzados detrás del cuello– hubo de reconocer que «el país está en vías de convertirse en monárquico y yo, que soy republicano, sin embargo debo decir que tengo motivos para afirmar que cualquier persona sensata hoy debe apoyar al Rey».

El líder republicano exiliado Claudio Sánchez Albornoz mantuvo una entrevista con Fraga, de visita en Buenos Aires, en la que este último le dijo que, en el fondo de su corazón, él también era republicano; Sánchez Albornoz le respondió: «Pues se equivoca usted. En la España de hoy un patriota, y seguro que usted lo es hasta la médula, sólo puede ser monárquico por completo. ¡El hombre que así le habla fue presidente del Gobierno Republicano en el exilio!» Esta anécdota está referida en un libro de Pilar Urbano sobre el 23-F. Por fin, el Rey había conseguido convertirse en el rey de todos los españoles. No es sorprendente, pues, que algún periódico del martes 24 dijera en titulares «La Guerra Civil ha terminado». El Rey, en una entrevista para la televisión ya citada, decía: «Fue una noche peligrosa. Sin duda fue una experiencia. Espero –y sé– que no se repetirá».

«Esa noche el Rey dio pruebas de que era un demócrata», dice Juan Luis Cebrián, por entonces director de *El País*. «Demostró que quien quisiera ir contra la democracia estaba automáticamente contra el Rey. Al llamar personalmente a los militares, uno por uno, y decirles esto, también ganó su guerra personal. Desde entonces, ha vivido como un rey constitucional con el prestigio que se ganó esa noche.»

La conocida actriz y directora de teatro Nuria Espert afirma: «Para mí, fue la prueba decisiva del valor de ese hombre que no cometió errores, ni uno solo, desde el día en que subió al trono. Aquella noche se ganó para siempre a las personas como yo, antiguas republicanas». Un joven español exclamaba: «¡El Rey tiene cojones!» para describir, del modo que le parecía más adecuado, aquella hora, la mejor del Rey.

NOTAS AL CAPITULO XI

1) Al cumplirse el décimo aniversario del 23-F, El País *publicó la lista, que aquí se reproduce, con el nombre de cada capitán general entre paréntesis y los comentarios a continuación:*

I región, Madrid (Quintana): legalista. Leal al Rey.

II región, Sevilla (Merry): tranquilo, gracias al general Urrutia. Espera que otras regiones se plieguen.

III región, Valencia (Milans): en rebeldía.

IV región, Barcelona (Pasqual Galmes): está entre la posición de las regiones III y V; difícil, hay que esperar. Básicamente leal, pero se unirá si lo hace la V región.

VI región, Burgos (Polanco): completamente legalista y leal al Rey.

VII región, Valladolid (Campano): muchas dudas. Piensa que debería hacer mucho más que poner a sus tropas en alerta dos.

VIII región, La Coruña (Fernández Posse): básicamente leal, pero se plegaría si lo hace la VI región.

IX región, Granada (Delgado): completamente leal.

X región, Islas Baleares (De la Torre): a la espera de ver qué pasa. Básicamente dispuesto a unirse a Milans.

XI región, Islas Canarias (González del Yerro): se dice leal sólo porque ha oído hablar del protagonismo de Milans y Armada. Pregunta por qué Armada y no otro militar debe encabezar el nuevo Gobierno.

2) Con excepción de Tejero, todos fueron perdonados en 1985 por el Gobierno de González.

3) Durante aquella noche, el Rey también recibió llamadas inquietas de líderes internacionales como Giscard, Schmidt, Pertini, el portugués Eanes, los reyes Balduino, Hussein y Hassán, la reina de Inglaterra a través de su embajada, el gran duque de Luxemburgo, el presidente del Consejo de Europa, los reyes de Noruega y Suecia. La única ducha de agua fría provino del secretario de estado norteamericano, Alexander Haig, que a preguntas de los periodistas, al salir de la cena ofrecida al Ministro de Asuntos Exteriores francés François Poncet, declaró: «Sin comentarios. Se trata de una cuestión interna de España».

Capitulo XII

Las consecuencias del golpe

En la mañana del 24 de febrero, la costumbre cotidiana siguió su curso. El Rey mantuvo su programa de audiencias como si nada hubiera pasado. José Mario Armero había solicitado una audiencia para los directores en España de Chatham House, un club que organiza seminarios sobre estudios estratégicos y asuntos internacionales. «El Rey recibió al presidente, que era por cierto un general, quien le explicó cuáles eran los seminarios próximos. No se mencionó el golpe. ¡Hasta ese punto es un gran profesional!»

Esa misma tarde, el Rey convocó al Gobierno y a los líderes de los principales partidos de la oposición a La Zarzuela para analizar la situación. «¡Señor, me habéis salvado la vida!», exclamó Carrillo («Si el golpe hubiese triunfado, estoy seguro de que me habrían fusilado», declararía al periodista Jeremy Bennett). Tampoco hubieran sobrevivido Gutiérrez Mellado y Suárez, según se cree. Dicho sea de paso, uno de los ministros contó al embajador británico en España que el Rey dijo a los convocados: «Mi mujer no es tan inteligente como vosotros pensáis y yo no soy tan estúpido». Paradójicamente, Suárez, que aún no conocía todo lo sucedido la noche anterior, se disculpó ante el Rey por haber tenido sospechas, infundadas creía él, sobre el general Armada. «No, Adolfo. Tú tenías razón y yo estaba equivocado. Armada me traicionó.»

El Rey entonces leyó a los políticos reunidos un texto que había elaborado para la ocasión: «La Corona se siente orgullosa de haber servido a España con firmeza en el convencimiento de que la vida democrática y el respeto estricto de los principios constitucionales son voluntad mayoritaria del pueblo español. Sin embargo, todos deben ser conscientes, desde sus propias responsabilidades, de que el Rey no puede ni debe afrontar reiteradamente, con su responsabilidad directa, circunstancias de tan considerable tensión y gravedad». En otras palabras, en ese caso, con todo el Gobierno secuestrado, la intervención del Rey era la única solución posible, pero, ahora que las cosas habían vuelto a su cauce, don Juan Carlos pedía a todos que pusieran el interés del país por encima de sus diferencias. «Esta vez he logrado evitar el golpe. Quizá la próxima vez no pueda hacerlo. A vosotros corresponde asegurar que esto no vuelva a ocurrir.»

También pidió don Juan Carlos que no se produjera un rechazo del Ejército en su conjunto. Los jefes de la sedición serían sometidos a un consejo de guerra, pero no debía desatarse una caza de brujas. El Ejército como grupo no debía encontrarse aislado ni tratado como un paria, ni había motivos para demostrarle disgusto u odio. Muchos de sus hombres y oficiales se considerarían ya bastante humillados por lo que un grupo había provocado al asaltar el Parlamento del país, elegido libremente. Insistir en lo ocurrido sería contraproducente y sólo serviría para desmoralizar a las Fuerzas Armadas. Al comentario de que esta postura indicaba un «gran sentido político» de finura excepcional, el Rey respondió: «Pues por muy difícil de aceptar que sea, he de decir que el noventa por ciento de las Fuerzas Armadas estaba en cierto modo detrás del golpe. No del mismo modo ni en el mismo grado que quienes tomaron parte, claro está. Pero el Ejército, en general, estaba en contra de la situación existente en esos momentos, en que el terrorismo y el crimen campaban por sus respetos y existía permisividad, libertinaje y sentimientos que para ellos significaban una libertad mal entendida y mal utilizada. Esto sería difícil de ocultar. Además, para empezar, no les importaba mucho la democracia. Lo que querían era algo más seguro y estable: una democracia controlada. De modo que cuando alguien les presentó algo, un plan en el que veían la posibilidad de poner remedio a la situación, algunos de ellos se precipitaron a abrazarlo. Pero por supuesto no se trata sólo de eso. O aceptas la democracia o no la aceptas. No quiero decir que el noventa por ciento del Ejército estuviera implicado como los cabecillas o los que tomaron parte directamente en el golpe. Lo que quiero decir es que el noventa por ciento se hubiera sentido feliz con un cambio hacia la derecha. En ese sentido, sí. Por eso dije a los integrantes del Gobierno que sólo se debía castigar a los cabecillas. De lo contrario, tendrían que recorrer toda la oficialidad y llegar hasta las últimas filas. Eso no habría sido justo y habría desmoralizado al Ejército».

Dos días después, el país expresaba su gratitud al Rey con la mayor manifestación jamás vista en Madrid: dos millones de personas marcharon por el centro de la ciudad para celebrar el hecho y aclamar a don Juan Carlos. Los cuatro partidos políticos mayoritarios fueron los que organizaron la marcha, que también sirvió para demostrar al Ejército, por si le habían quedado ideas de una posibilidad de repetir el espectáculo, la fuerza del apoyo a la democracia en la mayoría del pueblo español. Hubo un mar de pancartas en las que se leía «Viva el Rey» y se podía ver, nada menos, que a los manifestantes comunistas alzando el puño para corear el nombre de don Juan Carlos. Ese mismo día el Congreso retomaba el pleno interrumpido por Tejero y confirmaba a Calvo Sotelo como nuevo presidente de Gobierno. Al iniciar la sesión, Landelino Lavilla pidió a los diputados: «¡Por Su Majestad el Rey, en pie!». Todos se levantaron a una, con excepción del neofascista Blas Piñar, que permaneció sentado.

La actitud de Piñar demostraba que los extremistas identificaban por entonces al Rey como a su Enemigo Número Uno. Las mismas razones que lo convertían en un héroe a los ojos de la mayor parte de su pueblo lo transformaban en un villano para los otros. Desde ese momento, cualquier otro golpe posible tendría al Rey como objetivo prioritario. Pero, aunque el golpismo poco a poco se desdibujó como amenaza nacional después del 23 de febrero, los Servicios de Seguridad tuvieron noticias desde entonces de, al menos, tres conspiraciones: una, como claro acto de venganza, fue planeada para el día de la onomástica del Rey, 24 de junio, también en 1981; otra, la víspera de las elecciones de octubre de 1982, que dieron la victoria a los socialistas. Pero lo más espectacular fue lo que reveló *El País* en febrero de 1991: se había planeado atentar contra la vida del rey el 1 de junio de 1985, en La Coruña, donde don Juan Carlos, la Reina, el príncipe Felipe y la mayoría del Gobierno presidirían un importante desfile militar. El plan consistía en poner una bomba bajo el estrado en el que estarían situados la familia real y el Gobierno. Algunas pistas crípticas, misteriosas, con raros códigos, aparecieron en *El Alcázar* el 1 de febrero de 1985, bajo la forma de un artículo sobre la geografía, historia, gastronomía y folclore de La Coruña. Los detalles concordaban con la información de que disponían los círculos militares leales al Rey y el complot fue abortado, por fortuna. Pero para mayor seguridad, el príncipe Felipe no acompañó a los Reyes a La Coruña.

Derrotada, la extrema derecha reaccionó también ante el fracaso de sus abiertas sediciones y lanzó una campaña de insinuaciones destinada a difamar al Rey y a desacreditar sus méritos de demócrata dando a entender que, de algún modo, él había participado en el golpe y que había cambiado de actitud hacia la mitad de los acontecimientos, tal vez a instigación de don Juan. Nadie se lo creyó, por supuesto, excepto quienes deseaban hacerlo. El colmo fue que incluso intentaron hacer creer que la Reina había pedido a Armada que actuara diciéndole: «Alfonso, tú eres el único que puede salvarnos»; la mera idea de que una reina griega, que había visto cómo un golpe de coroneles destronaba a su hermano, dijera semejante cosa es tan risible como absurda. No obstante, es de suponer que para personas lo bastante ingenuas como para anunciar sus conjuras en la prensa todo vale.

Desde mediados del decenio de 1980, el peligro del golpismo como tal había desaparecido del horizonte político español. «Desde el golpe del 23-F nos hicimos más fuertes y tolerantes como nación», dice Nuria Espert. «Desde entonces se apartaron los trastos viejos y fue bueno para la derecha ver que esa especie de mascarada, ese personaje tragicómico del pasado, ya no se podía tolerar.» Pero las conspiraciones organizadas fueron sustituidas por actos de terrorismo aislados, en su mayoría ejecutados por ETA. El clima político es por entero distinto del que hubo en el período inmediatamente posterior a la transición. Una nueva generación ha crecido en la democracia, en tanto que la antigua promoción de militares ha muerto o ha pasado al retiro. Al mismo tiempo, la moderación y el pragmatismo de los sucesivos gobiernos socialistas de Felipe González –que, en contra de las expectativas, no se opuso a la entrada de España en la OTAN y ha desempeñado un papel importante y respetable en Europa y en los asuntos internacionales– hizo mucho para mitigar el temor con el que todo lo que tuviese visos de socialismo se veía desde el Ejército: quedaba probado que los socialistas no son los ogros que muchos habían creído.

También se comprobó que, como predijo el Rey cuando le preguntaron si preveía alguna dificultad en cooperar con los gobiernos socialistas y contestó «ninguna en absoluto», la monarquía como símbolo de la unidad nacional podía funcionar con cualquier gobierno elegido por el pueblo. «Siempre he dicho al Gobierno que ayudaré a todos los que lleguen al poder a mantener el equilibrio necesario [entre todos los sectores de la opinión política]. Así es como resulta útil y tiene sentido una monarquía. A menos, claro está, que seas del tipo de monarca que usa su posición para su propio beneficio.»

El Rey se entrevistó con Felipe González por primera vez en una fecha bastante tardía, el 20 de mayo de 1977, en la primera audiencia que tuvo el líder socialista en La Zarzuela. Como era natural, el partido había asesorado a González acerca de los temas que debería discutir con el Rey. Pero don Juan Carlos cortó por lo sano y tomó el toro por los cuernos: «Dime, ¿por qué vosotros los socialistas sois republicanos?» Desconcertado, González respondió con una anécdota que le había contado Olof Palme (el difunto primer ministro socialista sueco) sobre el rey Gustavo V y Branting, su primer jefe de Gobierno socialdemócrata[1]. Se dice que el hecho se produjo cuando los socialdemócratas, que se declaraban republicanos, obtuvieron la mayoría absoluta en las elecciones de 1920. En contra de las opiniones de la corte y de la derecha, el rey Gustavo pidió a Branting que formara gobierno y le propuso un pacto de caballeros: durante un año el primer ministro pondría en práctica su programa sin tratar de perturbar las instituciones. Una vez transcurrido ese plazo, los dos valorarían el experimento. «Y recuerde que una monarquía es mucho menos cara que una república», agregó el rey Gustavo con cierta malicia. «Si me mantiene a mí, se ahorrará los gastos de costosas elecciones cada cuatro o cinco años.»

Como en Suecia, también en España El Rey ha trabajado en visible armonía con Felipe González durante más de catorce años, a pesar de que durante el período de la transición el dirigente socialista y su partido mostraron menos entusiasmo por la monarquía que los comunistas. Según el periodista José Oneto, que entrevistó al Rey en enero de 1978, durante el período constitucional don Juan Carlos se sentía muy contento de que ni el PSP de Tierno ni los comunistas pusieran en discusión el tema de la monarquía. Pero era menos optimista acerca de la actitud del PSOE y añadió que, mientras Carrillo había empezado casi enseguida a llamarlo «Su Majestad», González aún evitaba hacerlo. Sin embargo, a pesar de esta tensión latente, el Rey dijo que confiaba en que él y González llegaran a entenderse «porque somos casi de la misma edad y tenemos mucho en común». Hoy Felipe González reconoce que «el Rey ha sido el personaje histórico más importante de la transición política».

Don Juan Carlos, que tras el golpe descubierto antes de las elecciones de 1982 advirtió a la derecha que el veredicto popular se respetaría escrupulosamente, considera que esa buena cooperación con los socialistas ha completado el proceso de reconciliación que había establecido como objetivo principal de su reinado. En el programa filmado por la BBC, el periodista subrayaba lo notable que era tener «un gobierno de izquierda elegido e instalado sin un solo disparo, sin un solo golpe [cuando sólo diez años antes Felipe González había evitado con esfuerzo a la policía de seguridad franquista]. Con esto se ha puesto el broche de oro a la transformación de España». El Rey aseguraba que eso «significa algo muy importante, y es que la democracia en España está funcionando. El sistema electoral y la Constitución funcionan tan bien como lo habíamos supuesto; y esto también significa que hay formas de pensar distintas y partidos políticos diferentes en el Congreso y que todos están contentos; y significa que la democracia funciona y, además, las cosas van muy bien».

Gregorio Peces Barba, el miembro socialista del Comité Constitucional que más tarde fue el primer presidente socialista de la Cámara de Diputados, recuerda que el 3 de diciembre de 1982, cuando fue a La Zarzuela para presentar a la firma del Rey el decreto que nombraba a González Jefe del Gobierno, encontró al Rey «feliz». Al despedirse, don Juan Carlos lo abrazó, le dio las gracias y dijo: «Si mi abuelo hubiese tenido este tipo de relación con Pablo Iglesias, se habría evitado la Guerra Civil». La respuesta de Peces Barba fue: «Tal vez, señor, teníamos que pasar por aquello para llegar a esto».

El Rey ya se había referido a esto en una entrevista concedida al periódico francés *Le Point* (26 de diciembre de 1977), publicada con motivo de que se concediera a don Juan Carlos el título de «Hombre del año». «El pueblo español ha sufrido tanto que no desea vivir de acuerdo con las ideas que de España tienen otros pueblos. Está procurando inventar una nueva forma de vivir consigo mismo en paz... Si demostramos al mundo que somos capaces de pasar de una cosa a otra sin violencia, entonces habremos abierto la puerta de la libertad. Y no sólo para nosotros...»

Quizás el Rey hacía una referencia subliminal a América Latina, de cuyo descubrimiento se celebraría medio milenio unos años después. El concepto de «hispanidad», la esencia del espíritu, la cultura y los ideales españoles, ha sido un concepto muy entrañable para don Juan Carlos desde su infancia –en cierta ocasión eligió ese tema para un trabajo escolar– y todavía tiene un interés apasionado en transmitirlo a ese continente, de cuya civilización ese concepto se ha convertido en una parte primordial. Aunque resulte increíble, dada la pasión que la mayoría de los reyes españoles profesaron por «las provincias de ultramar», don Juan Carlos ha sido el primer rey español que puso pie en tierras sudamericanas. Su primera visita fue, en realidad, a México, en 1978, y desde entonces ha viajado por diversas regiones del continente hispanoamericano.

El Rey siente con intensidad esos nexos entre España y sudamérica. «Básicamente es nuestro sur. Porque nuestro sur no es sólo Marruecos y Argel, sino también sudamérica. Tenemos el mismo idioma, la misma religión y muchísimas cosas en común. Y tal vez podamos ayudarles en su camino hacia la democracia...» Esto mismo pensarán muchos jefes de Estado americanos. El presidente de Bolivia, Jaime Paz Zamora, también confirmaba que «España es un modelo democrático para sudamérica. Tenemos mucho que aprender de su gestión de la política regional». El presidente de Paraguay, Andrés Rodríguez, cuyo país atraviesa un período de transición después de los años de la dictadura de Stroessner, dijo que «la presencia de Rey en las distintas cumbres latinoamericanas que se celebrarán con motivo del Quinto Centenario será un apoyo vigoroso para nuestra consolidación democrática».

El Rey es consciente de que la hondura y fuerza del sentimiento español hacia Hispanoamérica no es del todo comprensible en otras naciones. «Muchos países no comprenden nuestros lazos con Cuba, por ejemplo. Somos los únicos que jamás retiramos a nuestro embajador de La Habana. Siempre hemos tenido embajador allí y la semana pasada [estas palabras del Rey son de fecha 26 de noviembre de 1990], en la cumbre de París de los jefes de Gobierno de los países de la CEE, la única persona que mencionó a sudamérica ha sido Felipe González, el presidente del Gobierno español. Siempre tenemos presente a sudamérica y sus problemas. La idea es mostrar al resto del mundo lo que España ha hecho por ese continente, probar que se ha hecho algo, que no sólo esclavizamos a esos pueblos en el pasado. También les dimos una cultura y una religión, que se mezclaron con las de ellos y produjeron una identidad nueva y única, y así eliminaremos de la mente de algunos historiadores, escritores y pensadores la "leyenda negra" de España en sudamérica[2]. Por eso siempre trato de decir algo acerca de nuestros lazos y sentimientos respecto a esas tierras. Como resultado de esta buena voluntad y este trabajo, Salinas, el presidente de México, me decía días pasados que la gente espera con ansiedad el primero de los encuentros de los jefes de Estado de países hispanohablantes, que se celebrarán, el primero, en México en 1991, el segundo en España, en 1992, y el tercero en Brasil, en 1993.»

Todos los jefes de Estado de América otorgaron gran valor simbólico al Quinto Centenario y a la presencia del Rey de España, que, en palabras del mandatario colombiano, «además de ser profundamente simbólica tendrá como resultado un acercamiento entre nuestros países y España». El presidente de Perú, por su parte, decía al respecto: «En 1992 celebramos un matrimonio, una unión que dará frutos en la configuración de todas las naciones latinoamericanas».

En una entrevista que mantuvo el Rey, que jamás confunde un patriotismo vibrante con la prosopopeya o la autoglorificación presuntuosa, con el escritor Carlos Fuentes, con motivo de la entrega del Premio Cervantes, sugirió: «¿Por qué no llamamos reencuentro al Quinto Centenario?» Fuentes estuvo de acuerdo en que así debía ser, «como gran oportunidad y gran riesgo a la vez. El riesgo está en que permanezcamos anclados en el pasado. Y la oportunidad es la de recordar la historia y no sufrir un ataque de amnesia. Hubo violencia, crueldad y explotación. Hubo una conquista. Pero también hubo una reconquista. Esa reconquista significó la creación de una nueva cultura (...) Una cultura única e irreemplazable. Si lo reconocemos, esto nos permitirá celebrar el 1992 y, además, hacer algo más importante: proyectarlo hasta el año 2000 y aún más allá».

Lo que España también celebraba en el año de la Exposición de Sevilla y de los Juegos Olímpicos, según Felipe González, presidente del Gobierno, era el hecho de ser «un país normal, por fin». Un periodista americano le decía: «Pero los próximos veinte años de su vida serán mucho menos dinámicos que los veinte anteriores. ¿No cree que será aburrido?» A lo que González respondió: «¡Para un español, lo estimulante es enfrentarse a los problemas normales!». El diseñador Paco Rabanne expresa gran admiración por don Juan Carlos «como hombre y como político, porque consiguió lo imposible. Pasar de una dictadura férrea al socialismo es un hazaña increíble. No creo que nadie en el mundo haya visto algo parecido. Gracias al Rey, España por fin ha variado su *karma* autodestructivo».

Como todos los reyes, sin duda, don Juan Carlos quiere dejar asegurada la dinastía tras de sí. La prueba última de su éxito sería que pudiese legar a su hijo una institución en marcha. Mientras se siente evidentemente gratificado por su popularidad entre la izquierda –¿qué mejor prueba que ésa, después de todo, de su éxito como rey de todos los españoles?–, no obstante, no le resulta grata la referencia constante al «juancarlismo» y no a la monarquía en sí. «Trato de ver si es posible erradicar esa tendencia a la lealtad a mi exclusiva persona, y quiero que la gente comprenda que no se trata sólo de juancarlismo, sino de una institución, una monarquía institucional: padre, hijo, nietos. Poco a poco, espero, gente de todos los sectores llegará a comprender este enfoque, porque es el correcto. La gente me ve y dice "es el único", pero, gracias a Dios, mi hijo ya se está haciendo un círculo propio. Y cuanto más haga, más lo conocerán y lo querrán, para que cuando llegue el cambio, sea menos difícil...» El príncipe Felipe, a su vez, a menudo ha dicho que concibe la esencia de su futuro papel como una «continuación de lo que hace mi padre».

El desafío que espera al heredero del trono español será conservar la lealtad de todos los juancarlistas que no son monárquicos convencidos, personas como Santiago Carrillo o José Federico de Carvajal, quien, como presidente del Senado, en 1987 declaró que él era «un marxista, un poeta, un republicano y un juancarlista», y también continuar la construcción del edificio que con tanta brillantez inició su padre. Aunque siempre es difícil hacer predicciones sobre los acontecimientos mundiales –porque es mucho lo que depende de las circunstancias–, el príncipe Felipe tiene grandes dotes, y sus posibilidades de lograrlo son muchas.

«El Príncipe es un muchacho inteligente, práctico, muy "sensato" para su edad, muy tranquilo y naturalmente equilibrado. Tiene la serenidad de su madre y de su abuelo, el rey Pablo de Grecia. En realidad, es una buena mezcla de sus padres», dice Adolfo Suárez. Aun cuando no tiene la ventaja que sí tuvo don Juan Carlos –criarse fuera de palacio–, el Príncipe la compensa con otra ventaja que no tuvo su padre. «Primero, se ha desarrollado dentro de un sistema democrático. Segundo, puede aprender del ejemplo de su padre y comprender la posición de la monarquía parlamentaria en nuestra Constitución. Y creo que ha aprendido mucho en los últimos años. Siempre se mantiene en un segundo plano, lo que es por ahora lo que le corresponde», sigue diciendo Suárez, que está convencido de que la monarquía tiene hoy raíces firmes en España. «Creo que todas las fuerzas políticas la aceptan y no me parece que hoy alguien cuestione la institución. Aparte de la contribución personal del Rey a la historia reciente de España, la monarquía es una fórmula que evita la necesidad de elegir un nuevo jefe de Estado cada cinco años. También funciona como una tierra común para todos los españoles y nos relaciona con nuestras raíces históricas. Al mismo tiempo, el sistema se ha reformado de un modo que separa a la monarquía del poder ejecutivo y la sitúa por encima de la política. Por todas estas razones, no creo que ningún español quiera oponerse a ella.»

Los socialistas también son conscientes del valor de la monarquía constitucional. Gregorio Peces Barba, en su primer discurso como Presidente del Congreso, el 25 de noviembre de 1982, confirmó esta idea y, más allá del «juancarlismo», se refirió a la monarquía como conjunto: «Sin perjuicio de la estatura personal de nuestro actual Jefe de Estado, Su Majestad el rey Juan Carlos I, creo que los valores positivos de la monarquía parlamentaria son más generales y permanentes y transcienden a la persona que representa la institución en estos momentos». Los comunistas han ido incluso más lejos; Santiago Carrillo, en el documental de televisión hecho por Jeremy Bennett para la BBC, decía: «Si la monarquía respeta la Constitución, puede durar mil años».

NOTAS AL CAPITULO XII

1) De: Víctor Marques Reviriego, "Felipe González: Un estilo ético".

2) Para un observador neutral, siempre ha parecido una hipocresía absurda y grotesca el hecho de que países cuyos colonizadores borraron prácticamente por completo a los pieles rojas de Norteamérica se atrevan a acusar a España, que dejó intacta la mayor parte de la población indígena de Sudamérica, de exceso de crueldad.

Capitulo XIII

El estilo de la monarquía juancarlista

¿Qué depara, pues, el futuro a este monarca querido y respetado por todos? Se da por sentado –ya que su dedicación no deja espacio a la duda–, que continuará siendo uno de los soberanos contemporáneos que trabajan con más ahínco. Pero el mayor desafío que presenta el futuro –y en cierto sentido quizá más difícil que el de salvar momentos de crisis aislados– es, en palabras de la Reina, «mantener lo que se ha conseguido. No podemos permitirnos el ser presuntuosos ni complacientes ni dormirnos en los laureles. Si nos sentamos para respirar con alivio, en ese momento es cuando las cosas pueden torcerse. La constancia –seguir siendo lo que eres, continuar tu labor y mantener con firmeza tus ideas– tiene una importancia máxima».

Una de las vías principales por las que el Rey se mantiene en contacto constante con la opinión pública es su costumbre –única, por lo que se sabe, entre las monarquías europeas contemporáneas– de dar audiencias a un gran número de personas, tanto en Madrid como en sus viajes a provincias. El revivir esta antigua costumbre real, que cancela cualquier sensación de lejanía y hace que la relación entre el monarca y su pueblo sea un nexo vivo, es una de las innovaciones más imaginativas, útiles y populares del Rey. También significa que no quiere que un equipo de asesores bien intencionados le sirva de escudo ante los verdaderos sentimientos y preocupaciones concretas de su pueblo, algo demasiado corriente entre los soberanos a través de los tiempos. El saber que puede llegar con facilidad hasta su rey ha sido fundamental para acrecentar la seguridad del pueblo español en sí mismo.

Don Juan Carlos explica que: «Siempre he disfrutado con las audiencias y pienso que es importante conceder muchas. En fin, se llaman audiencias, pero en realidad la mayoría son privadas, entrevistas personales. Trato de ver a la mayor cantidad de personas posible, aunque tenga mucho que hacer. Me gusta escuchar a la gente y lo que tiene que decirme. No siempre hay que comunicarles tu propio punto de vista, basta con escuchar el suyo. Tanto mi padre como Franco insistían en lo importante que es esto; así puedes hacerte una idea y formarte un criterio propio sobre la veracidad o validez de lo que vengan a decir. Al final, sólo hay que decir: "Muchas gracias por todo lo que me has dicho".

»¿Cómo elijo a estas personas? no soy yo quien elijo a todos. Algunos piden audiencia bien para regalarme un libro o cualquier otra cosa, o sencillamente porque no me conocen y quisieran hacerlo. Sin embargo, elijo sobre todo a personas de fuera de Madrid, como profesores y otros profesionales, gente que vive en las distintas autonomías, que normalmente no pedirían una audiencia pero cuyos puntos de vista es necesario conocer. Les hago saber que me gustaría conocerlos y les invito a que vengan aquí o a que me vean cuando visite su comarca. Cuando vienen, procuro que se sientan a gusto, para que hablen con libertad y me expresen sus ideas y sentimientos. En fin, éstas pueden ser justas o equivocadas, pero no importa, siempre que se trate de una opinión honesta. Lo más difícil se presenta cuando me dicen cosas de las que no tengo modo de saber si son ciertas o no. Entonces he de ser muy cauto con lo que digo... Pero a través de estas audiencias llego a conocer a muchas personas y a tomar el pulso al país.» (El Rey concede un promedio de cuatro mil audiencias privadas al año; si se suman las otorgadas a miembros de distintas organizaciones y grupos que recibe, se llega a una cifra de doce mil).

También tiene un interés especial en honrar a todo español que logre algo importante, sea en el ámbito nacional o internacional, en Artes, Ciencia, Medicina o Deportes, concediéndole una audiencia y a veces una condecoración o un título, como fue el caso de Salvador Dalí, a quien concedió el título de marqués de Pubol. También da una recepción anual a todos los artistas del país, escritores, pintores, músicos, actores, directores, etc., en el Palacio de Oriente.

«Siempre he pensado que se debía humanizar el papel de rey, hacer de él algo más cálido, acercarlo al pueblo haciendo todo ese tipo de cosas que menciona y también mostrando interés por la gente que es importante para el país, no sólo por sus éxitos profesionales, sino también por ellos mismos como seres humanos, si están enfermos, o si se encuentran en cualquier circunstancia excepcional.» En diciembre de 1988, los Reyes insistieron en visitar a Dalí en Figueras, ya postrado en el que sería su lecho de muerte. Al Rey le sorprendió mucho que esta circunstancia pudiera parecer excepcional a alguien. «Pero, ¿quiere decir que nadie va a visitar a personas como ese gran pintor?», pregunta incrédulo.

Los Reyes también participan de cerca en las tragedias del país: en diciembre de 1987, el Rey voló a Zaragoza en la misma tarde del día en que se produjo un atentado con bomba, particularmente atroz, llevado a cabo por ETA contra el cuartel local de la Guardia Civil; de pronto, sin previo aviso, inesperado pero también imparable, apareció entre los equipos de rescate. Hacía mucho tiempo que no se veía a un rey que se identificara con su pueblo hasta ese punto tan asombroso. La expresión de don Juan Carlos, siempre que se producen esas tragedias, no permite dudar de que las vive como heridas personales (por cierto que, aunque en general el Rey de España goza de una salud excelente y duerme muy bien, tiene una desafortunada tendencia a los herpes. Las erupciones han coincidido con períodos difíciles para el país, como éste de principios de 1987). «En casos como aquél, de atentados terroristas espantosos, impongo mi voluntad y voy en persona, sea cual sea el riesgo. Pero no puedo acudir a demasiados, porque, en ese caso, tendría que presentarme en todos. La Reina es más activa que yo en este sentido. Pero en los casos en que debo ir en persona, me preocupo de acudir no sólo al entierro del general, sino también al del soldado, porque todos son iguales.»

Para el éxito del Rey, casi tan importante como la restauración de un nexo directo entre él y su pueblo es su elección de consejeros. Si se echa un vistazo a la historia, se comprueba que muchos soberanos se volvieron impopulares, o incluso perdieron el trono, por haber elegido a sus consejeros y servidores sin buen criterio. El rey Juan Carlos ha hecho elecciones sensatas y ha tenido suerte en este sentido. Habiendo decidido suprimir la corte en su reinado, decidió trabajar con un equipo de asesores restringido, muy profesional y bien informado, la mayor parte del cual ha permanecido a su lado varios años. El marqués de Mondéjar, que fue su ayudante de campo cuando el Príncipe llegó a Madrid para ingresar en las academias militares, en 1955, se convirtió en Jefe de la Casa de Su Majestad el Rey cuando don Juan Carlos subió al trono; en la actualidad lo reemplaza José Fernando de Almansa y Moreno-Barreda, vizconde del Castillo de Almansa. El general Armada, ya mencionado, abandonó su cargo de secretario general del Rey en 1977, reemplazado por el general Sabino Fernández Campo, un liberal y, en todo sentido, un consejero de primera calidad: discreto, con un oído en tierra y gran capacidad para no hacerse enemigos ni para sí ni, de reflejo, para el Rey. Fernández Campo se retiró en 1992, tras quince años de servicio, y recibió el título de conde de Latores. Su sucesor es Rafael Spottorno Díaz-Caro, antiguo diplomático. Además, la Casa del Rey cuenta con una oficina de prensa, el departamento de protocolo, entre otras cosas responsable de la coordinación de los programas del Rey y de la Reina, y una pequeña secretaría para la Reina. La Casa Militar se compone de nueve ayudantes, tres de cada cuerpo de las Fuerzas Armadas.

El Rey es muy consciente de que «la elección de consejeros es importante. Su actitud y su carácter tienen tanto peso como su inteligencia. Han de reflejar mi persona y mis actitudes. Esto sirve para todos los que trabajan en La Zarzuela, hasta para mi chófer, Gaudencio, que está conmigo desde 1955, cuando vine por primera vez a Madrid para preparar el ingreso en las academias militares». (Gaudencio ya se ha jubilado, pero sigue viviendo con su familia dentro de los terrenos de La Zarzuela y asiste a misa con el Rey en la Capilla Real). «Mucha gente de mi equipo ha estado conmigo durante muchos años, Mondéjar desde 1955 y Sabino de 1977 a 1992. Los elijo entre las diversas ramas de la Administración, donde hay muchas personas que son verdaderos profesionales y muy buenos en su trabajo. Si detecto a alguien que trabaja duro de verdad y con eficacia, lo selecciono *in mente*. Así, cuando tengo una vacante o necesito a alguien aquí, le pregunto si le gustaría venir a trabajar conmigo. Siempre empiezo estableciendo un período de prueba, para ver si a esa persona le gusta estar aquí y si encaja en la tarea».

Por cierto que una lealtad excesiva a sus amigos y colaboradores, con excepciones escasas, es uno de los pocos puntos débiles en la armadura del Rey, junto a su proverbial «ojo alegre» que, mientras se mantenga dentro de los límites y «mientras la posición y dignidad de la Reina permanezcan intactas», según dice un prominente abogado, para la mayoría de sus súbditos es motivo de una mezcla de orgullo y diversión. Siendo latinos, los españoles no llevan el fardo del puritanismo ridículo y mojigato que infecta la actitud de los anglosajones respecto de la vida privada de sus dirigentes.

Por tanto, cuando se le pregunta personalmente si, entre tanta aceptación y reconocimiento internacional, no habrá alguna mácula, la respuesta es NO. «No ha cometido errores, al menos en la vida política», dice Juan Luis Cebrián, ex director de *El País*. «Su único error, si así puede llamarse, es ser demasiado español y demasiado buen amigo. No discrimina sus amistades todo lo que debiera, y alguna de ellas ha resultado inadecuada o discutible. Pero es tan leal que, a pesar de su agudo "olfato" para la gente, no siempre advierte las motivaciones de sus amigos. Por ejemplo, siempre recomienda a sus antiguos condiscípulos de las academias militares para algún trabajo y ellos no dudan en utilizar su ascendiente[1].»

Uno de los amigos del Rey, Manuel Prado, también habló de esto. «El Rey ha mantenido sus amistades de siempre. Para él es una cuestión de lealtad, para bien o para mal. Tiene un gran corazón y es generoso en extremo. A veces eso se convierte en un defecto, más que en una virtud, porque lo induce a fiarse de personas que no siempre respetan sus confidencias, pero con las personas con las que sabe que puede contar, se convierte más en esclavo de sus palabras que en amo de sus silencios. Y siendo la naturaleza humana lo que es, en especial en los países latinos, en los que guardar un secreto es casi imposible, a veces se ve traicionado. Pero es capaz de defender a sus amigos hasta el fin, algo que no siempre nos merecemos. Su simpatía y su comprensión de la gente son tan hondas que a veces no es todo lo duro que debiera ser. En su juventud sufrió tanto y tuvo una vida tan dura que procura que todos sean felices. Es tremendamente humano, tal vez en exceso. El Rey es muy Borbón. Tiene un gran sentido del humor y un excelente conocimiento de la gente. Le basta con mirar a alguien para saber qué tipo de persona es. También sabe muy bien cómo desenvolverse políticamente. Está muy bien informado y tiene buenos consejeros. Además de esto es un ser humano. No creció como un futuro rey, sino en condiciones normales, y desde luego muy difíciles. Esta humanidad suya puede resultarle un problema a veces, en el sentido de que, en algunos casos, debería ser más distante y más selectivo en las compañías que frecuenta.»

Es verdad que una de las pocas cosas por las que se ha criticado a don Juan Carlos en la prensa es su falta de discriminación respecto de algunas amistades, en especial sus «amigos de verano» de Palma de Mallorca, donde se dice –no sin cierta justificación– que esa informalidad le lleva a ser muy permisivo con la índole de las personas que admite en su entorno. En agosto, Mallorca bulle con los ricos y la gente guapa de todo el mundo, y en su entorno se encuentran empresarios, trepadores sociales, los plutócratas más *nouveau-riches* del mundo y el habitual abanico de aves rapaces. En la relajada atmósfera de la isla –en la que el Rey a menudo desayuna huevos con jamón en el Flanigans de Puerto Portals–, a través de amistades mutuas, esa clase de gente puede tener acceso al Rey y ocasionalmente conseguir que venga a sus barcos. Hay quienes piensan que, al obrar así, don Juan Carlos cae en lo que, precisamente, logra evitar con cuidado durante el resto del año: que lo identifiquen con grupos sociales determinados. La Reina, por su parte, es mucho más selectiva en sus relaciones y se alaba que no acompañe al Rey en sus visitas a personas «sospechosas». Doña Sofía prefiere estar en el yate real o se queda en Marivent, con los huéspedes reales que ella y el Rey invitan cada verano. Y, sin embargo, uno siente comprensión por el Rey, pensando que lo que él procura es olvidar, por un breve lapso, que debe «aceptar el hecho de que el Rey es el menos libre de sus compatriotas».

Como dice Manuel Prado, «el Rey no es el tipo de persona que piensa que la familia real es intocable; cree que debe ser tratada con respeto– es decir, no a la ligera–, pero está dispuesto a escuchar quejas y a atenderlas, además de aceptar ciertas críticas, aunque le duelan. No se engaña en cuanto a la índole de la gente ni su naturaleza humana. Es más, posee una honda serenidad y sabe renovarse y fortalecerse volviendo a las cosas de las que disfruta».

La afición predilecta de don Juan Carlos es navegar, como ya hemos visto. Todos los veranos participa en la regata anual de Palma que lleva su nombre: la Copa del Rey, patroneando el Bribón, que pertenece a su amigo Josep Cusi, y en otras competiciones, en la medida en que se lo permite su escaso tiempo libre. El resto de las vacaciones veraniegas lo pasa en el yate real (que pertenece al Patrimonio Nacional) y procura escapar a calas apartadas, lejos de la muchedumbre de fotógrafos internacionales que invaden Mallorca como langostas con la esperanza de sorprender a la familia real en bañador, o aún mejor sin él. (Una anécdota relatada por un amigo danés ilustra hasta qué punto llega la sensibilidad del Rey y hasta dónde su consideración con los amigos. La mujer de este amigo le había regalado, tiempo atrás, un cuadro para su barco. Hace unos años hubo rumores de que el barco se vendería, y el Rey telefoneó personalmente a esa señora para decirle que habían sacado el cuadro del yate y que lo habían colgado en Marivent. En invierno, el Rey esquía en la estación pirenaica de Baqueira Beret, donde frecuenta, alternativamente, todos los restaurantes locales y donde la infanta Elena agasaja a los invitados intempestivos con alguna tortilla improvisada, en el pequeño chalé en que se aloja la familia real. (En Madrid, por cierto, uno de los restaurantes favoritos del Rey es Casa Lucio, en el sector antiguo de la ciudad). Otras aficiones de don Juan Carlos son la fotografía —en especial retratos— y la comunicación con radioaficionados de todo el mundo, a través del equipo que tiene instalado en La Zarzuela.

Pero Mallorca es el lugar ideal para ver, en su apogeo, el estilo relajado y la personalidad afable del Rey, ya esté en algún restaurante —donde insiste en que lo traten como a los demás—, en el club marítimo o al volante de su coche. Recuerda, divertido, la sorpresa de la reina de Inglaterra que en 1988, después de una visita de Estado, pasó unos días en Palma en visita privada, «que nunca es privada de verdad. Se la llama así porque no es oficial, pero siempre te siguen la prensa y los fotógrafos. En fin, fui al *Britannia* para recoger a la Reina y al duque de Edimburgo para llevarlos a dar una vuelta por Mallorca en mi coche. Le dije: "Ven, Lilibet, siéntate a mi lado y que Felipe y Sofía se sienten detrás, que voy a conducir yo". Me miró algo sorprendida y preguntó: "¿Puedes hacerlo?" "Claro que sí, si tengo ganas, lo hago", le respondí, y allá nos fuimos. Porque, ¿por qué hacer turismo oficialmente, con un chófer? Nos lo pasamos mucho mejor así, nosotros cuatro solos».

La alusión del Rey a la visita de Estado de la reina Isabel trae el recuerdo de algo que se vio en la televisión británica y que encantó a la gente. Ante la cámara, una mujer salió de su pastelería y preguntó al Rey: «¿Su Majestad quiere una pasta?» El respondió: «Sí, claro que quiero, gracias» y, ante el evidente asombro de la reina Isabel, aceptó los dulces que le ofrecían y empezó a comérselos encantado. Cuando le recordé la anécdota, el Rey dijo: «Ah, sí, fue cuando salíamos del Museo Picasso, en Barcelona; la calle es estrecha, muy estrecha, apenas si tendrá dos metros. Ya habíamos pasado, al llegar, por una o dos pastelerías y no habíamos aceptado las pastas que nos ofrecían. Pero al salir yo tenía mucha hambre, así que, cuando pasamos otra vez por esa pastelería y la señora me preguntó si quería algo, le dije que sí, que muchas gracias. ¿Y por qué no? Creo que eso le chocó bastante a la reina Isabel, pero a la señora de la pastelería la hizo feliz. No lo hice para molestar a los que iban conmigo (es fácil imaginarse a los guardaespaldas tirándose de los pelos por las implicaciones de seguridad de este incidente), sino porque sabía que esa señora iba a estar encantada de que le aceptara uno de sus pasteles».

Don Juan Carlos asegura que nunca piensa esas cosas con anticipación. «Si lo hiciera, tal vez no me saldrían.» Sólo responde a la gente y a las situaciones instintivamente. «Recuerdo otra anécdota al respecto. Hace un tiempo, mi amigo Josep Cusí y yo estábamos fuera del puerto, en Barcelona, durante una regata en la que participábamos con el Bribón, como todos los años. Cuando nos acercábamos a la meta, de pronto vi un yate pequeño cerca, con dos personas, que llevaba una bandera del tipo que se ponen en los barcos, muy vieja y toda rota. Me pareció terrible y pregunté a mi amigo si tenía a bordo una bandera española de más. "Sí, ¿para qué?", me dijo. "Porque quiero dársela a ese hombre para que la ponga en su barco. Tiene que poner una bandera española nueva, porque la que lleva me da vergüenza. No se puede llevar la bandera, que es el emblema de España, en esas condiciones cuando se navega bajo ella. En fin, es algo que no me gusta ver". Nos acercamos a su yate y le dije: "Oiga, ¿le importa que le dé una bandera nueva para su barco, para que cambie ésa, tan vieja?" Yo no sabía quién era ese hombre, pero después me dijeron que es republicano y nacionalista catalán, nada monárquico. Pero siempre que voy al puerto de Barcelona lo veo. Hace unos días volví a verlo y me dijo: "Ya ve, señor, aún tengo la bandera en mi yate". O sea que si se hacen cosas como ésa pensándolas (es decir, conscientemente) no te salen bien. Pero si sigues tu instinto, si actúas espontáneamente, salen. Por eso, cuando me preguntan cómo hago ciertas cosas o cómo planeo hacerlas, tengo que responder que no sé. Creo que mucho de todo esto va en caracteres.»

El Rey admite que su niñez y educación poco usuales le ayudaron mucho a adquirir la facilidad que tiene para los contactos humanos y siempre se ha preocupado de que su hijo y heredero no tenga que lamentar la carencia de esa ventaja. «Mi hijo nació en palacio, por decirlo así, y por eso la Reina y yo quisimos que saliera a ver mundo, primero al Lakefield College de Canadá (la Reina dice que eligieron Canadá porque está lo bastante lejos como para que el príncipe se sintiera independiente y también porque políticamente es un país neutral con respecto a España) y después a las academias militares y a la Universidad, para que se abriera a todo y fuera un estudiante normal y corriente. Antes de eso, ya habíamos mandado a nuestros hijos a colegios normales. Si se hubieran quedado en casa, y sobre todo el príncipe, para estudiar con tutores, no habrían tenido idea de cómo es la gente ni habilidad para establecer contactos con los demás. A don Felipe había que impulsarlo hacia la gente, aunque no le gustara demasiado, para que aprendiera a desenvolverse por sí mismo. Sólo tenía veinte años cuando fue a la universidad (tras casi tres años en las distintas Armas del Ejército, contra lo cual –se dice– estaba la Reina, aunque tuvo que consentir ante la insistencia de don Juan Carlos) y era muy tímido. Pero a los veinte años yo también era tímido, quizá más que él. Ahora, él sabe mucho más que yo a su edad. Quizá de carácter sea algo más cerrado. Pero después de tres años en la universidad, cambiará.»

En realidad, al cabo de tres meses los profesores comentaron al Rey que don Felipe se mostraba más seguro y que no dejaba de hacer preguntas en clase.

En casi todos los aspectos, el príncipe heredero empezará con muchas ventajas que su padre no tuvo. Como se ha dicho, el desafío que deberá superar será el de ganarse la lealtad de los que se confiesan juancarlistas, pero que no son necesariamente monárquicos convencidos, y construir una monarquía segura y hereditaria sobre los cimientos que con tanto talento pusiera su padre. No siendo posible saber qué circunstancias rodearán al príncipe en su acceso al trono, tampoco es posible saber cuáles serán los resultados. Pero todo parece indicar que la monarquía ha arraigado en España y que don Felipe emerge como una excelente promesa: de gran inteligencia, muy maduro para su edad y todo un admirador de su padre, quien, en contraste con la solitaria preparación para el reinado por la que él tuvo que pasar, cauta y gradualmente lo ha familiarizado con todos los aspectos de la vida pública, desde que el heredero era un niño, y le ha transmitido sus ideales. Estos le fueron expuestos con toda claridad por el Rey en un discurso público cuando, en 1977, don Felipe, a los nueve años, fue investido oficialmente como Príncipe de Asturias.

Durante la ceremonia, en la que don Felipe recibió la Cruz de la Victoria, el Rey dijo: «Esta Cruz simboliza tu cruz, la cruz del reinado, que deberás llevar con dignidad y orgullo. De aquí en adelante, ni un solo momento de respiro ni huellas de temor o de duda en ti mismo deben distraerte de seguir el camino de servicio al destino de España y de su pueblo. Quiero que te consideres crucificado a este noble objetivo de servir, de tratar constantemente de superarte en tu determinación de cumplir con lo que se espera de ti».

Aunque la reina Juliana de Holanda cierta vez se refirió a la índole real como a una «sentencia a cadena perpetua», el término «crucificado» es tan atractivo y poco usual que parece lógico preguntar al Rey por qué lo utilizó. «Quiero decir que es un deber y más que un deber. Estás en el mundo para eso, has nacido para eso. Y en el caso de mi hijo, mayor aún que en el mío, porque él nació en 1968 y poco después fui nombrado Príncipe de España, de modo que él ya nació en palacio, como se dice.»

El Rey siempre quiso dar a sus hijos las cosas que él echó en falta durante mucho tiempo. «Al mismo tiempo, procuré ayudarles a convertirse en niños ... ¿Cómo se dice cuando tienes de todo? Y, para ser franco, es muy difícil conseguirlo cuando, por su posición, los niños están rodeados de personas dispuestas a complacerlos en todo momento. Por eso la Reina y yo hemos tratado siempre de tener la menor cantidad de gente posible a nuestro alrededor. Sí, tenemos un ayudante, pero sólo en el lugar y momento oportunos. No están de servicio de un modo normal cuando estamos en casa. Hemos tratado de pasar la mayor cantidad de tiempo posible como una familia corriente y de enseñar a nuestros hijos a que hagan por sí mismos muchas de las cosas que podrían pedir a algún criado. Siempre les dije: "¿Por qué llamas para que te traigan un vaso de agua? Levántate y vete a buscarlo tú". Y ya se sabe, poco a poco, eso se convierte en una especie de segunda naturaleza.»

Sus hijos fueron educados para «saber quiénes eran como seres humanos y, al mismo tiempo, para conocer cuáles eran sus deberes». El resultado son tres jóvenes notablemente equilibrados, modernos, contemporáneos, naturales y sencillos a la vez que dignos, cada uno cuenta con una gran cantidad de amigos. Los tres fueron a colegios normales y más tarde siguieron diversas carreras. La infanta Elena, una excelente amazona, hizo la carrera de magisterio; la infanta Cristina estudió en la Universidad Complutense de Madrid y en la actualidad vive en Barcelona, donde trabaja para la fundación de arte de un banco importante. A su vez, el príncipe Felipe ha hecho un curso de posgrado sobre relaciones internacionales en la Universidad de Georgetown, en Washington. En marzo de 1995, la infanta Elena contrajo matrimonio en Sevilla con el joven Jaime de Marichalar, hermano del conde de Ripalda, que vive en París y trabaja en el banco Crédit Suisse. La boda, costeada por el Rey de su propio bolsillo –como él mismo dejó claro a la prensa cuando se anunció el compromiso–, afinó en el diapasón exacto: alegre, digna y sin ninguna ostentación. Se dice que la infanta Cristina mantiene una relación afectiva estable, y el Rey y la Reina tratan con el máximo tacto y respeto la vida personal de sus hijos, a quienes siempre ofrecen su consejo y por quienes demuestran un gran cariño, pero nunca con interferencias perentorias. Incluso la prolongada relación entre el príncipe Felipe e Isabel Sartorius, la brillante, rubia y guapa hija del marqués de Mariño –y después de todo, el matrimonio de don Felipe es una cuestión de Estado–, siguió su curso con calma y sin histerias, no obstante el interés agudo y comprensible de la prensa mundial. «Se casará con quien quiera», declaró el Rey en una entrevista publicada en *The Sunday Times*, con motivo de su visita oficial a Gran Bretaña, en 1986. Al parecer, ésta fue su respuesta a todos los que pusieron objeciones a que la infanta se casara con alguien no perteneciente a una casa real, sobre todo en vista de los recientes desastres matrimoniales en otros países.

Cuando alguien le felicita por la forma en que ha criado a sus hijos, el Rey (a quien disgusta muchísimo la lisonja) afirma que ha sido «el mismo tipo de padre» que don Juan fue para él. «Quizás él fuera algo más severo que yo, pero siempre con mucho cariño. Claro que las cosas no han sido iguales para mis hijos, porque a mitad de su infancia se convirtieron en hijos del Rey, mientras que yo crecí en el exilio, de modo que las circunstancias eran muy distintas.»

En 1993, la muerte de don Juan, tras una larga enfermedad sobrellevada con estoicismo, privó al Rey no sólo de su padre sino también, como él mismo lo dijo, de «mi mejor amigo», con lo que subrayaba la soledad como mal endémico de la condición real. Don Juan, una figura gigantesca, tanto humanamente como en el contexto de la historia de España, se merece un libro para él solo. Pero pueden leerse los comentarios del Rey en obras ya editadas, en las que habla de la decencia, integridad, humor, inteligencia, valor y capacidad de sacrificio de su padre; denotan y connotan una admiración sin límites, a la vez que la comprensión de lo mucho que tuvo que sufrir don Juan a causa de la sucesión: y, al mismo tiempo, son muy interesantes porque son juicios templados por una objetividad clarísima acerca de dónde, cómo y por qué don Juan se equivocó en su relación con Franco.

Nadie estuvo más orgulloso de los logros obtenidos por el Rey que su padre, feliz porque desde la escasa cifra del 15 por ciento de seguidores de la monarquía en 1976 se llegó, según la opinión reflejada en encuestas que publicaron distintos periódicos y revistas, a un 84 por ciento de ciudadanos que se declaran «satisfechos» o «muy satisfechos» con la monarquía y con el Rey. «La gente quiere estar orgullosa de sus dirigentes», decía el ex presidente Nixon en la carta ya citada. «Algunas veces los líderes que eligen les desilusionan. Pero puedo predecir que los españoles siempre estarán orgullosos de su rey.» De un rey que entre «sus mejores logros», según Sir Alan Urwick, oficial de orden y antiguo miembro de la Embajada Británica en Madrid durante la transición, «cuenta con el de haber apartado a la nación de su mentalidad fascista. No tengo duda de que se convertirá en uno de los héroes del siglo XX».

El éxito resonante del «experimento español» hizo de don Juan Carlos un modelo de aspirantes a monarcas. El príncipe Rezah de Irán y muchos otros monarcas pretendientes de Europa oriental declaran que, de llegar al trono, querrían establecer una «monarquía a la Juan Carlos». Sin embargo, tras escuchar este comentario, el Rey afirmaba que no cree que la «monarquía a lo Juan Carlos» sea un bien de exportación. «Cada monarquía es, tiene que ser, diferente. Como son diferentes las naciones.» Sí, pero todas las naciones están viviendo el final del siglo XX y a las puertas de un nuevo milenio, ¿no tendrían que apresurarse muchas monarquías y adaptarse a ello? «Pues sí, eso sí.» Por otra parte, don Juan Carlos no es optimista acerca de las posibilidades de restaurar las monarquías de Europa oriental, dadas las circunstancias económicas que imperan («con la excepción de la de Simeón de Bulgaria, un hombre de gran inteligencia, muy astuto y objetivo, que ve las cosas tal como son»).

También hay que preguntarse si muchos de esos reyes en potencia poseen esa combinación única de cerebro y corazón que ha sido la clave del éxito del rey Juan Carlos I. Aparte de visión, coraje y gran habilidad, cualidades muy evidentes en el comportamiento del Rey, se necesitaba, y se necesita, una gran dosis de amor por esa tarea. Cuando se le fuerza de verdad a decir algo —y casi hay que arrastrarle a ello— acerca de su casi mística, y en aquellos tiempos al parecer injustificada, confianza en el futuro de España, admite con timidez que la razón debe de haber sido que, «lo que sucede es que amo a este país». Según Manuel Prado, esa una expresión demasiado modesta, «porque el Rey es un hombre enamorado, apasionada, vibrantemente enamorado de España y, en última instancia, en ello radica el secreto de su éxito».

Tal vez sea ésta la razón por la que, cuando Salvador Dalí decidió hacer el retrato del Rey, tuvo la percepción de este hecho, y con la visión intuitiva del artista preguntó: «Majestad, ¿puedo abrir un agujero donde debería estar vuestro corazón?» La respuesta del Rey fue típicamente suya: «Salvador, puedes hacer agujeros donde más te guste, menos en el estómago, que lo tengo un poco delicado.»

Y así Dalí dibujó una ventana abierta en el lugar donde debería estar el corazón del Rey, y dentro de ella escribió la palabra ESPAÑA.

NOTAS AL CAPITULO XIV

1) No obstante, a través de esas relaciones, el Rey se mantiene muy bien informado acerca de la situación militar.

ÍNDICE